民法物权讲义

民法物权讲义

梁慧星　著

法律出版社
LAW PRESS · CHINA
——北京——

图书在版编目(CIP)数据

民法物权讲义 / 梁慧星著. -- 北京 : 法律出版社, 2022

ISBN 978 - 7 - 5197 - 6550 - 7

Ⅰ. ①民… Ⅱ. ①梁… Ⅲ. ①物权法—研究—中国 Ⅳ. ①D923.24

中国版本图书馆 CIP 数据核字(2022)第 058380 号

民法物权讲义
MINFA WUQUAN JIANGYI

梁慧星 著

责任编辑 吴 昉 宋丽娜
装帧设计 凌点工作室

出版发行 法律出版社
编辑统筹 法律教育出版分社
责任校对 王 丰 李景美
责任印制 刘晓伟
经　　销 新华书店

开本 32K
印张 10　字数 208 千
版本 2022 年 5 月第 1 版
印次 2022 年 5 月第 1 次印刷
印刷 三河市龙大印装有限公司

地址:北京市丰台区莲花池西里 7 号(100073)
网址:www.lawpress.com.cn
投稿邮箱:info@lawpress.com.cn
举报盗版邮箱:jbwq@lawpress.com.cn

销售电话:010 - 83938349
客服电话:010 - 83938350
咨询电话:010 - 63939796

书号:ISBN 978 - 7 - 5197 - 6550 - 7
定价:49.00 元

凡购买本社图书,如有印装错误,我社负责退换。电话:010 - 83938349

作者小传

1944 年 1 月生，四川眉山青神人。1962 年，毕业于眉山县青神区中学；1966 年，毕业于西南政法学院法律系；1981 年，毕业于中国社会科学院研究生院，获民法学硕士学位。1981 年 10 月，进入中国社会科学院法学研究所，从事民法学研究。1983 年，任助理研究员；1985 年至 1988 年，任《法学研究》杂志副主编；1988 年，晋升研究员；1988 年至 1998 年，任民法研究室主任；1993 年，任民法学博士生导师；1999 年至 2013 年，任《法学研究》杂志主编。1986 年，人事部批准为"有突出贡献的中青年专家"。2006 年，被评为中国社会科学院学部委员。2001 年至 2007 年，兼任山东大学法学院院长。2012 年起，任第六届、第七届北京仲裁委员会主任。2013 年起，任北京理工大学珠海学院民商法律学院名誉院长。

曾任第四、五、六届国务院学位委员会委员；中国人民政治协商会议第十届全国委员会委员、社会和法制委员会委员；第十一届全国人民代表大会代表（主席团成员）、法律委员会委员。

主要著作如下：独著《民法总论》《为了中国民法》《民法解释学》《裁判的方法》《法学学位论文写作方法》《读条文 学民法》《民事解答录》《民法总则讲义》《合同通则讲义》等；合著《中国物权法

研究》《中国物权法草案建议稿附理由》《中国民法典草案建议稿附理由》等；主编《民商法论丛》、“中国民商法专题研究丛书”（100部）、“中国法学学术文库”等。

序　言

《民法典》于2020年5月28日通过,自2021年1月1日起施行。《民法典》物权编包括五个分编,即第一分编通则、第二分编所有权、第三分编用益物权、第四分编担保物权、第五分编占有。

本书虽以《民法物权讲义》为名,但内容仅覆盖《民法典》物权编第一分编“通则”(第205～239条)、第二分编“所有权”的第九章“所有权取得的特别规定”(第311～322条)、第四分编“担保物权”(第386～457条)。敬请读者注意。

传统学习民法的方法,系以民法概念为对象,目的在于帮助读者掌握整套民法概念、原则、制度和理论的体系,为其从事法律职业打下扎实的知识基础。但法官裁判案件,并非以法律概念和法律理论为裁判依据,而是以法律条文为裁判依据。法律人须将从法学院习得的法律概念体系,转换为现行法律条文体系。这是作者提倡以法律条文为对象的第三种学习方法的缘由。本书拟作为第三种民法学习方法的教材。

法律出版社领导和编辑同志为本书出版付出辛劳,谨此致谢!

梁慧星

2021 年 11 月 20 日
于北京理工大学珠海学院民商法律学院

目　录

第一分编　通　　则

第一章　一般规定

《民法典》物权编调整自然人、法人和非法人组织之间的物权关系，以规范有形财产的归属和利用。

第二百零五条　调整范围

本编调整因物的归属和利用产生的民事关系。

本条规定物权编（以下简称本编）的调整范围。依据《民法典》（以下简称本法）总则编第 2 条的规定，中国民法调整自然人、法人和非法人组织之间的人身关系和财产关系。所谓“人身关系”，是指婚姻、家庭关系，亦即民法理论中的“身份关系”。所谓“财产关系”，包括物权关系、债权关系、知识产权关系、遗产继承关系等。其中，遗产继承关系，是基于身份关系产生的财产关系。本法婚姻家庭编调整自然人之间的人身关系（身份关系）；继承编调整自然人死亡后的遗产继承关系;本编调整自然人、法人和非法人组织之间的物权关系;合同编和侵权责任编调整自然人、法人和非法人组织之间的债权关系。知识产权关系由《民法典》之外的专利法、商标法、著作权法(合称知识产权法)调整。其他民事单行法,如公司法、票据法、海商法、保险法、信托法等,也是调整财产关系的法律。

本编和合同编均调整平等主体之间的财产关系,但二者调整的重心和侧重点不同。本编调整有形财产(物)的归属和利用形成的物权关系;合同编调整财产交换(市场交易)形成的债权关系。本编规定有形财产(物)的归属和利用关系的基本规则,是市场交易关系发生的前提;合同编规定市场交易的基本规则。可见,本编和合同编,共同构成社会主义市场经济秩序的法制基础。

须注意,本条所谓"物的归属",是指所有权。所谓"物的利用",是指对他人财产的利用,即用益物权、担保物权及相邻关系上利用相邻土地的权利。传统民法物权理论,强调规范财产归属关系、强调物权法的定分止争功能,所有权制度特别是土地所有权制度,居于最中心、最重要的位置。规定财产利用关系的他物权制度,居于次要地位。如抵押权着重其保全功能,其融资担保功能并未获得重视。显而易见,传统物权法是市场经济不发达的社会经济形态本质特征和要求的反映。

本编反映发达的社会主义市场经济的本质特征和要求,不仅规定调整财产归属关系的完善的法律制度和规则,如国家、集体和私人的所有权制度、建筑物区分所有权制度、共有和相邻关系制度以及占有制度,并且规定财产利用关系的完善的法律制度和规则,如土地承包经营权制度、宅基地使用权制度、建设用地使用权制度，尤其着重于担保物权的融资功能（融资性担保），创设不动产和动产一并抵押制度、动产抵押制度、特别动产集合抵押制度、最高额抵押制度、担保价款动产抵押制度、权利质权制度等。由此可见，本编反映中国特色社会主义市场经济的本质和要求，不仅调整财产关系的静态（财产归属关系），也调整财产关系的动态（财产利用关系），财产关系的“动”和“静”两方面并重，应是中国物权法的特色之一。

条文所谓“因物的归属和利用产生的民事关系”，其“民事关系”一语，文义过宽，应予限缩，解释为（民事财产关系中的）“物权关系”。关于物权的定义，规定在总则编第 114 条第 2 款。条文所谓“物”，指有形财产，其定义规定在总则编第 115 条。鉴于《民法典》沿用《民法通则》的体例，于总则编专设民事权利章，对各种民事权利作列举性规定，规定物的定义、物权的定义及物权法定原则的条文，被纳入总则编民事权利章。但物的定义、物权的定义、物权法定原则等，是物权法不可或缺的重要内容。故本书按照物权法理论体系，在相应位置，对总则编属于物权法性质的条文一并解读。请读者留意。

如前所述，本编调整自然人、法人和非法人组织之间的物权关系，即民法理论所谓物权法；合同编和侵权责任编调整自然人、法人和非法人组织之间的债权关系，即民法理论所谓债权法。物权法以规范有形财产的归属、利用关系，建立维护有形财产归属、利用秩序为其任务；债权法以规范财产流转（市场交易）关系，建立维护市场交易秩序为其目的。唯有物权法规定财产归属、利用秩序,基于相互信赖之市场交换才有可能;也唯有债权法规定市场交换法律形式和规则并确保市场交易秩序,使财产流转(市场交易)畅通无阻,才能确保财产归属和利用目的之实现。可见,物权法与债权法,相辅相成、相互为用、缺一不可,为现代化市场经济的两大法律基础、中国特色社会主义法律体系两大支柱。

须特别注意,中国民法理论体系与立法体系(《民法典》体例)并不完全一致。本编规定,加上总则编关于物权定义、物权法定原则等总则性规定(第 114 ~ 117 条)以及合同编关于承揽人留置权、承包人优先受偿权(法定抵押权)的规定(第 783 条、第 807 条),构成中国民法的物权法;合同编、侵权责任编,加上总则编关于债权定义和债权发生原因的规定(第 118 ~ 122 条)、关于民事责任的总则性规定(第 176 ~ 187 条),构成中国民法的债权法。下面介绍物权法区别于债权法的特征。

物权法的强行法规性

物权法区别于债权法的首要特征,是物权法的强行法规性。物权法规范,属于强行法规范,与债权法属于任意法规范不同。基于物权的支配性、排他性和公示性,物权法以物权法定主义为基本原则。依物权法定原则,物权种类及其内容,概由法律明文规定。物权种类不允许当事人自由创设,物权内容不允许当事人任意变更。此与债权法实行意思自治(合同自由)原则,关于合同的种类、形式和内容均可由当事人自由约定,正好相反。鉴于物权法的强行法规性,当事人的行为违反物权法规定的,原则上应一律无效。

物权法的固有法性

物权法区别于债权法的另一特征,为物权法的固有法性。即因国家、民族、历史传统的差异,各国物权法往往互不相同、差异很大,此与各国债权法往往大同小异,正好相反。物权法制度和规则之制定,取决于该国所实行的经济体制、经济制度,不具有债权法的普遍性。特别是土地制度的规定,因国家、民族和历史传统的不同,而各具特色、差异很大。例如,中国实行土地公有制,土地属于国家和农村集体所有。个人和企业仅可享有土地用益物权,并且除建设用地使用权可以转让外,其他用益物权均不能转让。虽然中国民法概念体系和编纂体例系继受大陆法系的德国民法,但中国物权法反映社会主义市场经济的本质和要求,与大陆法系各国物权法多有不同,具有鲜明的中国特色。

物权法的公共性

物权法区别于债权法的另一特征,是物权法的公共性。鉴于物权法属于规范财产归属、利用关系的法律,着重保障经济生活和财产关系的静的安全,与国家、民族利益和社会公益关系密切。因此,中国物权法对传统民法所有权理论予以修正,在承认和保障所有权之不可侵性、对不同所有制的所有权实行平等保护的前提下,从公法上以征收、征用制度和适度的行政管理措施限制所有权的不可侵性,从民法上以诚信原则、公序良俗原则及禁止权利滥用原则限制所有权的行使自由。这就使物权法具有较强的公共性,而与债权法原则上关系双方当事人利益之所谓私人性,恰形成对照。

总则编第 114 条第 2 款规定:“物权是权利人依法对特定的物

享有直接支配和排他的权利,包括所有权、用益物权和担保物权。”

民法理论关于物权的定义约有四种:(1)物权为支配物的权利。系着重于物权的直接支配性。(2)物权为直接支配特定物并享受其利益的权利。系着重于物权对物的直接支配性和享受利益。(3)物权为直接支配物并具有排他性的权利。系着重于物权对物的直接支配性与排他性。(4)物权为直接支配特定物、享受其利益并排除他人干涉的权利。系着重于物权的直接支配、享受利益及排他性。

物权法起草人认为,物权的直接支配性和排他性,是物权区别于其他民事权利(特别是债权)的本质特征。上述(1)(2)两种定义未指出物权的排他性,失之偏颇。第四种定义在直接支配性和排他性之外,指出物权具有享受利益的性质。按照关于权利本质的通说,权利的本质为受法律上之力所保护的利益。换言之,任何民事权利均属于权利主体享有的利益。在物权定义中强调“享受利益”,实无必要。故本法采用第三种定义。

按照本条规定,所谓物权,指“权利人依法对特定的物享有直接支配和排他的权利”。此物权定义,其一是强调物权的客体(标的)为特定物(特定的有体物),而将“无体物”(无形财产)及不特定的有体物排除在外,以此达成划清物权与债权、知识产权的界限,明晰法律体系的目的;其二是规定物权为直接支配特定物的权利,强调物权的本质为对特定物的“支配权”;其三是规定物权在对特定物享有直接支配的范围内,具有排除他人干涉的效力,强调物权是排他性的支配权。质言之,本条定义,指出物权的客体为有体物,属于具有排他性的支配权,突出了物权区别于其他民事权利的本质属性,值得肯定。

本条在规定物权定义的同时,对于物权类型作完全性列举,即本法所谓物权,仅“包括所有权、用益物权和担保物权”三种类型。用益物权和担保物权,是所有权人在所有权标的之上为他人设立的物权,理论上称为他物权、限定物权。与之相对应,所有权称为自物权、完全物权。规定物权定义的本条附带规定物权类型,在理论上和实务上具有重要意义。下面介绍物权的本质。

物权为直接支配物的权利

物权以直接支配标的物为其内容。所谓“直接”,指物权人对其标的物之支配,无须他人意思或者行为之介入,即可实现。所有权人得占有、使用、收益、处分其标的物。用益物权人得占有其标的物并予以使用、收益。抵押权人虽未占有其标的物,但于债务人届期未履行债务或者约定条件成就时,无须抵押人意思或者行为之介入,即可申请法院拍卖抵押物而就其变价金(交换价值)受清偿,其所直接支配的是抵押物的交换价值。故抵押权亦属于直接支配物的权利。所谓“支配”,指对于标的物加以“管领处分”。此“管领处分”,不限于法律行为,包括对于标的物事实上为占有、使用、收益、处分等一切可以实施的行为。所有权人按照自己的意思,对所有物占有、使用、收益、处分并排除他人的干涉,即是对物为“直接支配”之典型。

物权为直接支配特定物的权利

物权为直接支配物的权利,物权客体(标的)须为物。但民法所谓“物”,有广义、狭义之分。广义的物,包括有体物与无体物。有体物,指占据一定空间、人的感官可以感觉之物。无体物,指人的感官不能感觉之物。狭义的物,仅指有体物。作为物权客体(标的)的物,指狭义的物,即有体物(包括不动产和动产)。无体物,如专利技术、商标或者文学作品,属于知识产权的客体。权利亦属于无体物。但须注意,物权法亦有以权利作为物权客体的情形,如本编关于权利质权的规定。因权利属于无体物,故权利质权非本来意义上的物权,理论上称其为“准物权”。有体物可分为特定物与不特定物(种类物)。特定物指依当事人意思具体指定之物。不特定物(种类物)指当事人仅依种类、品质、数量予以约定之物。物权为直接支配物的权利,因此可以成为物权客体的物,必须是特定物。不特定物,即以种类、品质、数量予以约定之物,仅可以成为债权的客体;不特定物(种类物)之所以不能成为物权客体,因人不能在事实上对不特定物直接支配之故。

物权为直接支配特定物而享受其利益的权利

按照权利本质的通说,权利包含权利人得享受之利益与法律上之力两要素。故民法提及权利,利益即在其中。物权为权利之一种,物权人当然得享受标的物之利益。并且物权以直接支配特定物为内容。法律将某物归属于某人直接支配,目的在于使其得享受该物之利益。物之利益,包括其使用价值和交换价值。所有权人享受的利益,是包括物之使用价值和交换价值之全部利益。用益物权人享受的利益,限于物的使用价值利益,即对物为占有、使用、收益。担保物权人享受的利益,是物之交换价值利益,即依法处分标的物并就其变价金优先受偿、实现其债权。

物权为直接支配特定物而享受其利益的绝对性权利

物权为物之归属、利用的权利，法律不仅赋予物权人享受其标的物之利益，并赋予物权排除一切人干涉的法律上之力。故物权具有绝对性，对一切人均有其效力，一切人均负有不得予以侵害、干涉的义务。物权人于权利归属发生争议时，可行使权利归属确认权，请求法院确认权利（第 234 条）；于物权行使受到妨害时，可行使排除妨害请求权，请求法院排除其妨害（第 236 条）；于物权标的物被他人无权占有时，可行使原物返还请求权，请求法院判决责令无权占有人返还原物（第 235 条）；于物权受不法侵害遭受损失时，可行使侵权责任请求权，请求法院判决责令加害人承担损害赔偿责任（第 238 条）。因此，物权属于绝对权、对世权。

为便于读者准确理解物权，下面概括介绍物权与债权的区别。

第一，权利客体的区别。物权客体（标的）为有体物，包括不动产、动产。债权客体（标的）为债务人的行为，此债务人的行为，通常称为“给付（行为）”。须注意的是，作为债权客体（标的）的“给付（行为）”，也可能有其标的。但成为“给付（行为）”标的之物，包括有体物和无体物。

第二，权利性质的区别。物权为支配权，即直接支配特定物并排除他人干涉的权利。债权为请求权，即请求债务人为一定行为（给付行为）的权利。

第三，权利发生上的区别。物权实行物权法定原则，即物权种类、内容概由法律规定，不允许当事人创设物权种类、变更物权内容。债权实行意思自治(合同自由)原则,即当事人可以自由决定合同种类、形式并决定其内容。

第四,权利效力所及范围的区别。物权为绝对权、对世权,即物权对世间一切人均有效,一切人均为义务主体,负有不得予以侵害、干涉的义务。债权为相对权、对人权,即权利人只能请求相对人(义务人)为给付,由于第三人的原因致使债权不能实现,债权人也不能排除该第三人的妨害或者请求其承担赔偿责任。

第五,法律效力上的区别。物权具有的法律上之力,是支配力,致使物权具有排他效力、追及效力、优先效力。依据排他效力,一物之上不能并存内容相同的两个物权;依据追及效力,物权人可以追及于物之所在而行使其权利;依据优先效力,当物权与债权并存于一物之上时,物权优先于债权。债权具有的法律上之力,是请求力。债权人仅可请求债务人履行给付(行为),如债务人拒绝履行,债权人只能向法院提起给付之诉;债权人既不能支配债务人的人身,也不能支配债务人的财产;同一标的之上可以并存两个以上的债权,且各债权相互平等(债权平等原则),均不具有排他效力和优先效力;债权也无所谓追及效力,于债权标的物为第三人占有时,无论其占有是否合法,债权人均不得向该第三人请求返还。

第六,权利有无存续期限上的区别。所有权(完全物权)为无期限的权利,只要所有物存在,所有权就存在;所有物转让时,原所有人丧失其所有权,受让人取得该所有权;所有人死亡,其所有权成为遗产转归继承人;仅在所有物消灭时,才导致所有权消灭。债权性质上属于有期限的权利,法律绝不允许存在无期限的债权。

凡是债权，无论出于约定或者法定，均有其存续期限。这是由债权属于财产流转（市场交易）的法律手段的本质所决定的。须补充一点，物权中仅所有权、用益物权中的宅基地使用权为无存续期限的物权，而其他用益物权和担保物权亦属于有存续期限的权利。

总则编第 115 条规定："物包括不动产和动产。法律规定权利作为物权客体的，依照其规定。"其规定物的定义。物的概念有两种。其一，物理上的物，指世间一切物质存在，包括动物、植物、矿物及天空、海洋、日月星辰。人亦属于物。其二，法律上的物，指可以成为权利客体之物。按照民法原理，法律上的物，须具备以下要件：(1)非人格性。所谓非人格性，亦可称为非主体性。人为权利主体，人的身体为人格之所附。故人和人的身体及身体构成部分，非法律上之物。但与身体分离之毛发、牙齿属于物。人死后的躯体，称为遗体，亦不属于物。(2)须为有体物。法律上之物，有广义、狭义之分。广义之物，包括有体物和无体物。有体物，指占据一定空间，能够为人的感官所感知之物。无体物，指不能为人的感官所感知之物，如专利、商标、技术秘密、文学艺术作品。权利亦属于无体物。狭义之物，仅指有体物。电、热、声、光、气味，以在事实上有排他的支配可能性为限，被视为物。大陆法系的法国法系民法，采物的广义概念。德国法系民法采物的狭义概念[1]。中国民法理论所称之物，采物的狭义概念，限于有体物。(3)须为人力能够支配。法律上之物，为权利客体，以人力能够支配为条件。日、月、星辰、天空、海洋等虽为有体，但非人力所能支配，故仅为物理上的物，非法律上的物。(4)须独立为一体。称为独立性要件。即要求物必须独立于他物,不得属于他物之构成部分。(5)须能够满足人的生活需要。即必须对人具有价值。此所谓价值,不以金钱价值为限,精神价值、情感价值亦包含在内。故一粒米、一滴水,因不具有价值,仅为物理上之物,而非法律上之物。但亲人书信、爱人照片,因具有感情价值,故可为法律上之物。

总则编第 115 条规定:"物包括不动产和动产。法律规定权利作为物权客体的,依照其规定。"条文第一句,虽未使用"有体物"概念,但采完全性列举方法,限定物的概念的外延,"包括不动产和动产"。因不动产和动产属于"有体物"的分类,可知本法所称物,是采狭义概念,仅指有体物。

条文第二句:"法律规定权利作为物权客体的,依照其规定",是指本法关于权利抵押、权利质押的规定。权利抵押、权利质押,是以财产权利作为担保物权的客体。这种情形,财产权利被视为物,权利抵押权(建设用地使用权抵押权、海域使用权抵押权)、权利质权,理论上称为"准物权"。

鉴于科学技术的发展、建筑物高层化及海洋养殖业的发展,本法将"海域"、"无线电频谱"及地上、地下"空间"均纳入"物"概念之内。这就是第 247 条关于"海域"归属的规定、第 252 条关于"无线电频谱资源"归属的规定、第 345 条关于在地上和地下"空间"设立建设用地使用权的规定。"无线电频谱"是看不见的,"空间"也是看不见的,不符合有体物的概念,属于物权客体"有体物"的例外规定。但"海域"有所不同,"海域"是看得见的,与有体物概念并不抵触。

按照《中国军事通信百科全书无线电管理分册》(2005 年),所谓无线电频谱(radio spectrum),是指无线电波的全部频率范围。电磁场产生的波在空间以不同的频率传播,这些频率的集合,称为电磁频谱。电磁频谱中,适合无线电通信用的频率范围(9KHz - 3000 GHz),称为无线电频谱。无线电频谱资源虽然是人类共享的自然资源,但对于一个主权国家而言,它是属于国家所有的稀缺的、有重要意义的战略资源和经济发展资源,它的开发利用关系到国民经济和社会可持续发展,还涉及国家主权和国家安全。《无线电管理条例》(2016 年)第 3 条规定:“无线电频谱资源属于国家所有。国家对无线电频谱资源实行统一规划、合理开发、有偿使用的原则。”本编第 252 条规定,“无线电频谱资源属于国家所有”,为国家对无线电频谱资源的统一规划、合理开发、有偿使用和科学管理,提供了法律根据。

作为物权客体的“空间”,分为“地上空间”和“地下空间”。根据《城市地下空间开发利用管理规定》,所谓“城市地下空间,是指城市规划区内地表以下的空间”。城市地下空间的开发利用,应贯彻统一规划、综合开发、合理利用、依法管理的原则,坚持社会效益、经济效益和环境效益相结合。国务院建设行政主管部门负责全国城市地下空间的开发利用管理工作。省、自治区人民政府建设行政主管部门负责本行政区域内城市地下空间的开发利用管理工作。直辖市、市、县人民政府建设行政主管部门和城市规划行政主管部门按照职责分工,负责本行政区域内城市地下空间的开发利用管理工作。许多大城市都制定有地下空间开发利用的法规,如《上海市城市地下空间建设用地审批和房地产登记试行规定》(2006 年 9 月 1 日施行)。物权法将空间纳入物权客体的范围,明文规定,可以在地上或者地下“空间”设立建设用地使用权(本编第 345 条),这就为城市地下空间的开发利用、依法管理提供了法律根据。

按照《海域使用管理法》(2001 年 10 月 27 日发布,2002 年 1 月 1 日施行)第 2 条的规定,“海域”是指“内水、领海的水面、水体、海床和底土”。在法律传统中,民法只规定土地而不规定海域,海域属于公法规定的对象。所谓“土地”是指陆地,陆地上的水面如湖泊、水库、河流亦属于土地。“土地”与“海域”的分界线,称为“海岸线”。一般地图上的“海岸线”是指海水涨潮的“平均高潮线”,麦克特航海用图上的“海岸线”则是指海水退潮的“最低低潮线”。“最高高潮线”以下,“最低低潮线”以上的亦海亦陆的特殊地带,称为“滩涂”。鉴于“滩涂”属于“土地”的一部分,且本编第 250 条另就“滩涂”设有明文规定,因此“土地”与“海域”的区分,应以海水退潮“最低低潮线”为准,最低低潮线以上为“土地”,最低低潮线以下为“海域”。本编第 247 条明确规定“海域属于国家所有”,为加强海域使用管理,维护国家海域所有权和海域使用权人的合法权益,促进海域的合理开发和可持续利用,提供了法律根据。

物分为不动产和动产。不动产和动产的划分,是物的最基本、最重要的划分。这种划分对民事权利尤其对物权制度具有决定性的意义。法律关于不动产物权和动产物权适用不同的公示原则,采用不同的公示方法。不动产物权的变动,以登记为公示方法,动产物权的变动,以占有交付为公示方法。不动产物权种类齐备,仅不动产上可以设立用益物权,动产上不能设立用益物权。动产物权类型较少,只有动产所有权和动产抵押权、动产质权。可见,不动产和动产的区分,对物权立法具有重要意义。

按照各国家及地区规定,一般是先界定不动产的范围,不动产之外的物均属于动产。不动产,指土地、海域及土地定着物。所谓"定着物",指固定在土地上、不可移动之物,如房屋等建筑物、堤坝、桥梁、轨道、城墙等构筑物,及生长在土地上的树木、农作物等。凡不动产之外的物,如船舶、航空器、车辆、机器设备、家用电器、生活用品等,均属于动产。本编虽然未明文规定不动产和动产的区分,亦应作同样的解释。

关于不动产概念,还有一个重要问题:土地和建筑物,究竟是一个不动产或者是两个不动产?按照德国民法,土地和地上建筑物,是一个不动产,建筑物属于土地的构成部分。建筑物不是一个独立的不动产。按照日本民法,土地和建筑物,是两个不动产。即土地是一个不动产,土地上的建筑物是另一个不动产。

如果土地和建筑物是一个不动产,则只办理一个登记即土地登记,其登记比较简单,并且不发生土地与建筑物分别属于不同权利人(所有权人、抵押权人)的问题。如果土地和建筑物是两个不动产,就需要办理两个登记(土地登记和建筑物登记),且会发生土地与建筑物分别属于不同权利人(所有权人、抵押权人)的问题。而土地与建筑物分别属于不同的权利人,将导致法律关系的复杂化。

我国改革开放以来的立法和实践，是将土地与地上建筑物，作为两个不动产，办理两个登记，并以所谓“房随地、地随房”原则，尽量避免发生土地与地上建筑物分别属于不同权利人的情形。贯彻物权法“房随地、地随房”原则的《民法典》条文，有第 352 条、第 356 条、第 357 条、第 397 条、第 398 条、第 417 条、第 418 条。例如，《民法典》第 397 条规定：“以建筑物抵押的，该建筑物占用范围内的建设用地使用权一并抵押。以建设用地使用权抵押的，该土地上的建筑物一并抵押。抵押人未依据前款规定一并抵押的，未抵押的财产视为一并抵押。”

第二百零六条　基本经济制度

国家坚持和完善公有制为主体、多种所有制经济共同发展，按劳分配为主体、多种分配方式并存，社会主义市场经济体制等社会主义基本经济制度。

国家巩固和发展公有制经济，鼓励、支持和引导非公有制经济的发展。

国家实行社会主义市场经济，保障一切市场主体的平等法律地位和发展权利。

本条规定我国基本经济制度。第 1 ~ 2 款是《宪法》关于基本经济制度的规定，第 3 款前半句“国家实行社会主义市场经济”，是《宪法》第 15 条第 1 款原文，第 3 款后半句“保障一切市场主体的平等法律地位和发展权利”，是党的十六届三中全会决定的原文。

《民法典》专设本条规定中国基本经济制度，紧接着在第207条规定物权平等保护原则，直观地呈现宪法所规定的基本经济制度与平等保护这一物权法基本原则之间的本质联系，中国物权法和整个法律体系将始终坚持对一切市场主体一视同仁、平等对待、平等保护。

第二百零七条　物权平等保护原则

国家、集体、私人的物权和其他权利人的物权受法律平等保护，任何组织或者个人不得侵犯。

本法根据中国特色社会主义市场经济的本质特征和要求，在总则编第一章“基本规定”中，设第3条规定“民事主体的人身权利、财产权利以及其他合法权益受法律保护”，作为民法基本原则；在总则编第五章“民事权利”中，设第113条规定“民事主体的财产权利受法律平等保护”，作为财产法基本原则；本条进一步规定“国家、集体、私人的物权和其他权利人的物权受法律平等保护”，作为物权法基本原则，是中国特色社会主义基本经济制度的本质特征和要求的法律表现。

中华人民共和国成立后的一段时期曾经实行单一公有制基础上的计划经济体制。出于该经济体制的本质和要求，当时的民法理论强调对于国有财产的特殊保护，称为“国有财产特殊保护原则”，并从“国有财产特殊保护原则”，引申出三项具体的民法原则：

国有财产受侵犯的案件不适用诉讼时效;归属不明的财产推定为国家所有;(私人、集体)不能举证证明属于自己所有的财产推定为国家所有。实质是对于不同所有制的财产权利区别对待、实行不平等保护。

这样的民法理论和民法原则,在中国改革开放之后特别是确立社会主义市场经济体制、废除计划经济体制之后,已经失去全部合理性和存在价值,理所当然地被扫进“历史的垃圾堆”。但对过时陈旧的思想理论不像对有体废弃物那样“抛弃了之”,它们还会对某些人产生影响。众所周知,物权法制定过程中曾经发生激烈争论,焦点集中在:物权法应当规定平等保护原则还是规定国有财产特殊保护原则?改革开放初期的裁判实务中也曾经出现过对不同所有制的财产权主体差别对待的判决。鉴于此,物权法在制度设计上坚持对国家、集体和私人所有财产权实行平等对待、一视同仁,并专设《民法典》第 207 条明文规定物权平等保护原则。

改革开放以来的实践充分证明,对国家、集体和私人的物权实行平等保护,是中国特色社会主义市场经济体制的本质要求,必须坚决贯彻、长期坚持、不能有丝毫动摇。本条物权平等保护原则,是总则编第 3 条民事权利保护(私权神圣)的民法基本原则、第 113 条财产权利平等保护的财产法基本原则,在物权法领域的贯彻和具体化。正是因为破除、抛弃了反映计划经济体制本质的陈旧民法理论,特别是所谓国有财产特殊保护原则,不断强调、坚持和贯彻对不同所有制的物权的平等保护原则,激发了广大人民群众和企业的积极性和创造性,使一穷二白的中国,一跃而成为世界第二大经济体。在中国第二个一百年的经济和社会发展中,物权平等保护原则,应当不折不扣地被坚持和贯彻,绝不允许有丝毫动摇。

《民法典》总则编第 116 条规定:“物权的种类和内容,由法律规定。”物权法定原则的含义是,物权的种类及各类物权的内容,必须由法律明文规定,不允许当事人自由创设物权和改变物权的内容。我们很容易想到一个问题,物权法与合同法,同属于民法的财产法,为什么物权法要实行物权法定原则,而合同法却实行合同自由原则?

合同法不规定合同法定原则,而是规定合同自由原则。因为合同上的权利属于债权,债权是相对权,不具有排他性,“依法成立的合同,仅对当事人具有法律约束力……”(第 465 条第 2 款)因此,当事人之间的合同,原则上不会损害国家、社会和他人的利益。现实生活中的绝大多数合同,也的确对国家利益、社会公共利益、他人利益没有什么损害。既然这样,就完全可以实行合同自由原则,允许当事人自由创设合同类型、改变合同的内容,甚至可以把两种、三种合同内容结合在一起,搞一个很复杂的合同。万一有人滥用合同自由,损害国家、社会和他人利益怎么办?只需预先设立合同自由的例外规则,规定:双方以虚假的意思表示设立的民事法律行为无效(第 146 条第 1 款);违反法律强制性规定的民事法律行为无效(第 153 条第 1 款);违背公序良俗的民事法律行为无效(第 153 条第 2 款);双方恶意串通损害国家社会和第三人利益的民事法律行为无效(第 154 条),这就够了。

本条规定物权法定原则,其理由何在?第一项理由,物权不仅是“直接支配”特定物的权利，而且具有“排除他人干涉”的效力。“直接支配性”加上“排他性”，实质上就是一种“独占”的权利。谁享有某项物权，谁就把某项财产“独占”了。鉴于物权是对现存有形财产的“独占权”，如果允许当事人自由创设物权，当事人今天发明一种新的物权，把某种财产独占了，明天再发明一种新的物权，再把别的财产独占了，社会生活必然陷于混乱。这就是为什么要规定“物权法定原则”的第一项理由。

规定物权法定原则的第二项理由：物权是市场交易的前提和结果。市场交易就是物权与物权的交易。马克思主义政治经济学教科书上举过一个例子，用两柄斧头与五只羊交换。羊是什么？就是物权。斧头是什么？也是物权。现实中是用商品房、机动车、家用电器与货币交换，商品房、机动车、家用电器、货币等，都是物权。《民法典》第595条规定了买卖合同的定义：“买卖合同是出卖人移转标的物的所有权于买受人，买受人支付价款的合同。”这就是所有权与所有权的交易，就是物权与物权的交易。既然物权是市场交易的前提和结果，是市场交易得以进行的前提条件，作为市场交易的前提条件的物权种类和物权内容，就一定要统一化、标准化。什么叫所有权，所有权的内容、效力及有无期限，什么叫抵押权，抵押权的内容、效力及如何行使，就必须由法律明确规定，实现各类物权的统一化、标准化，不允许任何人发明新的物权和改变物权的内容。

物权法定原则所说的“法律”，是严格限定的，仅指全国人民代表大会和全国人民代表大会常务委员会制定的“法律”。不包括国务院制定的行政法规。当然更不包括地方性法规和部门规章。为什么不允许行政机关、地方政府规定物权的种类和内容呢？因为我国是一个统一的国家，有一个统一的大市场。如果一个地方的所有权和另一个地方的所有权不同，一个部门的抵押权与另一个部门的抵押权不同，必然会影响市场交易，影响国内大市场的统一。所以说，基于保障市场交易顺利进行和建立全国统一的大市场的法律政策理由，必须实行物权法定原则，必须由“法律”规定物权的种类和内容。这与银行法规定货币法定原则和票据法、证券法等规定有价证券法定原则，是出于同样的政策考量。

规定物权法定原则的第三项理由，就是要否定我国法律未规定的、任何外国法律上的物权类型，以维护我国的国家主权和法律制度。如果不实行物权法定原则，而实行所谓“物权自由原则”，则在中国境内活动的外商、外资、外企和外国律师，就必然会在他们所参与的经济活动中，采用他们自己熟悉的本国法律上的物权类型，必将对我国的法律制度和国家主权造成冲击和损害。可见物权法定原则，具有否定我国法律未规定的、任何外国法律上的物权类型，以维护国家主权和法律制度的重要功能。

前面讲了规定物权法定原则的理由，现在说这个原则怎么理解，是什么意思。其实物权法定原则的意思，主要不是其“正面”而是其“反面”，其“反面”的意思是：当事人自己创设的物权无效；当事人变更物权内容的约定无效。

这里说的“无效”，就是不具有物权的效力。某人去买商品房，其就享有房屋所有权，假设某个开发商在合同上规定这个房屋所有权只有20年,合同上如果有这句话,这句话无效。所有权是没有期限的权利,只要这个特定物(房屋)不消灭,房屋所有权就不消灭。开发商规定20年的所有权期限,对所有权的内容作了变更,但按照物权法定原则,物权的内容不能变更,现在开发商变更了,开发商变更的内容无效。如果发明一个物权行不行呢?也不行。由此可见,物权法定原则的意义,实际上就是排除当事人的意思自治,就是排除当事人创设、变更物权的自由,跟合同法刚好相反。

现在的一个问题是,当事人如果真发明了一种物权,怎么办?当事人如果发明一种物权,当然按照物权法定原则,它不具有物权的效力。我们说无效,是说法律不承认它是物权。但是,如果当事人创设出来这个权利,假如不具有物权的效力,那么它可不可以发生别的效力,如合同法上的效力呢?这是可能的。

例如,改革开放过程中的公房出售,有的单位卖公房时规定,这个公房卖给职工以后,职工将来要调走,不能卖给他人,职工只能卖给原单位,由单位买回。有的单位规定,如果买房的职工将来要调走,要出卖房子,原单位有"优先购买权"。这个"优先购买权"究竟有没有物权的效力呢?我们假设真的有职工调走时悄悄把房子卖给别人了,原单位发现了,向法院起诉,请求保护它的"优先购买权",要求人民法院认定被告转卖房屋的合同无效,并把房屋所有权收回来卖给它,它愿意支付同样的代价。如果它这样起诉,就是把这个"优先购买权"当作物权来对待,要求法院保护它的"优先购买权"。我们的法官在审查这个案件时认为,按照物权法定原则,物权法上没有规定所谓“优先购买权”,因此当事人在合同当中约定的“优先购买权”违反了物权法定原则,不具有物权的效力,于是作出判决,驳回原告的诉讼请求。为什么要驳回原告的诉讼请求呢?因为原告约定的“优先购买权”违反了物权法定原则,不具有物权的效力。

但是,如果原单位换一个理由起诉,它要求法院追究被告人的违约责任,认为:双方在买卖公房时,双方当事人真实的意思表示写得很清楚,职工不得转卖他人,职工出售时应先问原单位买不买,原单位享有优先购买权,这是双方真实的意思表示,因此要求法院追究被告人的违约责任。原单位以追究被告违约责任起诉,法官审查后认为,按照合同法,这个合同当中的约定是不是真实的意思表示呢?是真实的意思表示。既然是真实的意思表示,那就是有效的,被告一方就有义务先问原单位买不买,被告现在未履行这个义务,悄悄地卖给了他人,被告就构成违约,因此法庭就按照合同法判决被告承担违约责任。为什么说原单位要求追究违约责任,法院就可能支持它,因为这是双方真实的意思表示,按照合同法的规定,真实的意思表示的合同有效。这个原单位的“优先购买权”,虽然不具有物权的效力,但它是合同上的一个条款,是合同上约定的一个义务,既然约定了就要履行,职工现在违反了,就构成违约,按照合同法追究违约责任,这是可以的。可见,违反了物权法定原则,创设的物权不具有物权的效力,并不等于不具有所有的效力。如果符合其他法律规定,如符合合同法的规定,可以产生合同法上的效力。

第二百零八条　物权公示原则

不动产物权的设立、变更、转让和消灭，应当依照法律规定登记。动产物权的设立和转让，应当依照法律规定交付。

本条规定物权公示原则。所谓“公示”，就是“公开表示、便于他人了解”的意思。即物权的存在、物权的变动，必须以法律规定的方式公开表示出来，使他人能够了解。这就叫物权公示原则。

物权法之所以规定物权公示原则，首先是因为物权是市场交易的前提和结果，物权的状态和变动，关系到交易对方的重大利益。例如，张三有一套房屋要出卖，对于打算购买的李四来说，必须要弄清楚张三是不是这套房屋的所有权人，还要弄清楚这套房屋上面是否存在银行的抵押权。如果没有弄清楚就签订买卖合同并支付房款，可能使买受人李四遭受房屋得不到、房款也退不回的重大损失。所以，从交易对方来说，一定要事先了解这个财产的物权状况，谁是所有权人，有没有抵押权，有没有别人的利益，有没有什么负担。物权法规定物权公示原则，就是要方便打算交易的对方了解财产的物权状况，避免遭受不测损害，以维护市场交易的安全。

物权法规定物权公示原则，与法院执法也有关系。例如，原告申请对被告的某项财产采取保全措施，或者债权人申请强制执行债务人的某项财产，法院是不是马上就派执行法官去查封、扣押并予以拍卖呢？法院一定要弄清楚该项财产的物权状况，其所有权是否属于债务人，是否还有共有人，其上是否还存在银行的抵押权，等等。因为事先没有弄清楚，即查封、扣押、拍卖了别人的财产，受害人到处申诉、上访的实例确实存在。其结果是损害了人民法院的权威，使法院陷于尴尬境地。可见物权的状况，包括所有权人是谁，是独有的还是共有的，其上有没有抵押权这些问题，对人民法院执法非常重要。因此，物权法必须规定物权公示原则。

本条规定，不动产物权以登记为公示方法；动产物权，以交付为公示方法。至于登记的效力及交付的效力，本编第二章另设专条（第 209 条、第 224 条）规定。

须特别注意，物权变动依其发生原因不同，分为依法律行为发生的物权变动，与依法律行为之外的原因发生的物权变动。本条物权公示原则，仅适用于依法律行为（如买卖合同、抵押合同、质押合同）发生的物权变动。因法律行为之外的原因（依法院判决、仲裁裁决、政府征收决定、遗产继承及事实行为）发生的物权变动，另有其特别规则（第 229 条、第 230 条、第 231 条），并不适用本条物权公示原则。

注　释

1 《德国民法典》第 90 条规定：本法所称之物，谓有体的标的。《日本民法典》第 85 条规定：本法所称之物，为有体物。

第二章　物权的设立、变更、转让和消灭

按照物权公示原则,《民法典》物权编对动产和不动产规定了不同的公示方法。

第一节　不动产登记

第二百零九条　不动产物权登记生效主义

不动产物权的设立、变更、转让和消灭,经依法登记,发生效力;未经登记,不发生效力,但是法律另有规定的除外。

依法属于国家所有的自然资源,所有权可以不登记。

按照物权公示原则,本法对动产和不动产规定了不同的公示方法。动产物权变动以交付为公示方法,不动产物权变动以登记为公示方法。本条进一步规定,对不动产物权的公示实行“登记生

效主义”。

所谓“登记生效主义”，就是不动产物权变动必须登记、非登记不可，未经登记，不发生物权效力。例如，张三的一套房屋出卖给李四，虽然付了钱交了房，但未到登记机构办理产权过户登记，该房屋所有权不发生转移，该房屋的所有权仍然在张三名下，而李四不是该房屋的所有权人。李四虽然占有了房屋，但是因为没有办理产权过户登记，就还没有得到房屋的所有权。这种情形，如果张三的债权人对这套房屋申请强制执行，执行法院查明登记簿上该房屋的所有权仍在张三名下，就会对这套房屋采取查封、扣押并予强制拍卖，以拍卖所得价款清偿张三对债权人的债务。其结果使李四遭受重大的损失。

物权法关于不动产物权变动，采取“登记生效主义”，是因为实行“登记生效主义”，可以使物权状态、物权变动以不动产登记簿的记载为准，明确而可靠，有利于交易对方和执行法院查明物权状态，有利于建立不动产物权法律秩序和保障市场交易的安全。《物权法》(2007 年发布，已失效)实施以来的不动产登记实践充分表明，坚持“登记生效主义”是成功的，并未存在什么弊端，故本编维持不变。

根据本条的规定，采取“登记生效主义”是原则，另有其“例外”，即条文末句“法律另有规定的除外”。这是指《民法典》第 333 条关于土地承包经营权规定，“自土地承包经营权合同生效时设立”，第 374 条关于地役权规定，“地役权自地役权合同生效时设立”。此外，《民法典》第 363 条规定宅基地使用权的取得、行使和转让，适用土地管理的法律和国家有关规定，也属于本条“登记生效主义”的例外。

本条第 2 款规定“依法属于国家所有的自然资源，所有权可以不登记”，指本编第 247 条关于矿藏、水流、海域的规定，第 248 条关于无居民海岛的规定，第 249 条关于国有土地的规定，第 250 条关于森林、山岭、草原、荒地、滩涂的规定，第 251 条关于野生动植物资源的规定。国家所有的这些自然资源，不参与市场交易，故无须登记；一旦参与市场交易（成为市场交易标的物）即应登记，其理自明。条文用“可以不登记”一语，明示此旨。

下面介绍大陆法系民法关于物权变动的立法模式：第一种，债权合意主义 + 登记（交付）对抗主义。法国民法是此种立法模式的代表。法国民法规定，买卖合同一经生效，标的物所有权即移转于买受人。是否登记（不动产）或者交付（动产）取决于当事人自愿，未办理登记（或者未交付）不能对抗善意第三人。对当事人而言，此种模式最为简便，债权行为一经生效即发生物权变动的效果。但是，所取得的物权不具有对抗善意第三人的效力，使物权取得人有遭受重大损失的风险。因此，在当今采用此种立法模式的国家，如法国、日本，当事人往往通过办理不动产登记（完成动产交付）使取得的物权具有完全的对抗效力。

第二种，物权形式主义 + 登记生效主义。这是德国民法采用的物权变动模式。按照所谓物权行为的独立性和无因性理论，房屋买卖合同（债权行为），只发生双方交货、付款的债权债务，标的物所有权移转须另外订立一个物权行为，即以移转标的物所有权为目的的物权合同,并办理登记(不动产)或者完成交付(动产),才发生物权变动的效力。这两种立法模式的区别:德国模式,不动产登记(动产交付)是必需的、是物权生效要件,并且是依据物权合同登记(交付);法国模式,不动产登记(动产交付)是自愿的、是物权对抗要件(非生效要件),并且是依据债权合同登记(交付)。

第三种,债权合意主义 + 登记生效主义。这是法国模式与德国模式的结合,称为折中主义。中国物权法即采取此种立法模式。中国制定物权法时,民法学者经过自主研究,决定对法、德两种物权变动模式加以折中,从法国民法拿来债权合意主义,从德国民法拿来登记生效主义,把两者结合在一起,就成"债权合意主义 + 登记生效主义",即所谓折中主义的物权变动模式。此种模式兼有前两种模式的优点,规避了两种模式的缺点:仅须订立债权行为、无须在债权行为之外另行订立所谓物权行为,对当事人简便易行;债权行为生效之后通过办理登记(不动产)或者完成交付(动产)发生物权效力,可以确保交易安全、避免遭受不测之危险。

本法合同编规定,买卖合同(债权行为)是"移转标的物所有权"的协议(第 595 条),不仅发生双方交房、付款的债权债务,还发生(出卖人)"移转标的物所有权的义务"(第 598 条)。但不动产买卖的当事人必须凭买卖合同(债权行为)向不动产登记机构办理过户登记,"自记载于不动产登记簿时"物权变动"发生效力"(第 214 条);动产物权设立和转让的当事人,在债权行为(买卖合同、质押合同)生效后,必须完成标的物交付,物权变动"自交付时发生效力"(第 224 条)。这一物权变动模式具有简便易行、安全可靠的优点,并且符合现今法律发展潮流。

最后补充一点,关于依法律行为发生的物权变动,中国物权法规定以债权合意主义 + 登记(交付)生效主义为原则的同时,鉴于社会经济生活的复杂性与发展水平的不平衡性,就某些不动产物权、某些动产物权的变动,规定采取债权合意主义 + 登记对抗主义,以作为例外。此例外规则,适用于土地承包经营权(第 333 条);地役权(第 374 条);船舶、航空器、机动车物权(第 225 条);动产抵押权(第 403 条);特别动产集合抵押权(第 396 条)。此外,对于宅基地使用权的取得和转让,甚至未提及是否登记(第 363 条),更属例外之例外。本条沿用原法第 9 条原文。

第二百一十条　不动产登记制度

不动产登记,由不动产所在地的登记机构办理。

国家对不动产实行统一登记制度。统一登记的范围、登记机构和登记办法,由法律、行政法规规定。

本条规定不动产登记制度。由国家专门设立的不动产登记的机构,办理不动产物权登记,并掌管不动产登记簿。第 1 款规定,“不动产登记,由不动产所在地的登记机构办理”。第 2 款规定,“国家对不动产实行统一登记制度。统一登记的范围、登记机构和登记办法,由法律、行政法规规定”。请注意,条文并未明确不动产登记机构如何设置。

不动产登记机构如何设置? 概言之,无非两种方案。其一是地方法院或者地方法院内设登记机构。如瑞士,不动产登记机构为各州的地方法院;德国,不动产登记机构为设置于地方法院的土地登记局。其二是政府专设不动产登记机构。如英国,统一管理城乡土地权属登记的机构为土地登记局。日本,不动产登记机构为地方法务局或其支局、派出所。中国台湾地区,不动产登记机构为市、县政府的地政机关。中国香港特别行政区,不动产登记机构为隶属于香港注册总署的田土注册处。

我国不动产登记,曾长期存在"多头登记"的状况。负责不动产物权登记的机构有:土地管理部门、房产管理部门、农业主管部门、矿产管理部门、水行政主管部门、运输工具登记部门、工商行政管理部门、渔政管理部门和林业主管部门。它们分别负责基于土地、房屋、矿产资源、水资源、森林资源、草原、滩涂、道路等发生的物权或准物权的登记。其中,特别是土地权属登记与房屋产权登记分属土地管理部门与房产管理部门,最受诟病。如房屋买卖,双方当事人须先向房产管理部门申办房屋产权过户登记,(买受人)领取房屋所有权证书,然后再向土地管理部门申办建设用地使用权过户登记,(买受人)领取建设用地使用权证书。这让当事人不胜其烦,对市场交易也多有阻碍。

为改变这种局面,自 1998 年开始制定《物权法》时,起草人即在《物权法》立法方案中确定建立统一不动产登记制度的目标,即实现"五个统一":统一不动产登记的机构;统一不动产登记的法律依据;统一不动产登记的效力;统一不动产登记的程序;统一不动产登记的权属证书。但须说明一点,此建立统一不动产登记制度的目标，主要是统一与市场交易密切相关的土地物权登记和房产物权登记。至于此外的物权和准物权登记，如矿产资源、水资源、森林资源、草原、滩涂、道路等发生的登记，不可能也不必要纳入其中。

2007 年通过的《物权法》第 10 条明确规定："不动产登记，由不动产所在地的登记机构办理。国家对不动产实行统一登记制度……"同时，考虑到建立统一的不动产登记制度、设立统一的不动产登记机构，涉及国家行政体制的改革，不可能一蹴而就。因此，上述条文第 1 款规定"由不动产所在地的登记机构办理"，未明示不动产登记机构设在地方政府什么部门；第 2 款第一句明确规定"国家对不动产实行统一登记制度"的同时，第二句规定，"统一登记的范围、登记机构和登记办法，由法律、行政法规规定"，将统一不动产登记制度的建立委托给特别法、行政法规，体现了立法的原则性和灵活性。

为实现原《物权法》规定的建立统一不动产登记制度的目标，国务院于 2015 年 3 月实施《不动产登记暂行条例》，原国土资源部于 2016 年 1 月实施《不动产登记暂行条例实施细则》。《不动产登记暂行条例》（以下简称《暂行条例》）第 6 条第 1 款规定："国务院国土资源主管部门负责指导、监督全国不动产登记工作。"《暂行条例》第 5 条规定："下列不动产权利，依照本条例的规定办理登记：（一）集体土地所有权；（二）房屋等建筑物、构筑物所有权；（三）森林、林木所有权；（四）耕地、林地、草地等土地承包经营权；（五）建设用地使用权；（六）宅基地使用权；（七）海域使用权；（八）地役权;(九)抵押权;(十)法律规定需要登记的不动产权利。"《暂行条例》第7条第1款规定:"不动产登记由不动产所在地的县级人民政府不动产登记机构办理……"

通过这两部行政法规的施行,可以认为,建立统一不动产登记制度的目标已经实现。本条沿用原法第10条原文。

第二百一十一条　不动产登记申请

当事人申请登记,应当根据不同登记事项提供权属证明和不动产界址、面积等必要材料。

《暂行条例》第14条规定:"因买卖、设定抵押权等申请不动产登记的,应当由当事人双方共同申请。属于下列情形之一的,可以由当事人单方申请:(一)尚未登记的不动产首次申请登记的;(二)继承、接受遗赠取得不动产权利的;(三)人民法院、仲裁委员会生效的法律文书或者人民政府生效的决定等设立、变更、转让、消灭不动产权利的;(四)权利人姓名、名称或者自然状况发生变化,申请变更登记的;(五)不动产灭失或者权利人放弃不动产权利,申请注销登记的;(六)申请更正登记或者异议登记的;(七)法律、行政法规规定可以由当事人单方申请的其他情形。"

《暂行条例》第16条规定:"申请人应当提交下列材料,并对申请材料的真实性负责:(一)登记申请书;(二)申请人、代理人身份证明材料、授权委托书;(三)相关的不动产权属来源证明材料、登记原因证明文件、不动产权属证书;(四)不动产界址、空间界限、面积等材料;(五)与他人利害关系的说明材料;(六)法律、行政法规以及本条例实施细则规定的其他材料。"

本条沿用原法第11条原文。

第二百一十二条　不动产登记机构的职责

登记机构应当履行下列职责:

(一)查验申请人提供的权属证明和其他必要材料;

(二)就有关登记事项询问申请人;

(三)如实、及时登记有关事项;

(四)法律、行政法规规定的其他职责。

申请登记的不动产的有关情况需要进一步证明的,登记机构可以要求申请人补充材料,必要时可以实地查看。

按照本条第1款第1项,登记机构的主要职责是"查验申请人提供的权属证明和其他必要材料"。条文所谓"权属证明",当指证明登记申请人享有不动产物权的文书,如房屋所有权证、土地使用权证、人民法院确认物权、分割遗产、分割共有财产的生效判决等;所谓"其他必要材料",当指房屋买卖合同书、抵押合同书、土地使用权转让协议、分割遗产和共有财产的协议等书面文件。按照本条第2款的规定,登记机构认为"必要时可以实地查看",此"实地查看"属于登记机构的"职权"而非"义务"。

《暂行条例》第18条规定:"不动产登记机构受理不动产登记申请的,应当按照下列要求进行查验:(一)不动产界址、空间界限、面积等材料与申请登记的不动产状况是否一致；（二）有关证明材料、文件与申请登记的内容是否一致；（三）登记申请是否违反法律、行政法规规定。”可见，不动产登记机构所谓“进行查验”，亦仅“查验”申请人提交的该项材料与申请登记的不动产状况、登记的内容是否一致，并不要求不动产登记机构审查、核实申请人提交材料的真实性。

《暂行条例》第 19 条规定：“属于下列情形之一的，不动产登记机构可以对申请登记的不动产进行实地查看：（一）房屋等建筑物、构筑物所有权首次登记；（二）在建建筑物抵押权登记；（三）因不动产灭失导致的注销登记；（四）不动产登记机构认为需要实地查看的其他情形。对可能存在权属争议，或者可能涉及他人利害关系的登记申请，不动产登记机构可以向申请人、利害关系人或者有关单位进行调查。不动产登记机构进行实地查看或者调查时，申请人、被调查人应当予以配合。”条文中“可以”进行调查，“不动产登记机构进行实地查看或者调查时，申请人、被调查人应当予以配合”等，均属于不动产登记机构“职权”。

可以断言，本条规定登记机构的审查，不是所谓的“实质审查”，而属于“形式审查”。换言之，本条并不要求登记机构保证登记事项真实，只要达到经审查认为登记申请人所提交的“权属证明”和“其他必要材料”无误，并据此相信登记事项属实即可。本条沿用原法第 12 条原文。

第二百一十三条 禁止行为

登记机构不得有下列行为：

（一）要求对不动产进行评估；

（二）以年检等名义进行重复登记；

（三）超出登记职责范围的其他行为。

本条规定禁止不动产登记机构实施的行为。原《物权法》制定前一些地方的登记机构确有按照不动产评估价值收取登记费以及进行所谓“年检”，重复登记、重复收费等，背离不动产登记制度本旨和职责的行为。故设本条规定禁止不动产登记机构实施此类行为。本条沿用原法第13条原文。

第二百一十四条 区分原则一：不动产物权变动的生效

不动产物权的设立、变更、转让和消灭，依照法律规定应当登记的，自记载于不动产登记簿时发生效力。

第二百一十五条 区分原则二：原因行为的生效

当事人之间订立有关设立、变更、转让和消灭不动产物权的合同，除法律另有规定或者当事人另有约定外，自合同成立时生效；未办理物权登记的，不影响合同效力。

这里将第214条和第215条合并在一起解读。这两个条文是关于物权变动与原因行为的区分原则的规定。所谓“物权变动”是指“产权过户”“抵押权设立”的“物权变动（事实）”。所谓“原因行为”,是指导致物权变动的“法律行为”(债权行为),如买卖合同、抵押合同、质押合同。所谓“区分原则”,是指对于“物权变动(事实)”,与导致发生“物权变动(事实)”的“原因行为”(债权行为如买卖合同、抵押合同),分别规定其生效条件和生效时间。不可混淆于《德国物权法》所谓物权行为与债权行为的“区分原则”。

以买卖房屋为例。当事人先签订房屋买卖合同,然后根据买卖合同去不动产登记机构申办产权过户登记,“买卖合同”是导致“产权过户”的原因,“产权过户”是其结果。“买卖合同”和“产权过户”之间就是原因和结果的关系。设立抵押权也是如此。先订立“抵押合同”,再根据抵押合同去登记机构办理抵押登记,于是“抵押权”设立。可见,“抵押合同”是原因,“抵押权设立”是其结果。“产权过户”和“抵押权设立”是具体的物权变动事实,买卖合同和抵押合同是发生具体物权变动的“原因行为”。

物权法规定“区分原则”,究竟要解决什么问题呢?要解决把“买卖合同”生效的时间和条件,与“产权过户”发生的时间和条件分开来对待的问题,针对的是原《物权法》制定前的一段时期一些法院裁判案件的错误做法,以及当时担保法上的错误规定。如订立房屋买卖合同后,没有办理产权过户登记,有的地方法院以未办理产权过户登记为由认定房屋买卖合同无效。这样的判决,就把买卖合同生效的时间和条件,与产权过户的生效时间和条件混淆了。原《担保法》(已失效)第41条规定,当事人设定抵押的,“应当办理抵押物登记,抵押合同自登记之日起生效”。按照这一规定,订立抵押合同之后,如果没有办理抵押登记,法院就据此认定抵押合同不生效。这同样是把抵押合同生效的时间和条件,与抵押权成立的时间和条件混淆了。

按照合同编第598条的规定,买卖合同生效才发生出卖人交付标的物和移转标的物所有权(办理产权过户)的义务。买卖合同未生效,登记机构会办理产权过户吗?当然不会。可见,因未办理产权过户而认定买卖合同无效的做法,不符合法律的逻辑和基本原理。同时还要看到,这样的判决结果是不公正的。签订了买卖合同,合同生效后,市场变化了,房屋价格上涨了,开发商(出卖人)反悔,故意拖延不办产权过户登记,最后发生纠纷,法院以没有办产权过户为由判决买卖合同无效。无效就要恢复原状,即便买房人已经住进了新房,进行了装修,也不得不退房。这样的结果,不正好是不诚信的出卖人所希望的吗?正是法院这样的判决,使不诚信的出卖人得逞,使他的不正当利益得以实现,而买房人的正当利益就遭受了损害。

设定抵押权的情形也是如此。借款的企业与银行的工作人员有关系,就请求说:"你放心,我肯定会登记的,我现在急需钱,请你赶快把钱划到我的账上。"一旦银行把钱划到借款人的账户,借款人就会把钱转走或者使用,而不去办理抵押登记。他为什么不去办抵押登记呢?虽然不是办了抵押登记房屋就不能卖了,但一旦办理之后再要出卖房屋就有困难。房屋上有抵押权,买房人就担心有被抵押权人强行拍卖的风险,因此可能就不买了。此外,一旦办理了抵押登记,房屋所有权上成立了抵押权,借款人要再拿该房屋到其他银行抵押借款,其他银行也会不愿意。因此,一旦银行把借款划到借款人账户上，借款人就借故拖延不办理抵押登记。最后借款人还不了银行的钱，被起诉到法院，因为原《担保法》第41条规定抵押合同自抵押登记之日起生效，没有办理抵押登记，于是法院判决抵押合同不生效。最终使银行遭受重大损失。这样的判决也助长了一些企业背信弃义的行为。既然不办理抵押登记法院判决抵押合同不生效，那就故意拖延不办抵押登记。一些企业不讲诚信，采用拖延不办抵押登记的办法赖账，导致社会信用下降、商业道德下降，这与法院的判决有关系，与原《担保法》的规定有关系。

针对司法实务中的错误做法和原担保法上的错误规定，本编第214条和第215条明文规定物权变动与原因行为的区分原则。第214条规定："不动产物权的设立、变更、转让和消灭，依照法律规定应当登记的，自记载于不动产登记簿时发生效力。"其中所谓"应当登记的"，是指法律规定采"登记生效主义"的不动产物权，包括不动产所有权、不动产抵押权等。这些采登记生效主义的不动产物权变动，包括设立、变更、转让、消灭，从什么时候发生效力？本条明确规定："自记载于不动产登记簿时发生效力"。

接下来，物权法应当明确规定"原因行为"的"生效时间"。这就是本编第215条的规定："当事人之间订立有关设立、变更、转让和消灭不动产物权的合同，除法律另有规定或者当事人另有约定外，自合同成立时生效；未办理物权登记的，不影响合同效力。"条文第一句明确规定合同的生效时间："自合同成立时"。此与合同编的规定完全一致。合同编第502条第1款规定："依法成立的合同，自成立时生效……"须补充说明的是，"自成立时生效"是关于合同生效的“一般原则”。“法律另有规定或者当事人另有约定”，是此“一般原则”的“例外”。

于是，物权变动的生效时间和生效条件，与原因行为的生效时间和条件，就被区分开来了。但是还有一个重要的问题：因未办理登记而物权变动未生效，对原因行为的效力是否有影响？而这正是物权法规定“区分原则”所要解决的关键问题。这就是本编第215条第二句的规定：“未办理物权登记的，不影响合同效力”。这一规定将合同的生效与物权变动的生效截然“区分”开来，准确体现了“区分原则”的立法目的。

从本编第214条和第215条的规定可知，所谓“区分原则”，是指“区分”原因行为和物权变动的“生效时间和生效条件”。作为“原因行为”的“买卖合同”，应当按照合同编的规定，“自合同成立时生效”；而作为“物权变动”的“标的物所有权移转”，应当按照本编规定办理“产权过户登记”，“自记载于不动产登记簿时”生效。作为原因行为的“抵押合同”，亦应按照合同编的规定，“自合同成立时生效”；而作为物权变动的“抵押权设立”，则应按照本编的规定办理“抵押登记”，“自记载于不动产登记簿时”生效。订立房屋买卖合同，没有办理产权过户登记的，只是不发生“产权过户”的效果，买卖合同的效力不受影响；订立抵押合同，没有办理抵押登记的，只是不发生“抵押权设立”的效果，抵押合同的效力不受影响。

按照这个原则，买卖合同生效以后，如果出卖人既没有交房也没办理产权过户，买受人就可以依据合同编第580条第1款的规定，向法院起诉请求法院强制出卖人交房并办理产权过户登记；假如房子已不在出卖人的手里,如已经卖给他人,他人已经办理了产权过户登记,这种情形买卖合同依然有效,买受人可以依据合同编第577条的规定,向法院起诉请求法院追究出卖人的违约责任。如果合同约定有违约金,法院就判处违约金,如果合同没有约定违约金,法院就判处损害赔偿金。按照合同编的规定,给予受害人一定的补偿,保护受害人的合法利益。

抵押的情形也是这样。抵押合同生效以后,没有办理抵押登记,按照法律的规定,只是抵押权不发生,而抵押合同的效力不受影响。这个时候如果抵押物还在借款人(抵押人)的手里,债权人银行可以依据抵押合同诉请法院责令抵押人补办抵押登记,使抵押权发生,并执行抵押权,使银行优先受偿,保障银行的利益。如果作为抵押物的房屋或者土地使用权已经不在抵押人的手里,这种情形至少抵押合同还有效,还可以追究抵押人的违约责任。

质言之,物权法规定"区分原则"的重要意义就在于,要纠正混淆原因行为生效和物权变动生效的错误做法以及原《担保法》的错误规定。第214条沿用原《物权法》第14条原文;第215条沿用原《物权法》第15条原文,个别文字有调整。

第二百一十六条　不动产登记簿:效力和管理

不动产登记簿是物权归属和内容的根据。

不动产登记簿由登记机构管理。

本条规定不动产登记簿及其管理。第1款规定"不动产登记

簿是物权归属和内容的根据”，明示不动产登记簿具有证据资格，在诉讼中可以作为证明不动产物权的证据。如在房屋所有权发生争议时，系争房屋究竟是谁的，涉及用什么证据来证明时，就可以将不动产登记簿作为证据。争议的一方张三到登记机构把不动产登记簿记载系争房屋的那一页复印下来，由登记机构在复印件上签字盖章，作为证明自己权利的证据提交法庭，法官应当接受这个证据并认为张三的举证责任已经完成。法官不得拒绝接受不动产登记簿这个证据，也不能要求张三进一步对不动产登记簿记载的事实举证，如要求证明什么时候买的房，什么时候交的钱，有什么证人等。张三因提交不动产登记簿这个证据，而完成了自己负担的举证责任，因为本条第 1 款规定不动产登记簿是“物权归属和内容的根据”，即具有证明“物权归属和内容”的证据资格。

第 2 款规定不动产登记簿由登记机构管理。无须解释，其理自明。本条沿用原法第 16 条原文。

第二百一十七条　不动产权属证书、与登记簿记载不一致

不动产权属证书是权利人享有该不动产物权的证明。不动产权属证书记载的事项，应当与不动产登记簿一致；记载不一致的，除有证据证明不动产登记簿确有错误外，以不动产登记簿为准。

本条规定三个内容：一是不动产权属证书的证据资格；二是不动产权属证书和不动产登记簿证据效力的高低；三是不动产登记簿证据效力的性质。

在办理不动产物权登记时，不动产登记机构还向物权人颁发“不动产权属证书”，即房屋所有权证、土地使用权证、抵押权证等。这些“不动产权属证书”在诉讼当中起什么作用呢？能不能够作为证据使用呢？如果可以作为证据使用，也应当由物权法明确规定其诉讼证据资格。本条第一句规定：“不动产权属证书是权利人享有该不动产物权的证明”。所谓“权利人享有该不动产物权的证明”，亦即权属证书记载的权利人，可以用权属证书证明自己享有其上所记载的该项物权。因该项物权归属或者内容发生争议，权利人即可将该权属证书作为证据提交法庭，以完成自己负担的举证责任。法庭不得再要求该权利人就证明该项物权举证（包括不得要求权利人另行提交不动产登记簿复印件作为证据）。按照这一规定，不动产权属证书具有证据资格，在具有证据资格这一点上，与不动产登记簿相同。

本条第二句规定：“不动产权属证书记载的事项，应当与不动产登记簿一致”。这既是明确规定不动产权属证书与不动产登记簿之间的关系，也是对登记机构的要求，即必须根据不动产登记簿制作、颁发不动产权属证书，要求不动产权属证书的记载事项必须与不动产登记簿的内容一致。正因如此，物权法赋予不动产登记簿和不动产权属证书同样的诉讼证据资格。

在关于产权归属争议的诉讼中可能出现两种证据，一种是不动产登记簿（复印件），另一种是不动产权属证书。两者都具有证明系争物权的证据资格。虽然本条第二句规定，“不动产权属证书记载的事项，应当与不动产登记簿一致”，但是，万一在某种情况下不动产权属证书的记载和不动产登记簿的记载不一致怎么办呢?这就需要物权法作出明确表态。这就是本条第三句的规定:“记载不一致的,除有证据证明不动产登记簿确有错误外,以不动产登记簿为准”。按照这一规定,不动产权属证书的记载与不动产登记簿的记载不一致的,应当以不动产登记簿为准。这实际上是规定两种诉讼证据的证据效力的高低:不动产权属证书具有证据资格,不动产登记簿也具有证据资格,但两者作为诉讼证据的“证据效力”不同,不动产登记簿的证据效力高于不动产权属证书的证据效力。这就是“以不动产登记簿为准”的含义。例如,在一个产权争议的诉讼证据中,同时有产权证和不动产登记簿,产权证上记载“所有权属于张三”,不动产登记簿上记载“所有权属于李四”,法院应当怎么判决?法院应当判决系争房屋所有权属于李四。因为本条规定“以不动产登记簿为准”,亦即不动产登记簿的证据效力高于产权证。

须特别注意的是,本条第三句规定不动产登记簿的证据效力高于不动产权属证书,是有条件的,这就是“除有证据证明不动产登记簿确有错误外”。而“除有证据证明不动产登记簿确有错误外,以不动产登记簿为准”,是明确告诉我们不动产登记簿的证据效力的性质,即不动产登记簿所具有的证据效力,不是绝对的证据效力,而是相对的证据效力。换言之,不动产登记簿的证据效力,属于推定的证据效力,是可以由相对方以相反的证据予以推翻的证据效力。这就是物权法关于不动产登记的另一项重要制度,叫作“不动产登记的权利推定效力”。

这涉及不动产登记簿上的内容在法律上应该怎样看待的问题。不动产登记簿上记载张三是所有权人，张三把不动产登记簿的复印件拿到法院，法官怎么看待这个证据呢？前面说到不动产登记簿有"证据资格"，可以作为诉讼证据，法院应当接受这个证据。但是，不动产登记簿记载"张三是所有权人"，法官是否就必须判决认定"张三是所有权人"，是否必须将该房屋判归张三呢？这就涉及不动产登记簿的"证据效力"问题。按照证据法，诉讼中采用的证据，必须具有"证据资格"，但具有"证据资格"只是说可以在诉讼中作为证据使用，绝不是说只要具有"证据资格"，就具有相同的"证据效力"，法院就必须严格按照该证据认定待证事实。质言之，不同的证据，其"证据效力"是不同的。这就是"登记的权利推定效力"制度所要解决的问题。

"权利推定的效力"是什么意思呢？举例来说，张三把产权登记簿复印件提交到法庭，前面已经谈到不动产登记簿具有"证据资格"，是合格的证据，法官就应当认为张三的举证责任已经完成，不再要求张三进一步提供别的证据。但是，法庭究竟采不采纳作为证据的不动产登记簿上记载的内容，就取决于这个"权利正确性推定"制度。首先，我们的法官应当"推定"不动产登记簿上的记载是真实的，不动产登记簿记载"张三是所有权人"，法官就"推定""张三是所有权人"。

请注意"推定"是一个技术性概念，它的含义是"把什么当作真实的"。"推定""张三是所有权人"，就是"把张三当作所有权人"，并不是说"张三真的是所有权人"，至于法庭最后是否"认定""张三是所有权人”,关键要看争议的对方能否举出相反的证据。因此,法官“推定”“张三是所有权人”之后,就应当问争议对方李四有没有“异议”。假设李四看见张三把产权登记簿复印件提交到法庭,登记簿上记载张三是所有权人,李四再也无话可说、不再争执,法庭就应当根据产权登记簿上的记载,作出判决“认定”“张三是所有权人”,亦即判决争议房产归张三所有。但在多数情形,李四还会坚持争执,对不动产登记簿记载的真实性提出“异议”,主张不动产登记簿上的记载不正确。他提出的这个“异议”,是对不动产登记簿记载“内容”提出的“异议”。虽然张三拿出产权登记簿作为证据,但李四主张产权登记簿的记载不正确,如李四提出异议说,双方当初是合伙买房,只是登记的时候为了方便登记在张三名下。这种情形,法官当然不能直接根据登记簿上的记载就“认定”“张三是所有权人”,不能就这样“判决”争议房屋归张三所有,法官也不应当仅仅因为李四对登记簿上的记载有“异议”,就“否定”登记簿的记载、“否定”张三是所有权人。法官正确的做法是:“责令”主张“异议”的李四就自己的“异议”举证,即李四认为登记簿的记载不正确,就应当举证证明之。

接下来,如果李四真的举出了充分的证据,证明了不动产登记簿的记载不正确,如证明了的确是合伙买房,只是办理登记时图方便或者有别的原因,登记在张三名下,则法庭应当采纳李四的反证,并直接根据此反证“认定”争议房产“属于张三和李四二人共有”。因为不动产登记簿上的记载,只具有“权利推定的效力”,法庭只是据以“推定”“张三是所有权人”,现在这种“推定”已经被李四举出的“反证”予以“推翻”。反之,李四不能向法庭举出充分的“反证”证明他关于登记簿的记载不真实的“异议”时,法庭应当直接根据不动产登记簿上的记载,“认定”张三是争议房产的所有权人,亦即判决该房产归张三所有。

可见,物权法上不动产登记的“权利推定效力”制度非常重要。由于有这个制度,在审理房屋产权争议的案件中,谁对产权证或产权登记簿的记载主张“异议”,就应当由谁承担举证责任。法官应当责令“异议”一方举出反证,这叫产权证和登记簿的“权利推定的效力”。“异议”一方能够举出反证,证明财产的真实产权状况和登记簿的记载不一致,法庭就直接采纳反证,登记簿上的记载就被推翻了。如果异议一方举不出反证或者举出的证据不足以推翻登记簿上的记载,法庭就应当按照产权登记簿的记载来认定产权归属。法院裁判产权争议案件,通常就靠这个制度。

补充一下,不动产登记的权利推定效力,在原《物权法草案》前四次审议稿均设有专门的条文。后因有人指责“使违法所得财产合法化”,立法机关将该专门规定不动产登记的权利推定效力的条文删去。但同时在本条第三句增加“除有证据证明不动产登记簿确有错误外”一段,规定为:“记载不一致的,除有证据证明不动产登记簿确有错误外,以不动产登记簿为准”。这就使得本条第三句在规定不动产登记簿和不动产权属证书的证据效力高低的同时,明确了不动产登记簿证据效力的性质属于“推定的证据效力”,成为不动产登记簿具有权利推定的效力的法律根据。本条沿用原法第 17 条原文。

第二百一十八条　不动产登记资料的查询、复制

权利人、利害关系人可以申请查询、复制不动产登记资料，登记机构应当提供。

本条规定登记资料的查询、复制。权利人、利害关系人可以申请查询、复制不动产登记资料，登记机构应当提供。其理自明，毋庸赘言。本条沿用原法第18条原文，个别文字有调整。

第二百一十九条　利害关系人的保密义务

利害关系人不得公开、非法使用权利人的不动产登记资料。

本条规定保密义务。查询、复制不动产登记资料的利害关系人应当承担保密义务。违反此项保密义务，擅自公开、非法使用权利人的不动产登记资料，给权利人造成损害的，应当依法承担侵权责任，自不待言。前条规定利害关系人可以申请查询、复制权利人的不动产登记资料，却未规定利害关系人应负保密义务，留下漏洞。本编新设本条，弥补此项漏洞，值得肯定。

第二百二十条　更正登记、异议登记

权利人、利害关系人认为不动产登记簿记载的事项错误的，可以申请更正登记。不动产登记簿记载的权利人书面同意更正或者有证据证明登记确有错误的，登记机构应当予以更正。

不动产登记簿记载的权利人不同意更正的,利害关系人可以申请异议登记。登记机构予以异议登记,申请人自异议登记之日起十五日内不提起诉讼的,异议登记失效。异议登记不当,造成权利人损害的,权利人可以向申请人请求损害赔偿。

本条第1款规定"更正登记",这是原有的制度。特别要注意本条第2款规定的"异议登记",是物权法起草人创设的制度。什么叫异议登记?例如,不动产登记簿上记载某一套房屋的所有权人是张三,而李四对此提出异议,认为该房屋不是张三的,这就形成产权纠纷。李四如果要向法院起诉解决争议,他还得搜集证据,还要聘请律师、准备起诉状等,要做好多准备工作,等他向法院起诉,法院经过审理作出判决,确定争议的房产归李四所有,这个时候李四拿着生效判决书到不动产登记机构要求变更登记时,发现这个房子早就被张三卖给王五去了。当事人好不容易得到胜诉判决,最后不一定能够得到房屋及其所有权。因此,能不能有一个制度防止不动产登记簿上记载的所有权人(登记名义人)张三抢先下手出卖争议房屋?针对这一现实问题,原《物权法》创设了异议登记制度。

原《物权法》第19条第2款规定:"不动产登记簿记载的权利人不同意更正的,利害关系人可以申请异议登记。登记机构予以异议登记的,申请人在异议登记之日起十五日内不起诉,异议登记失效。异议登记不当,造成权利人损害的,权利人可以向申请人请求损害赔偿。"请注意,本条第1款规定"更正登记",这是现在的房地产登记制度中已有的登记制度。前述房屋产权争议的双方，如果李四提出异议而登记簿上的所有权人张三承认登记错误，承认自己不是真正的所有权人，则可以通过更正登记解决问题。如果张三不承认存在错误，坚持认为自己是真正的所有权人，这种情形，按照本条第2款的规定，李四就可以向登记机构申请异议登记。

异议登记是一个简单的程序，只要李四到登记机构申请异议登记，登记机构受理了申请后，就将该异议记载于不动产登记簿，如记载“某年某月某日李四主张异议”。可想而知，只要登记簿上记载了这样一个“异议”，张三要抢先下手转让该房屋，打算买房的人发现不动产登记簿上登记有“异议”，自然就不敢购买该房屋。“异议登记”的作用，并不是“禁止”张三转让该房屋，并不是“限制”张三的“处分权”，而仅仅是“提醒”打算购买房屋的第三人注意：该房屋产权存在争议。按照社会生活经验，打算购买房屋的人看到该房屋产权存在争议，将不会贸然签订买卖合同，至少他会等待争议的解决。法律就是用这个办法来“阻止”张三抢先下手转让房屋产权，以保证将来李四胜诉后可以持判决书到登记机构变更登记，最终得到这个房子的所有权。

既然“异议登记”的作用在于“阻止”张三处分财产，则“异议登记”一定要有一个“期限”。不然的话，有的人在申请“异议登记”之后，就不会尽快地解决存在的“争议”，他既不向法院提起“确权之诉”，也不向登记机构申请“变更登记”，这种情形，已经登记的“异议”的存在，将一直“阻止”登记簿上的所有权人转让财产。因此应该规定“异议登记”的有效期限，超过一定的期限，“异议登记”就失效。本条第 2 款规定,这个期限是“十五日”,并规定了异议登记不当的损害赔偿责任,以避免没有任何根据就轻率地申请异议登记,损害真正权利人的合法权益。本条沿用原法第 19 条原文,个别文字有调整。

第二百二十一条　预告登记

当事人签订买卖房屋的协议或者签订其他不动产物权的协议,为保障将来实现物权,按照约定可以向登记机构申请预告登记。预告登记后,未经预告登记的权利人同意,处分该不动产的,不发生物权效力。

预告登记后,债权消灭或者自能够进行不动产登记之日起九十日内未申请登记的,预告登记失效。

物权法新创设的一个登记制度叫“预告登记”,以针对现实生活中商品房预售的“一房多卖”,损害买房人(多数情形是消费者)合法利益的问题。按照这个制度,商品房预售合同的买受人,可以凭商品房预售合同到不动产登记机构申请“预告登记”。因为房子还没盖起来,还不可能办理“产权过户登记”。本条规定:“当事人签订买卖房屋的协议或者签订其他不动产物权的协议,为保障将来实现物权,按照约定可以向登记机构申请预告登记。预告登记后,未经预告登记的权利人同意,处分该不动产的,不发生物权效力。”(第 1 款)“预告登记后,债权消灭或者自能够进行不动产登记之日起九十日内未申请登记的,预告登记失效。”(第 2 款)

按照本条规定，只要张三与开发商签订了商品房预售合同，张三就可以拿着合同书去登记机构办理预告登记，由登记机构在登记簿上作出“预告登记”：记载某号房子已经卖给了张三。办理预告登记后，开发商要把这套房子再卖给其他任何人，都将“不发生物权效力”。所谓“不发生物权效力”，就是说买房人不可能取得房屋所有权。只要办理了“预告登记”，其余的买房人就已经知道自己不可能得到房屋所有权，当然也就不买了。这就达到了限制“一房多卖”的目的。预告登记制度的立法目的，就是用这样的办法来限制开发商“一房多卖”。

从实质上说，“预告登记”是一种特殊的公示方法，而所登记的并不是“物权”，而是买房人根据买卖合同请求交付房屋和移转房屋所有权的债权。合同上的“债权”，因为办理了“预告登记”，就具有了对抗其他买房人的“物权效力”。预告登记制度，不仅保护商品房预售的买受人，也可以保护银行的抵押权。发放贷款的银行，只要把抵押合同拿到登记机构办理了“预告登记”，开发商再把同一项目抵押给其他银行，其他银行的抵押权就排在后面，办理了“预告登记”银行的抵押权就要排在前面。本条第 2 款规定“预告登记后，债权消灭或者自能够进行不动产登记之日起九十日内未申请登记，预告登记失效”是为了避免权利人以“预告登记”代替正式的物权登记。

值得注意的是，本条规定以双方“约定”为预告登记的条件，属于错误。预告登记是专门保护商品房预售合同中的买受人的，而不是用来保护出卖人的。出卖人根据自己的经济地位可以保护自己的利益,无论采用“按揭”或者“付现”的支付方式,开发商在正式签订合同之时已经收讫全部价款,其利益已经得到了完全的保障。条文规定以双方“约定”为预告登记的条件,则没有约定、开发商不同意就不能进行预告登记,与物权法创设预告登记制度的政策目的冲突。本条沿用原法第 20 条原文,个别文字有调整。

第二百二十二条　登记错误的赔偿责任

当事人提供虚假材料申请登记,造成他人损害的,应当承担赔偿责任。

因登记错误,造成他人损害的,登记机构应当承担赔偿责任。登记机构赔偿后,可以向造成登记错误的人追偿。

本条规定登记错误的赔偿责任。第 1 款规定,登记申请人承担赔偿责任的构成要件有三:一是“提供虚假材料”,至于提供虚假材料究竟属于故意或者过失,均非所问;二是因登记申请人提供虚假材料导致登记错误;三是因此登记错误给他人造成损害。登记申请人在承担赔偿责任后,当然有权依据不当得利制度,向因此登记错误而获得不当得利的人追偿。

考虑到第 1 款已经规定了登记申请人提供虚假材料造成登记错误的赔偿责任,则第 2 款所谓“登记错误”,应解释为:除登记申请人提供虚假材料造成的登记错误之外的登记错误,亦即因登记机构自身的原因造成的登记错误。本条之立法意旨在于:凡属于登记申请人的原因造成的登记错误,均应当由登记申请人承担赔偿责任;凡属于登记机构自身的原因造成的登记错误,即在登记申请人提供的材料真实的前提下因登记机构内部工作人员的过错造成的登记错误,应当由登记机构承担赔偿责任。

因此,根据本条第 2 款的规定,登记机构承担赔偿责任的构成要件是:(1)登记申请人提供的材料真实;(2)在登记申请人提供材料真实的前提下仍发生登记错误;(3)因此登记错误给他人造成损害。实质上,登记机构是为自己内部工作人员的过错导致的登记错误承担责任,这属于民法侵权责任中的使用人责任。其特殊之处在于,既不要求请求赔偿的受害人举证证明登记机构工作人员的过错,同时登记机构也不能通过证明自己对于工作人员无监督管理过错而要求免责。

须注意的是,民法上的使用人责任,有不同方案。其一是德国式使用人责任,在被使用人于执行职务中造成他人损害的,原则上应当由使用人对受害人承担赔偿责任,但使用人如果能够举证证明自己对被使用人的选任、监督并无过失的,可以免责。这实质上属于使用人对于自己的选任、监督过错承担责任,因此属于过错责任,理论上称为推定过错责任。其二是英美法上的使用人责任,凡被使用人于执行职务中造成他人损害的,均应当由使用人承担赔偿责任,并不考虑使用人有无选任监督过失。实质上属于使用人替代被使用人承担赔偿责任,属于严格责任。本法将使用人责任一分为二:一是用人单位的使用人责任(第 1191 条);二是个人劳务关系的使用人责任(第 1192 条),均属于严格责任。

按照本条第 2 款规定,登记机构的赔偿责任属于用人单位的使用人责任,既不要求请求赔偿的受害人举证证明登记机构工作人员具有过错,同时登记机构也不能通过证明自己对于工作人员无监督管理过错而获得免责,属于严格责任。此与本法侵权责任编第1191条的规定相同。但考虑到本条第1款关于登记申请人承担赔偿责任的规定,登记机构当然可以通过证明登记错误是由登记申请人提供虚假材料所造成,而获得免责。因此本条第2款规定的登记机构的赔偿责任,不同于一般所谓严格责任,其在实质上仍然属于登记机构对于自己的工作人员的过错造成他人的损害负责。登记机构在承担赔偿责任后,除根据本条第2款第二句的规定,可以"向造成登记错误的人"(登记机构工作人员)追偿之外,还有权依据民法关于不当得利制度的规定,向因此登记错误获得不当得利的人追偿,自不待言。

值得注意的是,有的学者在解释本条时认为,即使是登记申请人提供虚假材料造成登记错误,也应当由登记机构对受害人承担赔偿责任,登记机构承担赔偿责任之后再向该登记申请人追偿,将第2款"造成登记错误的人"解释为包括"登记机构内部工作人员"和"提供虚假材料申请登记的当事人"。此种解释意见,是不正确的,因为不符合本条第1款规定的申请人赔偿责任和第2款规定的登记机构的赔偿责任构成的并立的两个完整法律规范的法律逻辑。本条沿用原法第21条的规定,个别文字有调整。

补充一点,本条规定未涉及申请人提供虚假材料与登记机构审查过失结合造成登记错误,及登记机构工作人员与第三人恶意串通造成登记错误应当如何承担赔偿责任问题。最高人民法院

《关于审理房屋登记案件若干问题的规定》(法释〔2010〕15 号)早已针对这两种案型,创设解释规则,补充了原法本规定内容的不足。该解释第 12 条规定:"申请人提供虚假材料办理房屋登记,给原告造成损害,房屋登记机构未尽合理审慎职责的,应当根据其过错程度及其在损害发生中所起作用承担相应的赔偿责任。"此项解释的根据是原《侵权责任法》(现为《民法典》侵权责任编第 1171 条)关于原因竞合的规定。该解释第 13 条规定:"房屋登记机构工作人员与第三人恶意串通违法登记,侵犯原告合法权益的,房屋登记机构与第三人承担连带赔偿责任。"此项解释的根据是原《侵权责任法》(现为《民法典》侵权责任编第 1168 条)关于主观共同侵权连带责任的规定。上述司法解释弥补了法律漏洞,值得肯定。

第二百二十三条 登记费收取

不动产登记费按件收取,不得按照不动产的面积、体积或者价款的比例收取。

本条规定登记费的收取。鉴于 20 世纪八九十年代有的地方曾发生房产登记机构按照房屋面积或者价款收取登记费的错误做法,物权法采纳学者建议明文规定不动产登记费按件收取,禁止按照不动产面积、体积或者价款的比例收取,并规定具体收费标准由国务院有关部门会同价格主管部门规定。本条以原法第 22 条为基础,删去第二句关于具体收费标准制定的规定。

第二节 动产交付

第二百二十四条 动产物权交付生效主义

动产物权的设立和转让,自交付时发生效力,但是法律另有规定的除外。

前已述及,本法关于物权变动采取债权合意主义 + 登记(不动产)或者交付(动产)生效主义。根据此立法模式,本条规定动产物权变动的交付生效原则。“但书”所谓“法律另有规定的除外”,是指所谓先行占有(第226条)、转让返还请求权代交付(第227条)及占有改定(第228条)。本条沿用原法第23条。

请特别注意,条文所谓“交付”,即移转占有。“交付”是从出卖人(或者出质人)而言,一旦“交付”,买受人(质权人)即取得对该动产的“占有”。可见,所谓“交付生效”,亦可谓“占有生效”。买受人自占有动产之时起享有动产所有权;质权人自占有动产之时起享有动产质权。可见,“占有”(对物的实际控制)成为享有权利的标志。是故,本条关于动产物权交付生效原则的规定,也就成为动产占有权利推定制度的法律根据。

所谓动产占有权利推定制度,是与不动产登记权利推定制度类似的物权制度。按照这个制度,动产的占有人被推定为该动产的“权利人”。即直接根据动产的占有状态,推定其占有人为“权利人”(所有权人)。因此,当关于动产的权利归属发生争议时,该动产占有人只需证明自己为占有人,即可受“权利推定”的保护。动产占有的权利推定制度,其作用在于使持异议的对方承担举证责任,亦即由(占有人之外的)主张自己对该动产享有权利的人,承担证明占有人非真正权利人的举证责任。

但须注意,动产占有的权利推定制度,虽与不动产登记的权利推定制度类似,但其所要求“反证”的证明程度较低。只需持异议的对方当事人能够证明有某种与受推定的权利状态完全不相容的权利状态存在,即可推翻该项推定。此外,占有的权利推定制度,仅适用于占有人消极地维护自己的占有,而不适用于积极行使权利。例如,占有人不得以对某动产的占有证明自己对该动产享有所有权。再者,法律已经明确规定应当办理登记的动产权利,如动产抵押权,船舶、航空器和机动车物权,不在受占有权利推定的范围之内。

物权法认可动产占有的权利推定制度的主要理由如下:首先,在许多情形中,要求占有人证明自己对占有物的权利颇为困难。例如,张三有一件祖传的价值连城的古董,突然李四起诉主张该古董属于自己,这种情形要求张三举证证明自己的所有权就非常困难,因为他没法证明究竟是父亲买的还是祖父买的,什么时候买的,出卖人是谁,更难以举出书面证据或者人证。而按照占有的权利推定制度,张三只要证明自己对该古董的占有就够了。法官应当责令李四举出反证证明自己的所有权,如果李四不能举出反证,即判决驳回李四的请求。可见,因为有占有的权利推定制度,就可以使占有人免除举证责任的困难,易于排除侵害,维护财产的秩序。

其次，如果没有占有的权利推定制度，则市场交易将难以顺利进行。因为在每一次交易之前必须调查出卖人对所出售商品是否有正当权利，就增加了市场交易的程序和手续，势必影响市场交易的顺利进行。并且，如果没有占有的权利推定制度，在购买了出卖人无处分权的商品的情形，买受人也没有得到善意取得制度保护的可能，势必增加市场交易中的不测风险，妨碍市场交易。可见，因为有了占有的权利推定制度，就免除了买受人调查出卖人权利的义务，使善意信赖占有而与占有人进行交易的买受人受到保护，有益于市场交易安全，使市场交易能够顺利进行。

最后，占有的权利推定制度，其目的在于维护物的事实秩序，有助于保护物上的权利，避免争议，减少诉讼，使物尽其用。此外，占有的权利推定制度，对法院裁判有重大意义。法院在判决盗窃罪、抢夺罪时，法院只要查明被告盗窃、抢夺受害人占有之下的财物就够了，并不审查受害人对该财物是否享有合法权利。

值得注意的是，原《物权法草案》前四次审议稿关于动产占有的权利推定制度均设有专条，后因有人指责“使违法取得财产合法化”而被删去。虽然如此，因物权法规定动产物权变动实行“交付生效主义”，当然可以从“占有(动产)”的事实状态，作为推定占有人享有动产物权的根据。因此，人民法院裁判原告依据本编第234条提起动产权利归属确认之诉案件，适用动产占有的权利推定制度免除动产占有人证明自己享有物权的举证责任，应直接以本条(第224条)关于动产“交付生效主义”的规定作为法律依据。

第二百二十五条　特别动产登记对抗原则

船舶、航空器和机动车等的物权的设立、变更、转让和消灭，未经登记，不得对抗善意第三人。

本法关于船舶、航空器和机动车等特别动产物权变动实行“登记对抗主义”。本条规定：“船舶、航空器和机动车等的物权的设立、变更、转让和消灭，未经登记，不得对抗善意第三人。”其中，规定船舶、航空器实行“登记对抗主义”，是沿用现行海商法和民用航空法的规定。根本的理由，是对船舶、飞机这类特殊动产没有办法实行登记生效主义。因为船舶、飞机是“满天下飞、满世界游动”，船舶的登记簿保管在它的“船籍港”，飞机的登记簿保管在中国民航总局。当中国籍船舶停靠某个外国港口需要抵押借款时，如果中国法律规定船舶物权实行“登记生效主义”，则外国的银行就将拒绝该中国籍船舶抵押借款（因为没有办法到船籍港办理抵押登记）。因此，物权法与海商法、民用航空法一样，对船舶、航空器物权变动规定采“登记对抗主义”。这是由船舶、航空器的特殊性决定的。

物权法为什么对机动车采取“登记对抗主义”呢？主要的理由在于：一是机动车数量众多、转手频繁；二是机动车的价值相对较小。一艘船舶动辄几千万元人民币，一架波音737价值1.5亿元人民币，一架波音777超过10亿元人民币，而机动车的价值，即使是名牌车也与之相差悬殊。价值动辄几千万元的船舶、价值上亿元的飞机尚且采取比较宽松的“登记对抗主义”，价值相对小得多的机动车却要采取非常严格的“登记生效主义”，就显得轻重倒置、不成比例。还是因为机动车数量众多、转手频繁，如果实行“登记生效主义”，将会不胜其烦，很多人就会不去登记，使法律规定与现实生活严重脱节。我们的现实情况不就是有很多机动车转手不办理过户登记吗？与其规定非常严格的“登记生效主义”而不能实行，倒不如规定比较宽松的“登记对抗主义”以符合现实，顺乎人心。

对机动车物权变动规定采“登记对抗主义”，还有一个好处，即方便法院公正裁判交通事故损害赔偿案件。假设对机动车物权变动采“登记生效主义”，张三的汽车卖给了李四，李四驾驶中发生交通事故，因为没有办理汽车过户登记，张三就还是肇事汽车的所有权人，人民法院就将判决张三承担损害赔偿责任。这样的判决于情、于理都说不通。物权法规定机动车实行登记对抗主义，张三可以通过举证证明汽车转手的事实而不承担责任，由法院判决实际所有人李四承担责任。

实际上，从20世纪80年代到90年代初期，许多地方法院都把汽车过户登记当作“登记生效”，因此就出现了一些不公正的判决。到20世纪90年代中期，法院内部就已经注意到这样的判决不合情理，因而改变裁判立场。至物权法制定时，绝大多数地方法院已经不再把汽车登记当作“登记生效主义”，而是允许没有办理过户登记的出卖人以其他证据证明汽车转卖的事实，最后使应该承担责任的实际上的汽车所有权人承担赔偿责任。可以说，物权法规定机动车物权变动采取“登记对抗主义”，是采纳了人民法院的裁判经验，使法律规定与人民法院的裁判实践相一致。

按照本条关于船舶、航空器和机动车等特别动产物权变动规定采取登记对抗主义，是否办理登记取决于当事人自愿。其物权变动（所有权转让仍然依据第 224 条的规定），“自交付时发生效力”。在船舶、航空器和机动车买卖的情形，该船舶、航空器或者机动车一经交付于买受人，买受人即取得该船舶、航空器或者机动车的所有权。但是，按照本条规定，因为没有办理过户登记，仅因交付取得的所有权效力有缺陷，即“不得对抗善意第三人”。

这是指发生“一物二卖”的情形。张三将汽车卖给李四并交付，虽然没有办理过户登记，李四自交付时已经取得该汽车所有权。因未办理过户登记，在登记簿上张三仍旧是该汽车所有权人（登记名义人），假如张三又将该汽车出卖给第三人王五并办理过户登记。因此，王五向法院起诉李四，请求李四将该汽车交付给自己。法庭审理本案，关键在于判断王五是否属于“善意第三人”。所谓“善意”即不知道该汽车已经被张三出卖给李四的事实。如果法庭认定王五属于“善意第三人”，即应判决李四将该汽车交付给王五；反之，法庭认定王五不属于“善意第三人”，即应判决驳回王五的诉讼请求。

须注意，民法所谓“善意”，指对某项事实不知道或者不应当知道；所谓“恶意”，指对某项事实知道或者应当知道。按照社会生活经验，主张自己不知道某项事实，是难以举证证明的。因此，民法有所谓“善意推定”的法理规则。按照此法理规则，谁主张自己属于善意（不知道某项事实），法庭应当推定其为善意、不要求其举证证明自己属于善意（不知道某项事实）。这种情形，如果相对方对此提出异议,法庭即应责令异议方承担举证责任(证明对方知道或者应当知道该项事实)。案件审理中,第三人王五只需主张自己属于善意(不知道该汽车已经出卖给李四)就够了,法庭即推定王五属于“善意第三人”,并责令对此提出异议的李四承担证明王五不属于“善意第三人”(知道、应当知道张三已经将该汽车出卖给了李四的事实)。如果李四举证证明了王五知道、应当知道该汽车买卖事实,法庭此前对王五的善意推定即被李四的反证所推翻,法庭即应认定王五不属于“善意第三人”;如果李四不能举证或者所举出的证据不足以证明王五知道、应当知道该汽车买卖事实,法庭即应根据“善意推定”的法理规则,认定王五属于“善意第三人”。

最后补充一点,在船舶、航空器和机动车抵押的情形,抵押权的设立,应当自抵押合同生效时发生效力。未办理抵押登记的抵押权,不得对抗办理了抵押登记的抵押权,而不考虑办理了抵押登记的抵押权人之是否属于“善意”。例如,某船舶重复抵押,前一次抵押未办理抵押登记,后一次抵押办理了抵押登记,则办理了抵押登记的后抵押权顺位居于未办理抵押登记的抵押权之前。本条沿用原法第 24 条原文,个别文字有调整。

第二百二十六条　先行占有

动产物权设立和转让前,权利人已经占有该动产的,物权自民事法律行为生效时发生效力。

因为在订立买卖合同之前,买受人已经占有该动产,在买卖合

同成立生效之后,就没有必要把标的物先归还出卖人,再按照一般动产物权变动的规则来一次“交付”,所以本条规定这种情形“物权自法律行为生效时发生效力”。此即民法理论所谓“先行占有”。在现实生活中,“先行占有”发生在“先租后买”、“先借后买”和“试用买卖”的情形。例如,张三的一台设备,出租给李四使用,在租赁合同存在期间,张三出卖该设备而与李四订立买卖合同,因为该设备已经在李四的占有之下,于是按照本条的规定,自买卖合同生效之时该设备所有权移转于买受人李四名下。本条沿用原法第 25 条原文、仅个别文字调整。

第二百二十七条　转让返还请求权代交付

动产物权设立和转让前,第三人占有该动产的,负有交付义务的人可以通过转让请求第三人返还原物的权利代替交付。

本条规定的是“以返还请求权代替交付”,这个例外规则针对的是“运输中的动产”和“委托保管中的动产”的买卖、质押。先看运输中的动产买卖,买卖合同订立时,标的物还在承运人的轮船上,而轮船还在海上航行,没有办法进行“交付”,于是按照惯例,将“提单”交给买受人以代替“货物”的“交付”。按照《海商法》第 79 条的规定,“提单”分为“记名提单”、“指示提单”和“不记名提单”,其中“指示提单”可以背书转让,“不记名提单”无须背书即可转让。《海商法》第 71 条规定:“提单,是指用以证明海上货物运输合同和货物已经由承运人接收或者装船,以及承运人保证据以交付

货物的单证……”按照这一规定,“提单”既是证明运输合同成立的证据,也是“承运人保证据以交付货物的单证”,亦即“提单”是请求承运人交付货物的请求权凭证。民法理论称之为“债权凭证”,谁持有“提单”,谁就享有请求承运人交付货物的债权请求权。

按照本条规定,货主在转让运输中的货物时,不必等待轮船到达目的港自己去提取货物后再“交付”给受让人,他可以将“提单”交给受让人以代替实际货物的“交付”,因此货物所有权自“提单”交付时移转于受让人。依本条规定,交付“提单”即等于“交付”货物,即发生货物所有权变动的效果,使“提单”因此具有“物权凭证”的性质,谁持有“提单”谁就享有货物的所有权。与所有权移转相同,如货主以货物设定“动产质押”,他也当然可以“交付”提单代替货物的实际“交付”,质权亦于“提单”交付时成立。

再看“保管中的动产”,货主订立买卖合同之时,货物还保管在仓库经营者的库房里,此时货主与仓库经营者之间的仓储保管合同仍然存在。《民法典》第 910 条规定:“仓单是提取仓储物的凭证。存货人或者仓单持有人在仓单上背书并经保管人签名或者盖章的,可以转让提取仓储物的权利。”因此,谁持有仓单谁就有权提取仓储物,他还可以转让该提取仓储物的债权。存货人或者仓单持有人如果出卖保管中的货物,不必亲自去仓库提取货物后再将该货物实际交付于受让人,他只需将仓单交付给受让人以代替货物的实际交付。按照本条的规定,保管中的货物的所有权,亦于出卖人将仓单交付于受让人之时移转于受让人。因本条的规定,仓单不仅是债权凭证,同时也具有了物权凭证的性质,仓单持有人即是该货物的所有权人。

顺便指出，各国家及地区关于仓单的规定，有所谓“一单制”与“两单制”。中国民法采“一单制”。仓储经营者仅向存货方出具一个仓单（第 909 条），仓单持有人既可以凭此仓单提取货物、转移货物所有权（第 910 条），或者设立权利质权（第 440 条）。仓单持有人一旦将仓单交付给银行（债权人）设立权利质权（第 441 条），该权利质权之存在，即限制了对货物的处分权。仓单已在权利质权人（银行）占有之下，出质人手里没有提取货物的债权凭证，他既不能从仓储经营者提取该货物，也不能将该货物所有权转让给第三人。仓单兼具债权凭证和物权凭证的性质，此与提单相同。提取仓储货物必须凭仓单，仓储经营者必须“见单放货”。有这样的案件，所有权人在将仓单交付债权人（银行）设定权利质权之后，又与仓储经营者串通提取了仓储货物，致使权利质权人（银行）的权利落空，遭受了重大损失。于是，权利质权人（原告）以出质人（货物所有人）和仓储经营者为共同被告，向法院起诉。法院认定出质人与仓储经营者构成主观共同侵权行为（第 1168 条），判决出质人与仓储经营者对原告承担连带赔偿责任。本条沿用原法第 26 条原文，个别文字有调整。

第二百二十八条　占有改定

动产物权转让时，当事人又约定由出让人继续占有该动产的，物权自该约定生效时发生效力。

本条是关于“占有改定”的规定。条文说“动产物权转让时,当事人又约定由出让人继续占有该动产的”,人们会问,既然要出卖该动产,又何以要继续占有该动产,这难道不是矛盾的吗？按照常理,要出卖就不能继续占有,要继续占有就不要出卖。为什么一方面要出卖,另一方面又要继续占有？这是针对融资租赁的一种特殊形式:“卖出租回”,简称“回租”。

假设某个企业急需一笔生产资金,它向银行贷款,银行不贷给它,因为它此前的贷款都还没有还清,或者银行虽然同意贷款,但要求设立抵押担保,而它的房地产早已抵押给银行了。该企业急需资金而又没有银行愿意贷款给它,这种情形它想到融资租赁中的“卖出租回”,于是它找到一家租赁公司签订买卖合同,将自己最值钱的一条生产线的设备出卖给租赁公司,取得一笔价款以获取企业急需的生产资金;但是它并不是真的要出卖这条生产线,相反它还要靠这条生产线进行生产,因此它“有必要继续占有”这些已经出卖给租赁公司的设备。这种情形,显然不能把这些设备“交付”给买受人租赁公司,以完成设备所有权的移转。怎么样才能够既使该企业“继续占有”这些设备又实现其所有权向租赁公司的移转呢？有办法,该企业再与该租赁公司签订一份租赁合同,把这条生产线的设备再租回来不就行了吗？

现行合同编第 745 条明确规定出租人对租赁物享有所有权。虽然没有现实的“交付”,但因为签订了租赁合同,合同编明确规定租赁公司享有这些设备的所有权,可见正是这个租赁合同代替设备的实际“交付”,而实现了设备所有权向租赁公司的移转,并同时使该企业作为承租人继续占有这些设备。这一租赁合同关系的成立,代替了该项动产的"实际交付",而使买受人以出租人的身份获得了该项动产的所有权。可见,关于"占有改定"的特殊规则,正是针对现实生活中的"卖出租回"这种特殊融资租赁合同形式的,其实质是用一项"租赁合同关系"实现标的物所有权移转,并满足出卖人继续占有该标的物的需要。这样的法律关系,主要是租赁合同关系,还有借用合同关系。须特别注意,本条所谓"约定",应当解释为关于"租赁合同关系"或者"借用合同关系"的"约定",质言之,就是"租赁合同"或者"借用合同"。本条沿用原法第27条原文。

第三节　其他规定

第二百二十九条　法律文书和征收决定发生物权变动

因人民法院、仲裁机构的法律文书或者人民政府的征收决定等,导致物权设立、变更、转让或者消灭的,自法律文书或者征收决定等生效时发生效力。

因人民法院的判决书、仲裁委员会的裁定书或者人民政府的征收决定等,导致物权设立、变更、转让或者消灭,属于非依法律行为发生的物权变动,不适用本编第209条、第224条关于登记生效(不动产)和交付生效(动产)的规定,而是按照本条规定,"自法律文书或者征收决定等生效时"其物权变动"发生效力"。

按照民法原理,非依法律行为发生物权变动,无须经不动产登记和动产的占有交付而直接生效。其立法政策上的理由是，依法院判决、仲裁机构裁决或者政府的征收决定发生的物权变动，具有比通常物权公示方法（不动产登记和动产交付）更强的公示效力。故各国家及地区均规定此种物权变动可以不经公示而直接发生效力。为保障交易安全，各国家及地区在规定不经公示而直接生效的同时，规定“非经登记不得处分其物权”，以限制物权取得人的处分权。本条参考瑞士及中国台湾地区规定，但将非经登记不得处分的限制性规定，另设第 232 条予以规定，请予注意。

须特别说明，本条所谓“导致物权设立、变更、转让或者消灭的”“法律文书”，是指“直接处分物权”的法院判决和仲裁裁决，如人民法院依本编关于物权归属确认权的规定作出的确权判决、依破产程序或者清产还债程序作出的分配财产的判决、依本编关于共有的规定作出的分割共有财产的判决、依婚姻家庭编关于离婚的规定作出的有处分财产内容的离婚判决、依继承编关于遗产处理的规定作出的分割或处理遗产的判决，及人民法院或者仲裁机构作出的直接以特定物（动产、不动产）抵偿债务的法院判决或者仲裁裁决。

请特别注意，人民法院依据本编、合同编、侵权责任编及婚姻家庭编的规定作出的责令一方给付（交付）或者返还动产、不动产的判决，及仲裁机构依据仲裁条款作出的责令一方给付（交付）或者返还动产、不动产的裁决，不属于本条所谓“导致物权设立、变更、转让或者消灭的”“法律文书”。本条沿用原法第 28 条原文，个别文字有调整。

第二百三十条　因继承取得物权

因继承取得物权的，自继承开始时发生效力。

本条规定，因继承发生的物权变动，从“继承开始”之时发生效力。什么叫“继承开始”？“继承开始”是继承法上的一个重要概念。现行继承编第1121条第1款规定：“继承从被继承人死亡时开始。”可见，“继承开始”，就是“被继承人死亡”之时。按照继承编的规定，自“被继承人死亡”之时，被继承人的财产就成为“遗产”，其所有权就转移到继承人名下，如果只有一位继承人，“遗产”就归该继承人所有，如果继承人在二人以上，“遗产”就归全体继承人共有。如果有遗赠，则遗赠财产亦于继承开始之时转归受遗赠人所有。

实际上，被继承人死亡之时，其是否留有“遗嘱”尚不确定，是按“遗嘱继承”还是按“法定继承”尚不确定，所以还不能确定继承人的人数，还不能确定继承人是谁，因此没有办法“分割遗产”，没有办法办理“产权过户登记”。但是，被继承人已经死亡，权利主体已经消灭，不能让“遗产”处于无主状态，因此本条规定：“因继承取得物权的，自继承开始时发生效力。”条文所谓“继承开始时”，即被继承人死亡之时。所谓“自继承开始时发生效力”。即自被继承人死亡之时，由继承人取得“遗产”的所有权。“遗赠”也准用同样的规定，从被继承人（遗赠人）死亡之时，即“继承开始”之时，受遗赠人即取得遗赠财产的所有权。

须特别注意，因继承而发生物权变动的这个规则，对法官裁判案件会有影响。例如,父亲去世以后房产没有分割,由母亲管理使用,最后母亲又去世了,这项房产由农村的老大继续使用,老二在国外几十年后回来向法院提起诉讼。假设他以“侵害继承权”为由起诉,老大自然会以诉讼时效经过作为抗辩,法院审查诉讼时效确已经过,于是依法判决驳回老二的诉讼请求(总则编第 192 条第 1 款)。假设老二以“分割共有财产”为由起诉,他不说侵害继承权,因为父母去世时遗产就归属于兄弟二人共有,只是共有财产一直在大哥的掌管之下,他现在请求分割共有财产,而请求分割共有财产的请求权不适用诉讼时效,如果老二以这个理由起诉,法院就不能驳回他的请求。如果查明这项遗产没有进行过分割,一直处于共有状态,法院就应当认可老二的请求,作出“分割共有财产”的判决。可见,因继承发生物权变动的这个规则,对当事人、对法院都关系重大。本条沿用原法第 29 条原文,个别内容、文字有调整。

第二百三十一条　事实行为导致物权发生、消灭

因合法建造、拆除房屋等事实行为设立或者消灭物权的,自事实行为成就时发生效力。

所谓“事实行为”,就是指用钢筋、水泥、砖瓦、木石建造房屋、用布料缝制衣服、用木料制作家具等行为。建成一栋房屋就发生房屋的所有权,制成一件衣服就发生衣服的所有权,制成一个书柜就发生书柜的所有权。房屋建成后还没有办理“登记”,但房屋所有权已经发生。制成一件衣服,还没有“交付”,但衣服的所有权就

已经发生。制成一个书柜，还没有“交付”，但书柜的所有权就已经发生。条文所谓“事实行为成就时”，就是房屋建成之时、衣服制成之时、书柜完成之时。这些情形所有权之发生，属于法律行为之外的物权变动，按照本条规定自“事实行为”“成就”（完成）之时生效，而不适用本编关于依法律行为发生物权变动自“登记”或者“交付”时生效的规定（第 209 条、第 224 条）。顺便指出，合伙建房，房屋建成因分配比例发生争议，人民法院应作为财产共有纠纷案件受理。因为房屋建成之时，已经发生合伙人对该房屋的共同所有权。

事实行为，除建造房屋外，还有制造宇宙飞船、飞机、船舶、汽车、火车、机器设备，制作家具、玩具、生活用品及缝制衣服等，难以一一列举。条文何以单举“建造房屋”一项？不如不作列举，而以“事实行为”一语涵盖无遗。条文中“合法”二字亦有不妥。事实行为发生物权变动，自事实行为成就时生效，这是一个普遍规则。无论合法建房或者违章建房，均于事实行为成就之时，亦即房屋建成之时，产生所建成房屋的不动产所有权，建房所用的砖瓦木石的动产所有权亦同时消灭。即使属于违章建筑，也发生该违章建筑的所有权，建房所用的建筑材料的动产所有权也同时归于消灭。

须特别说明，所谓“违章建筑”（行为），属于行政管理法上的概念，将产生行政管理法上的后果和责任。但唯有城市规划管理部门，才有权依据有关行政法规、规章对违章建筑行为人及违章建筑进行查处（处罚行为人、处置建筑物）。此外的其他任何部门、任何单位和个人，都无权拆除或者占有该违章建筑，否则必然导致经济生活、法律秩序的混乱。本条沿用原法第 30 条原文。

第二百三十二条　依照本节取得不动产物权的处分

处分依照本节规定享有的不动产物权,依照法律规定需要办理登记的,未经登记,不发生物权效力。

本条规定,依本节规定取得的物权,如果属于法律规定应当办理登记的,应当在办理登记之后,才能够予以处分;未经登记,其处分行为不发生物权效力。这是对非依法律行为取得的物权的处分限制。前已提及,此是各国家及地区通常之规定。其法律政策上的理由,是为了保障交易安全。

条文所谓"依照法律规定需要办理登记的"物权,指本编规定采取"登记生效主义"的不动产物权(第 209 条)、采取"登记对抗主义"的特别动产物权(第 225 条)。例如,张三根据法院确权判决或者以物抵债的判决,取得一套房屋所有权,自法律文书生效时,该房屋所有权即归属于张三。因尚未办理过户登记,在房产登记簿上这套房屋的所有权仍旧登记在原房主名下。这种登记名义人(原房主)与实际所有权人(张三)的不一致,虽然不影响张三对该房屋所有权的享有(因生效法律文书具有的公示效力),但是,张三若要处分(出卖)这套房屋(将该房屋出卖给李四),依据本条规定,张三必须先到登记机构办理过户登记(将该房屋所有权过户登记于自己名下),否则,张三的处分行为"不发生物权效力"。所谓"不发生物权效力",即不发生房屋所有权的移转、买受人李四不能取得该房屋所有权。实际是,在房产登记簿上,该房屋所有权还未登记在张三名下,张三当然也没有该套房屋的权属证书,没有办法办理将该房屋所有权移转给买受人李四的过户登记。本条沿用原法第 31 条原文，个别文字有调整。

补充一点，条文所谓“不发生物权效力”，并不妨碍该处分行为（房屋买卖合同）发生债权效力。不能因为“不发生物权效力”，而否定其债权效力，此在本编有明文规定：“……未办理物权登记的，不影响合同效力。”（第 215 条）

第三章　物权的保护

物权的民法保护，除有民事权利一般保护方法外，还包括物权的特殊保护方法。

第二百三十三条　物权纠纷解决方式

物权受到侵害的，权利人可以通过和解、调解、仲裁、诉讼等途径解决。

本条规定物权纠纷的解决方式，即“物权受到侵害的，权利人可以通过和解、调解、仲裁、诉讼等途径解决”。文义自明，无须解释。但所谓“和解、调解、仲裁、诉讼等途径”，即当今提倡的“多元纠纷解决方式”，乃是包括物权纠纷在内的民事纠纷的解决方式。原法作为单行法，规定该内容、明示物权纠纷解决方式似无不妥，但原法被编纂为《民法典》的一编之后，唯独本编规定物权纠纷解决方式，而其他各编（总则编和其他分则编）均未设类似的规定，就有可议之处。本条沿用原法第32条原文。

顺便说明，原《物权法》起草时，本章原名为“物权请求权”。2001年5月专家讨论会之后，改其名为“物权的保护”。所谓“物权的保护”，指物权受到不法侵害时，权利人依据法律规定的方式恢复物权的完满状态。物权的保护，分为物权的公法保护与物权的民法保护。物权的公法保护，指依据行政法、刑法乃至宪法的规定追究侵害人的公法责任，达到保护物权的目的。物权的民法保护，指依据民法规定方法解决物权争议、追究侵害人的民事责任，达到保护物权的目的。本章规定物权的民法保护方法，包括物权的特殊保护方法，即物权归属确认权、物权请求权；民事权利一般保护方法，即侵权责任请求权，并设本条规定物权纠纷解决方式。

什么是物权请求权？物权请求权是专门针对物权的法律救济措施，是物权的特殊保护方法。我们知道，物权同样受侵权责任制度的保护，物权受侵害将产生侵权责任请求权。这样一来，物权既受物权请求权制度的保护，也受侵权责任制度的保护。为什么在民法规定了侵权责任制度之外，还要规定物权请求权制度？物权请求权制度与侵权责任制度的区别何在？

二者的区别，主要是两点：其一是保护对象不同。物权请求权制度的保护对象只是物权一种，而侵权责任制度的保护对象，包括物权、人格权、知识产权及其他具有排他性效力的民事权利，还包括不构成民事权利的民事利益。其二是构成要件不同。物权请求权只有一个构成要件，即存在物权，而一般侵权责任的构成要件包括加害行为、损害后果、因果关系和过错,即使特殊侵权责任也须有前三项要件。

物权请求权的优点,也正是在于其构成要件简单。既然某人是房屋的所有权人,其就可以根据这一点行使物权请求权,请求法院保护其享有的所有权。因为构成要件简单,因此物权请求权行使的程序就特别方便,只需提供证据证明自己享有物权就足够了。法院也仅凭原告享有物权这一点就给予保护。这就避免了原告就侵权责任的构成要件举证的麻烦。因此,民法在侵权责任制度之外,特别规定物权请求权制度,作为保护物权的特殊救济措施。

反过来,物权请求权也有一个限制,就是行使物权请求权,一定要有物权存在。物权什么时候存在?物权客体(标的物)存在,物权就存在。物权客体(标的物)一旦毁损、灭失,如房屋已经烧毁,汽车已摔下悬崖变成一堆废铁,手机已经灭失,这时物权(所有权)已经消灭,就不能再行使物权请求权。当事人只能向法院提起侵权责任之诉。这种情形,如果当事人不按照侵权责任起诉而按照物权请求权起诉,法院查明标的物消灭导致物权消灭,已无所谓"物权请求权",那么法院将判决驳回该起诉。因为没有物权也就没有物权请求权,当事人只能根据侵权责任起诉。这就是物权请求权与侵权责任的区分。为什么物权在受物权请求权保护之外,还要受侵权责任制度保护,其理由亦在此。

另外,物权请求权是否适用诉讼时效?本章第 234 条规定物权归属确认权,第 235 条规定返还原物请求权,第 236 条规定排除妨害请求权和消除危险请求权,但未规定物权请求权是否适用诉讼时效。按照民法原理，物权请求权中，物权归属确认权、排除妨害请求权和消除危险请求权，不应适用诉讼时效；返还原物请求权，原则上应适用诉讼时效，但请求返还登记财产的请求权应作为例外不适用诉讼时效。

请注意，依据本法总则编第 196 条第 1 项的规定，请求排除妨害、消除危险请求权不适用诉讼时效；第 2 项规定，不动产和登记动产物权权利人请求返还财产，不适用诉讼时效。该条未规定物权归属确认权是否适用诉讼时效，留下漏洞。鉴于物权归属争议的存在不仅妨碍权利人行使物权，亦不利于财产归属法律秩序之维持，故从法律政策判断，只要存在物权归属争议，就应当许可利害关系人行使物权归属确认权。故物权归属确认权之不适用诉讼时效，与排除妨害、消除危险请求权不适用诉讼时效，出于同一法理。

第二百三十四条　物权归属确认权

因物权的归属、内容发生争议的，利害关系人可以请求确认权利。

民法所谓“确认权”，指权利人请求法院确认权利归属、行为效力的权利。确认权，属于法律对其他权利或者权利行使所特别赋予之救济权，故民法教科书未将其作为与支配权、请求权、形成权等并列的民事权利类型。如因支配权中的物权、知识产权，因权利归属发生争议时，法律赋予当事人请求法院对系争权利的归属作出确认的权利。确认权，属于法律为解决支配权（物权、知识产权）

归属争议所特别赋予之救济权。此外，在当事人对法律行为是否有效发生争议、对解除权行使行为是否有效发生争议的情形，法律亦赋予当事人请求法院确认行为效力的确认权。确认权必须采用诉的方式行使。确认权行使之诉，即确认之诉，与形成之诉（形成权行使之诉）、给付之诉（请求权行使之诉），构成民事诉讼法所谓诉的三种类型。鉴于确认之诉在诉讼法上的重要性，民法学有必要将确认权作为与支配权、请求权等并列的实体权类型。

本条规定，“因物权的归属、内容发生争议的，利害关系人可以请求确认权利”。张三说这套房屋是我的，李四说这套房屋是他的，即张三与李四就该房屋所有权归属的争议。共同所有权各共有人关于共有份额的争议，即关于物权内容的争议。条文所谓“利害关系人”，指争议各方当事人及其继承人。条文“请求确认权利”，在因权利归属发生争议情形，指请求“确认权利的归属”；在因权利的内容发生争议情形，指请求“确认权利的内容”，如确认共有人各自的共有份额。

本条物权归属确认权，虽然与其他物权请求权一并规定于本章，但物权归属确认权必须采用诉的方式行使。就其权利性质而言，与所谓“请求权”（物权请求权、债权请求权）并不相同。鉴于其属于法律对于具有排他性的支配权所特别赋予之救济权，既不同于请求权，亦区别于形成权。起草人将其与物权请求权一并规定于本章，是着重其物权保护（救济）的功能，请予留意。

还须注意，本条关于物权确认权的规定，亦可类推适用（准用）于其他支配权（知识产权、股权以及准物权）归属发生争议的案型。

实务中常见名义股东与实际股东（出资人）关于股权归属争议案件，委托人与受托人关于技术发明专利归属争议案件，法院往往类推适用本条关于物权归属确认权的规定。顺便指出，人格权虽属于支配权，但非人与人之间关系上的权利，且权利客体存在于主体自身，不可能与他人发生人格权归属和内容的争议，故不存在发生人格权归属确认的问题。

因物权归属、内容发生的争议如长期存在，不仅损害物权权利人的合法利益，也必定危害物权归属、物权利用的法律秩序，损及国家利益和社会公共利益。因此，从法律政策上考虑，对于物权归属、内容的争议，应当尽快予以解决，绝不允许此类争议状态长期存在。故民法理论认为，本条物权归属、内容确认权不适用诉讼时效，其理由在此。本法未规定物权归属确认权是否适用诉讼时效，构成漏洞。鉴于物权归属、内容争议妨碍权利人行使权利及法律秩序之维护，与妨碍物权行使的妨害行为、危险状态类似，故建议对于物权归属确认权，类推适用关于排除妨害、消除危险请求权不适用诉讼时效的规定（第196条）。本条沿用原法第33条原文。

第二百三十五条　返还原物请求权

无权占有不动产或者动产的，权利人可以请求返还原物。

本条规定原物返还请求权。所谓原物返还请求权，指物权客体被他人无权占有时，权利人请求无权占有人返还原物的权利。其在性质上属于物权请求权。此返还请求权，以物权客体（标的物)被他人无权占有为发生条件,属于物权之救济权(从权利),不得与物权(主权利、本权)相分离而单独转让。

民法所谓"占有",指对物(动产、不动产)实际控制的事实状态。占有属于物权(支配权)的基本权能,也是物权(支配权)行使的前提条件。民法理论,将占有区分为有权占有与无权占有。占有人依据物权(所有权、用益物权、担保物权)对权利标的物的占有,以及基于有效合同关系(如租赁合同、委托合同、运输合同等)对他人所有物的占有,属于有权占有。占有人非基于物权及有效合同关系对他人之物的占有,属于无权占有。条文"无权占有",即指占有人对于所占有之物既不享有物权,亦非基于有效合同关系之占有。

返还请求权的权利主体,即条文所谓"权利人",不仅指对占有之物享有物权的权利人,还应当包括对占有之物依据有效合同关系享有债权的权利人。返还请求权的义务主体,即无权占有他人之物的任何人。条文所谓"原物",指被无权占有之"不动产或者动产"。所应当"返还"的,除被无权占有之"原物"(不动产或者动产)外,该"原物"(不动产或者动产)在无权占有期间所生之"孳息"(包括自然孳息和法定孳息)亦应一并返还。

本条返还请求权的行使,可以采取向无根据占有之人提出返还请求(意思表示)的方式,也可以采取请求人民法院判决责令无权占有人返还(诉讼)方式。按照总则编第 196 条第 2 项规定,被他人无权占有之物如果属于不动产或者登记的动产,则其返还请求权不适用诉讼时效。对该项规定作反对解释,则请求返还未登记动产的返还请求权,应当适用诉讼时效。本条沿用原法第 34 条原文。

第二百三十六条　排除妨害、消除危险请求权

妨害物权或者可能妨害物权的，权利人可以请求排除妨害或者消除危险。

本条规定排除妨害请求权、消除危险请求权。排除妨害请求权，以存在“妨害物权”的事实（现实）为发生条件；消除危险请求权，以存在“妨害物权”的“可能（性）”为发生条件。条文所谓“妨害物权”，指妨害物权人行使其物权，是前条规定的“无权占有”（剥夺物权人对物权标的物之占有）之外的另一类物权侵害行为。其特征是，物权人对标的物之占有虽未被剥夺，标的物仍然在物权人占有之下，但物权之正常行使受到妨害。其妨害行为可以是一次性的，也可能是持续性的。为保障物权人正常行使其物权，法律赋予物权人排除妨害请求权，以排除侵害人的妨害行为及其后果。排除妨害请求权的发生条件，是现实存在的“妨害物权”行为及其后果。如果存在“妨害物权”的可能性（危险性），为保障物权人正常行使其物权，法律赋予物权人消除危险请求权，以制止侵害人将要实施的妨害行为或者消除应当由侵害人负责的、可能妨害物权正常行使的危险状态。消除危险请求权的发生条件，是存在应当由侵害人负责的、“可能妨害物权”正常行使的危险状态。顺便指出，如果“可能妨害物权”正常行使的危险状态，与人的行为无关，纯属于自然的原因所致，当不发生消除危险请求权。

须特别注意，本条规定的排除妨害请求权和消除危险请求权，与侵权责任编规定的排除妨碍请求权、消除危险请求权，区别何

在？其一，本条规定的排除妨害请求权、消除危险请求权，性质上属于物权请求权，而侵权责任编第 1167 条规定的排除妨碍请求权、消除危险请求权，属于债权请求权；其二，本条规定的排除妨害请求权、消除危险请求权，其构成要件简单，仅以存在“妨害物权”（的行为）或者“可能妨害物权”（的行为或者状态）一项构成要件，而侵权责任编第 1167 条规定的排除妨碍请求权、消除危险请求权，须有加害行为（侵权行为），危及他人人身、财产安全，加害行为与危及他人人身、财产安全之间存在因果关系三项构成要件。

请特别注意，在侵权行为“危及他人”（有形）“财产安全”情形中，属于侵权责任的排除妨碍请求权、消除危险请求权，与本条属于物权请求权的排除妨害请求权、消除危险请求权发生“规范重合”，受害人依据侵权责任编第 1167 条提起排除妨碍或者消除危险的侵权责任请求权行使之诉，如果未获得法院支持，尚可再依据本条提起排除妨害或者消除危险的物权请求权行使之诉。

另外，因违反国家规定弃置固体废弃物、排放大气污染物、水污染物、土壤污染物、噪声、光辐射、电磁辐射等有害物质，妨害他人物权正常行使情形，亦发生第 294 条相邻关系上侵权责任请求权，与本条排除妨害、消除危险物权请求权的“规范重合”，受害物权人于依据本条规定提起赔偿妨害、消除危险的物权请求权行使之诉，如未获得法院支持，尚可再依据第 294 条提起侵权责任损害赔偿之诉。请予留意。

这里顺便解释“规范重合”。所谓“规范重合”，指待决案件事实符合两个或者多个法律规范的适用范围，而该两个或者多个法律规范相互之间，既不存在一般法与特别法的逻辑关系，也不构成权利竞合关系。“规范重合”情形的法律适用规则是，原告可依据构成规范重合的任一法律规范起诉，如获得法院支持，当然不得再依据另一法律规范起诉；如未获得法院支持，尚可再依据另一法律规范起诉。其是特别法优先适用（总则编第 11 条）和请求权（规范）竞合择一适用（第 186 条）之外的第三种法律适用。“规范重合”在民法上很常见。除前两例外，如购买的标的物属于赝品情形，将符合瑕疵担保责任法律规范（第 582 条）、欺诈的撤销权规范（第 148 条）、重大误解的撤销权规范（第 147 条）、产品瑕疵不能实现合同目的的法定解除权规范（第 610 条）等的适用范围，而这些法律规范相互间既不具有一般法与特别法的逻辑关系，也不构成权利竞合关系，而属于“规范重合”。

最后补充一点，排除妨害请求权、消除危险请求权，属于物权所具有的排他效力。故不适用诉讼时效。此在总则编第 196 条第 1 项有明文规定。本条沿用原法第 35 条原文。

第二百三十七条　恢复原状请求权

造成不动产或者动产毁损的，权利人可以依法请求修理、重作、更换或者恢复原状。

本条是关于侵权行为造成物权客体毁损情形，权利人依法请求侵权人承担“修理、重作、更换或者恢复原状”的侵权责任的规定。判断本条规定的性质，究竟属于物权请求权，或者侵权责任请

求权,关键在条文使用的“依法”一语。

条文“依法”一语,非指依据本编本章的规定,而是特指依据侵权责任编的规定。作为对照,请看关于物权归属确认权、物权请求权的规定(第 234 条、第 235 条、第 236 条),条文均无“依法”一语,而直接规定“权利人可以请求”。由此可见,条文所谓“依法”当指依据本法侵权责任编的规定无疑。

再者,条文已经明示责任形式为“修理、重作、更换或者恢复原状”,可知条文所谓“依法”,指依据侵权责任编关于侵权责任构成要件的规定。即本条侵权责任须有四项构成要件:加害行为、损害后果(不动产或者动产“毁损”)、加害行为与损害后果之间存在因果关系、加害人具有过错(第 1165 条)。

至于加害人承担“修理、重作、更换或者恢复原状”中的哪一种责任形式,受害人(原告)有进行合理选择的权利。如被告认为原告的选择不合理时,法庭应按照社会生活经验进行判断。经法庭判断认为原告的选择不合理时,其有权判决被告承担法庭自认为合理的责任形式,自不待言。本条沿用原法第 36 条原文。

第二百三十八条　损害赔偿请求权

侵害物权,造成权利人损害的,权利人可以依法请求损害赔偿,也可以依法请求承担其他民事责任。

本条是关于侵权责任的原则规定。按照民法原理,物权受物权请求权和侵权责任制度的双重保护。本条与前条(第 237 条)均属于侵权责任的规定。二者的区别是,前条是关于物权客体毁损情形追究加害人“修理、更换、重作或者恢复原状”特别侵权责任的规定,本条是关于侵害物权致权利人受损害情形,追究加害人损害赔偿侵权责任的原则规定。

条文仅规定“侵害物权,造成权利人损害的,权利人可以依法请求损害赔偿”,并未进一步对如何追究损害赔偿责任作具体规定,而用“依法”一语代替。因此,如何追究损害赔偿侵权责任、须具备的责任构成要件、责任主体、承担连带责任还是按份责任、损失(损害赔偿金)计算方法、可否减轻责任或者免除责任、责任承担方式(一次支付还是分期支付),等等,均须按照侵权责任编的相应规定。可知本条属于指引性条文,不具有裁判规范的功能。

本条末句“也可以依法请求承担其他民事责任”,所谓“其他民事责任”究何所指?鉴于物权受物权请求权和侵权责任制度的双重保护,已如前述,此“其他民事责任”,当指属于物权请求权的原物返还请求权(第 235 条)、排除妨害请求权和消除危险请求权(第 236 条)及“修理、更换、重作或者恢复原状”特别侵权责任形式(第 237 条)。所谓“其他民事责任”规定,与本条损害赔偿责任规定,既不存在一般法与特别法的逻辑关系,也不存在权利竞合关系,而是构成规范重合关系,故当事人先依据本条提起损害赔偿侵权责任之诉,如未获得法院支持,尚可依据关于物权请求权的规定(第 235 条、第 236 条)或者特别侵权责任形式的规定(第 237 条),请求加害人承担“其他民事责任”。反之,亦然。至于物权归属确认权

（第234条），为对支配权的救济权，不具有制裁利害关系人的功能，难谓“民事责任”形式。本条沿用原法第37条原文，个别文字有调整。

第二百三十九条　本章物权保护方式的适用

本章规定的物权保护方式，可以单独适用，也可以根据权利被侵害的情形合并适用。

本条规定的物权保护方式可以根据权利被侵害的情形合并适用。所谓“物权保护方式”，包括物权归属确认权（第234条）、物权请求权（第235条、第236条）及侵权责任请求权（第237条、第238条）。能否合并适用，须根据具体案件“权利被侵害的情形”而定。例如，在物权标的物毁损、灭失情形，物权已经随之消灭，就只能单独适用侵权损害赔偿请求权（第238条）。在物权归属发生争议情形，占有标的物一方只能单独提起物权归属确认之诉（第234条）；未占有物权客体一方提起物权归属确认之诉（第234条），就可以合并适用原物返还请求权（第235条）。在物权客体被无权占有情形，权利人行使原物返还请求权（第235条），有合并适用恢复原状侵权责任请求权（第237条）的余地。在因侵权人实施妨害行为或者应由侵权人负责的危险状态阻碍物权正常行使情形，权利人行使排除妨害请求权或者消除危险请求权（第236条），亦有合并适用侵权损害赔偿请求权（第238条）的余地。

本条规定物权保护方式合并适用，其法律政策目的明显，即允许(鼓励)原告起诉时提出两个(不相同却有联系的)诉讼请求,作为一个案件(诉的合并)由同一审判庭审理,具有方便物权权利人、避免重复起诉、节约司法资源的重要意义。本条沿用原法第 38 条第 1 款原文。

第二分编　所　有　权

第九章　所有权取得的特别规定

关于所有权的特别取得，以善意取得制度为代表。善意取得制度的适用对象，为从无处分权人处受让“不动产或者动产”的所有权。

第三百一十一条　善意取得制度

无处分权人将不动产或者动产转让给受让人的，所有权人有权追回；除法律另有规定外，符合下列情形的，受让人取得该不动产或者动产的所有权：

（一）受让人受让该不动产或者动产时是善意；

（二）以合理的价格转让；

（三）转让的不动产或者动产依照法律规定应当登记的已经登记，不需要登记的已经交付给受让人。

受让人依据前款规定取得不动产或者动产的所有权的，原所有权人有权向无处分权人请求损害赔偿。

当事人善意取得其他物权的,参照适用前两款规定。

按照民法原理及相关规定,保护不动产交易的善意买受人,靠不动产登记的公信力原则;保护动产交易的善意买受人,靠动产善意取得制度。二者目的、政策判断、法律效果相同,但构成要件有所区别。2007 年制定《物权法》时,将不动产登记的公信力原则与动产善意取得制度合并,构成统一的善意取得制度。当然在统一的善意取得制度中,“善意”的构成条件,还是有区别的。

善意取得制度的适用对象。按照本条规定,善意取得制度的适用对象,为从无处分权人处受让“不动产或者动产”的所有权。本法所谓不动产,是指土地、海域及地上定着物。地上定着物包括建筑物、构筑物及林木、农作物等。按照我国《宪法》规定的基本经济制度,土地属于国家所有和农村集体所有,海域属于国家所有。土地所有权、海域所有权不能够进入市场交易,故不得成为善意取得的对象。属于地上定着物的桥梁、堤坝、道路等构筑物,属于国家所有,亦不发生善意取得问题。故可以成为善意取得制度的适用对象的,主要是房屋(建筑物)所有权。

所谓动产,指不动产之外的有形财产(有体物)。但以下几类动产,不得成为善意取得的适用对象:(1)船舶、航空器、机动车等“特别动产”,法律规定实行登记对抗主义(第 225 条),乃以登记为公示方法,不以占有为公示方法,故不得成为善意取得的适用对象;(2)未与不动产分离的动产,是该不动产的组成部分,不能成为善意取得的适用对象；(3)法律禁止流通的动产，如毒品、枪械等，不得成为善意取得的适用对象；(4)法律禁止买卖的野生动物、文物等，不得成为善意取得的适用对象；(5)遗失物和盗窃物，不得成为善意取得的适用对象；(6)法院依法查封、扣押中的动产，不得成为善意取得的适用对象。

本条规定，“无处分权人将不动产或者动产转让给受让人的”，如果符合本条规定的(善意取得)构成要件，“受让人取得该不动产或者动产的所有权”。按照民法原理，善意取得制度仅适用于依有偿法律行为取得。非依法律行为取得及依无偿法律行为取得，均不适用善意取得制度。故条文“转让”一语，应解释为“有偿法律行为”，亦即“买卖合同”。条文“无处分权人”，应指既非所有权人亦未被所有权人授予处分权之人。所谓“处分权”，指所有权具有的占有、使用、收益、处分权能中的“处分权能”(第 240 条)。依本条规定，善意取得的适用范围，限于无处分权人有偿转让属于他人的不动产或者动产(出卖他人之物)的案型。有处分权人(所有权人、受所有权人委托的人)转让不动产或者动产，受让人依据有效合同取得标的物所有权，无适用善意取得之必要；无民事行为能力人或者限制民事行为能力人转让财产案型(总则编第 144 条、第 145 条)、违反法律强制性规定之财产转让案型(总则编第 146 条、第 153 条、第 154 条)，以及依瑕疵法律行为转让财产案型(第 147 条、第 148 条、第 149 条、第 150 条、第 151 条)，均不适用善意取得制度。

按照本条规定，善意取得须具备三项构成要件。第一项构成要件是，“受让人受让该不动产或者动产时是善意”。民法上所谓

“善意”，指对于影响交易的重要情事，不知道或者不应当知道。反之，对此情事知道或者应当知道，即属于“恶意”。善意取得构成要件之所谓“善意”，指受让人不知道或者不应当知道出让人对于所转让之不动产或者动产无处分权（既非所有权人亦未从所有权人获得处分权）。关于“善意受让人”如何判断，应对受让不动产与受让动产分别讨论。

受让不动产情形，“善意受让人”之所谓“善意”的判断标准，是受让人信赖不动产登记簿的记载内容并且无过失。前已述及，国家建立统一不动产登记制度，由县级地方人民政府设立不动产登记机构，负责不动产登记、掌管不动产登记簿。不动产登记簿关于不动产物权及不动产物权变动之记载，为不动产物权的法律根据，具有最强的公信力。不动产转让情形，受让人根据不动产登记簿之记载，相信出让人对所转让不动产有处分权（为该不动产所有权人或其代理人）并且无过失，即应认定受让人是“善意”。按照当今不动产交易实践，签订转让合同之前，双方当事人（至少是受让人）须到不动产登记机构查询该不动产权属登记情况并取得该登记复印件。例如，受让人未向登记机构查询，仅凭出让人持有的不动产权属证书即与之订立合同，事后查明不动产登记簿记载有关于该不动产归属和内容的异议且未超过15日（第220条第2款），受让人将被认定为有“过失”，而否定其为“善意”。判断“善意”之时点，为“受让该不动产”之时，即买卖合同订立之时。受让该不动产之后（合同履行后）知道出让人无处分权（非真正所有权人亦未被真正所有权人授予处分权）的，不影响其为“善意受让人”。

受让动产情形,“善意受让人”之所谓“善意”,指受让人信赖动产的占有并且无过失。按照本编规定,动产物权的设立和转让,自交付时发生效力(第224条)。所谓“交付”,指移转动产的“占有”于受让人。因此动产的“占有”具有权利公示效力和权利推定效力。例如,张三的手机借给李四,李四将该手机卖给王五。王五看见李四占有该手机,就相信李四是手机的所有权人,于是从李四处受让该手机。受让人王五之所以相信李四是该手机的所有权人,是出于对动产占有的信赖。受让人于受让动产时信赖出让人对该动产的占有,不知让与人无处分权(非所有权人亦非所有权人的代理人),并且无过失,即应认定其为“善意受让人”。至于“有无过失”的判断,应采客观标准,即以一般人根据当时具体情形,凭一般交易经验皆可作出的判断为标准。如果受让人与让与人之间的交易情形,足以使具有一般交易经验的人产生怀疑,如索要的价格远低于市场价格、让与人的身份与形迹可疑、拒不披露动产的真实来源等,受让人于此情形仍受让该动产,即应被认定为“具有过失”,而否定其为“善意”。此外,此“善意”之判断时点,为订立买卖合同之时,与受让不动产相同。

第二项构成要件:“以合理的价格转让”。条文表述有可议之处。如果死抠条文,要求法庭审查当事人的转让价格是否合理,就偏离了善意取得制度的立法目的,并且增加了裁判的难度和不确定性。设立善意取得制度的目的,是特殊保护市场交易中的善意受让人并维护市场交易安全。所针对的当然是正常的市场交易,即“有偿转让”,无偿转让不适用善意取得制度。转让价格是否合理、有否侵占国有资产等违法行为,都不属于善意取得制度所要解决的问题(如果出让人所索要的价格远低于市场价格,可能构成受让人“具有过失”,此为判断“善意”要件时所考虑的范围)。故建议采目的解释方法,将第二项构成要件,解释为“有偿转让”(不必审查其价格是否合理)。

第三项构成要件:所转让的不动产或者动产“依照法律规定应当登记的已经登记,不需要登记的已经交付给受让人”。按照本编第 214 条规定,不动产物权变动“自记载于不动产登记簿时发生效力”。因此转让不动产情形,指双方已经到不动产登记机构办理产权过户登记,在不动产登记簿上,该不动产所有权已经登记在受让人名下。受让人是否领取不动产权属证书在所不问。有疑问的是,本条文所谓“依照法律规定应当登记”,是否包括本编规定“登记对抗主义”的船舶、航空器、机动车等特别动产(第 225 条)?考虑到所谓“登记对抗主义”,是否登记取决于当事人自愿,不要求必须登记,与本条文法律规定“应当登记”文义不符,故应当解释为“船舶、航空器、机动车等”特别动产,不属于“法律规定应当登记”。转让船舶、航空器、机动车等特别动产,属于法律规定“不需要登记”的动产。

受让动产情形,第三项构成要件,指出让人已将该动产“交付”(移转占有)于受让人。民法所谓“交付”(占有移转),分为“实际交付”与“拟制交付”。本编第 224 条规定,“动产物权的设立和转让,自交付时发生效力,但是法律另有规定的除外”。前段规定的是“实际交付”;后段“但书”规定的是“拟制交付”。有疑问的是,本条文所谓“交付”，是否包括“拟制交付”？鉴于善意取得制度保护“善意受让人”、保护交易安全的立法目的，建议将条文“已经交付给受让人”之所谓“交付”，解释为包括“实际交付”及“拟制交付”。所谓“拟制交付”，指“先行占有”（第226条）、“转让返还请求权”（第227条）、“占有改定”（第228条）。

鉴于善意取得制度政策目的和功能，受让人主张善意取得的前提，是自无处分权人受让不动产或者动产、权利人以受让人为被告向法院提起取回权（原物返还请求权）行使之诉，这种情形，受让人须以抗辩（而非反诉）的方式，主张善意取得。民事诉讼中的“抗辩”，分为“事实的抗辩”与“权利的抗辩”，受让人主张善意取得之抗辩，应属于“事实的抗辩”。应由受让人对符合善意取得三项要件，承担举证责任。进言之，受让人主张善意取得，具有防御的性质。其不得以诉（本诉或者反诉）的方式主张善意取得，或者以意思表示方式主张善意取得，自不待言。

与此相关的问题是，受让人可否不主张善意取得？按照民法原理，受让人关于是否主张善意取得（抗辩）有完全的自由，其基于自身利益的考虑可以主张善意取得（抗辩），亦可不主张善意取得（放弃善意取得之抗辩）。例如，于受让不动产或者动产的价格下跌（取得其所有权对受让人显然不利）情形，受让人当然可以放弃善意取得（抗辩）之主张，听凭法院判决原告（权利人）取回该不动产或者动产。然后，受让人另依合同编的规定请求无权处分人（出让人）承担赔偿责任（第597条、第611条）。

下面来谈善意取得制度的效果。条文明确规定，符合善意取得三项构成要件的,“受让人取得该不动产或者动产的所有权”。对此善意取得效果,有两个问题值得讨论。第一,受让人取得不动产或者动产所有权的性质为何?民法理论上,所有权取得(物权取得),分为继受取得与原始取得。所谓继受取得,亦称传来取得,指因他人所有之权利而取得权利,如基于买卖合同、赠与合同而取得财产所有权。所谓原始取得,指非基于他人所有之权利而独立取得新权利,如因先占无主物而取得所有权、因建房的事实行为成就而取得所建成房屋所有权。发生善意取得的前提,是无处分权人转让属于他人的财产(出卖他人之物),出让人对于所转让之不动产或者动产,既不享有所有权亦未被所有权人授予处分权。按照罗马法任何人不能将自己没有的权利让与他人之法理,受让人之取得财产所有权肯定不属于继受取得。受让人之取得财产所有权,纯基于善意取得制度之作用。为维护市场交易安全和善意受让人利益,善意取得制度发生作用,强使受让人取得不动产或者动产所有权,并在同时强使原权利人的权利(所有权)归于消灭。是故受让人之基于善意取得制度而取得不动产或者动产所有权,属于原始取得。

第二,受让人取得不动产或者动产所有权的时间为何?条文规定,符合善意取得构成要件的,“受让人取得该不动产或者动产所有权”,未明示“取得时间”。考虑到是否符合善意取得之构成要件,应当由法庭审查判断并作出判决,似可解释为,自法院善意取得判决生效之时。又考虑到第 2 项构成要件,要求不动产已经登记在受让人名下、动产已经交付(移转占有)于受让人,若解释为判决生效之时,则难以解释自完成不动产过户登记或者动产交付(移转占有)至法院判决生效,这个或长或短的期间,该不动产或者动产处于何种权利状态?似可解释为,因法院善意取得判决之生效而溯及于不动产登记于受让人名下之时、动产交付(移转占有)于受让人之时,“受让人取得该不动产或者动产的所有权”。这样解释,兼顾判决生效与此前已经完成之登记或者交付,并可以回避如何解释判决生效与此前完成登记或者交付的期间的权利状态的困难。因此,法院判决书应当明示:受让人(被告)已经于完成不动产过户登记或者动产交付之时,善意取得(不动产或者动产)所有权。并同时驳回原告取回不动产或者动产的诉讼请求。如果经法庭审查不符合善意取得三项构成要件之一的,则判决驳回被告关于善意取得的抗辩,并判决支持原告(权利人)取回不动产或者动产的诉讼请求,自不待言。

本条第 2 款规定,“受让人依据前款规定取得不动产或者动产的所有权的,原所有权人有权向无处分权人请求损害赔偿”。其理自明,毋庸赘述。

本条第 3 款规定,“当事人善意取得其他物权的,参照适用前两款规定”。因本法善意取得制度的适用,明定为善意取得“不动产或者动产的所有权”,而善意取得其他物权,处于本条适用范围之外,基于善意取得其他物权与善意取得所有权具有类似性,故本条第 3 款明示可以“参照适用”(准用)本条的规定。但须注意,他物权中,用益物权因不进入市场交易,不发生善意取得问题。担保物权,也只是抵押权和动产质权可能发生善意取得问题,权利质权及留置权，不以占有为公示方法，故不发生善意取得问题。这样看来，对第 3 款条文中的“善意取得其他物权”一句应采限缩解释，解释为：当事人“善意取得抵押权和动产质权”的，可以参照适用本条前两款规定。

此外，鉴于无处分权人有偿转让以登记为公示方法的支配权，如股权、专利权、商标权和著作权中的财产权，与本条无处分权人有偿转让不动产和动产具有类似性，故应有类推适用或者参照适用本条善意取得之余地。且最高人民法院《关于适用〈中华人民共和国公司法〉若干问题的规定（三）》第 26 条，已明示名义股东转让他人（实际出资人）股权的案型，可以参照适用关于善意取得制度的规定，值得注意。

在此作一个小结。现代民法的立法思想，以兼顾财产关系之静态保护与财产关系之动态保护（交易安全）为标的。但在现代化市场经济条件之下，总有静态保护与动态保护难以两全的情形。此种情形，法律不得已偏重财产关系之动态（市场交易安全）保护，而牺牲财产关系静态（物权本身的安全）保护。善意取得制度，即其典型。当然，作为补救，因受让人善意取得而丧失财产所有权的权利人，尚可依法请求无权处分人承担侵权责任或者违约责任的损害赔偿，自不待言。本条沿用原法第 106 条原文，个别文字有调整。

第三百一十二条　遗失物追回制度

所有权人或者其他权利人有权追回遗失物。该遗失物通过转让被他人占有的，权利人有权向无处分权人请求损害赔偿，或者自知道或者应当知道受让人之日起二年内向受让人请求返还原物；但是，受让人通过拍卖或者向具有经营资格的经营者购得该遗失物的，权利人请求返还原物时应当支付受让人所付的费用。权利人向受让人支付所付费用后，有权向无处分权人追偿。

前已提及遗失物不得成为善意取得制度的适用对象。拾得人据有遗失物甚至转让遗失物，均构成违法。故以保障权利人追回遗失物的权利为立法目的。本条规定遗失物的追回、返还制度。

本条第一句规定“所有权人或者其他权利人有权追回遗失物”。条文“所有权人或者其他权利人”中的“其他权利人”指遗失物的有权占有人，如承租人、借用人、保管人、承运人。所谓“有权追回遗失物”，即遗失物之所有权人或者其他权利人，基于所有权（物权）所具有的追及效力，从遗失物拾得人取回遗失物。按照本编规定，拾得人负有返还遗失物之义务（第 314 条第 1 句）。故所有权人或者其他权利人追回遗失物，拾得人不得拒绝返还。权利人取回遗失物，应当向拾得人支付必要的保管费用（第 317 条第 1 款）；权利人悬赏寻找遗失物的，于取回遗失物时应当向拾得人支付所允诺的偿金（第 317 条第 2 款）。

本条第二句前段规定，“该遗失物通过转让被他人占有的，权利人有权向无处分权人请求损害赔偿，或者自知道或者应当知道受让人之日起二年内向受让人请求返还原物”。此句规定遗失物被拾得人转让情形，权利人有两种选择。一是“向无处分权人请求损害赔偿”。条文“无处分权人”,即遗失物的拾得人。权利人请求损害赔偿,所行使的侵权损害赔偿请求权,其法律根据在本编第238条。二是“自知道或者应当知道受让人之日起二年内向受让人请求返还原物”。基于任何人不得转让自己所没有的权利于他人的法理,受让人不能依转让合同获得该遗失物所有权,故受让人对该遗失物的占有属于“无权占有”。权利人可依据本编关于原物返还请求权的规定(第235条),“向受让人请求返还原物”。请注意,条文为权利人行使原物返还请求权,规定了期限限制,“自知道或者应当知道受让人之日起二年”。此“二年”期限,自权利人知道或者应当知道受让人之日起算;“二年”期限届满而未向受让人请求的,该原物返还请求权消灭,不发生中断、中止和延长问题。故此“二年”期限非诉讼时效而属于除斥期间。此“二年”除斥期间之设,显然具有衡平权利人与受让人利益及避免物权关系长期处于不确定状态的政策目的。这样看来,此项请求受让人返还遗失物之规定为特别法,本编关于原物返还请求权的规定(第235条)为一般法。无论权利人是否在两年期间内向受让人请求返还该遗失物,均不得再行使第235条规定的原物返还请求权。

本条第二句后段“但书”规定,“受让人通过拍卖或者向具有经营资格的经营者购得该遗失物的,权利人请求返还原物时应当支付受让人所付的费用”。此是对权利人请求受让人返还遗失物权利的另一项限制,如受让人是通过拍卖或者向具有经营资格的经营者购得该遗失物的,则权利人请求返还该遗失物时应当支付受让人所付的费用(价款)。条文“拍卖”,应不包括法院的拍卖。法院拍卖属于强制执行，基于强制执行力，任何人不得请求法院拍卖的买受人返还所购买的物品。所谓“具有经营资格的经营者”，指经工商登记领有经营证照的商业经营者（营利法人、非法人组织和个体工商户）。法律对受让人购得遗失物的渠道加以区分，从拾得人购买遗失物，权利人依第二句前段规定请求受让人返还该遗失物，无需支付受让人所付费用（价款）。这种情形，受让人所受损失，当然可依权利瑕疵担保的规定（合同编第612条），请求出让人（拾得人）承担损害赔偿责任；通过拍卖或者从具有经营资格经营者购买（实际是误买）该遗失物，权利人依第二句前段规定（“二年内”）请求受让人返还该遗失物，依第二句后段“但书”规定，必须向受让人支付其所付的价款。法律作这样的区别规定，其法律政策判断，有认为从拾得人手中购买遗失物，难免有轻率、轻信之嫌，理当自担其风险；从具有经营资格的经营者误买遗失物，出乎意料，自不应承担风险。

本条第三句规定，“权利人向受让人支付所付费用后，有权向无处分权人追偿”。此所谓“无处分权人”当指转让遗失物的拾得人。权利人依据第二句“但书”规定取回本属于自己之遗失物，所支付的费用，向违法转让遗失物的拾得人追偿，其理自明，毋庸赘述。

请特别注意，遗失物与盗窃物均不得成为善意取得的适用对象，本编仅规定权利人如何取回遗失物的规则，却未规定权利人如何取回盗窃物的规则，构成漏洞。鉴于盗窃物与遗失物具有类似性，建议采类推适用方法，弥补此项漏洞。于盗窃物尚在盗窃人手中或者被盗窃人转让给他人的情形，可类推适用本条关于遗失物取回之规定，使权利人从盗窃人或者受让人取回被盗窃之物。于盗窃物被公权机关依法扣押情形，公权机关在追究盗窃人刑事责任的同时，负有将盗窃物归还权利人的公法义务，自不待言。本条沿用原法第 107 条原文，个别文字有调整。

第三百一十三条　善意取得动产的原权利

善意受让人取得动产后，该动产上的原有权利消灭。但是，善意受让人在受让时知道或者应当知道该权利的除外。

本条是关于善意取得动产后该动产上的原有权利是否消灭的规定。依据本条规定，善意受让人取得动产后，该动产上的原有权利消灭，但善意受让人在受让时知道或者应当知道该权利的除外。条文前段所谓“该动产上的原有权利”，究何所指？如果仅依其文义，似应指该动产上原权利人的所有权以及原所有权之外的他物权。但如结合后段“但书”“受让人在受让时知道或者应当知道该权利”之文义，则“该动产上的原有权利”，仅指该动产上的担保物权，不包括原权利人对该动产的所有权。原权利人对该动产的所有权，已经于受让人善意取得该动产所有权之同时归于消灭，此是善意取得应有之义。正因如此，第 311 条第 2 款才规定“原所有权人有权向无处分权人请求损害赔偿”。

如前所述，动产受让人之所谓善意，是相信出卖人对该动产的占有。例如，购买二手车，出卖人持有有关的单据、证件，受让人相信他是所有权人,构成善意。因受让人属于善意,并且已经交付(移转占有)于受让人,因此法庭依据善意取得制度(第 311 条第 1 款),判决受让人已善意取得该汽车的所有权,原车主的所有权同时消灭,原车主有权请求无处分权人予以赔偿(第 311 条第 2 款)。

又如,该汽车是采用按揭贷款方式购买的,车主尚未付清银行贷款本息,则该汽车所有权上还存在银行的抵押权。按照本条规定,如果善意受让人在受让该汽车时知道或者应当知道汽车上存在银行的抵押权,则该抵押权不消灭;反之,如果善意受让人在受让该汽车时不知道或者不应当知道该抵押权的存在,则该抵押权与原车主的所有权一并消灭。

再如,无权处分他人动产(生产设备)的合同,该动产属于原权利人设定的财团抵押(第 395 条第 2 款)或者特别动产集合抵押(第 396 条)的抵押物,则该动产上存在贷款银行的抵押权,如果善意受让人于受让该动产时知道或者应当知道该动产上存在银行的抵押权,则该抵押权不消灭;反之,受让时不知道或者不应当知道的,则该抵押权与原权利人的所有权一并消灭。本条沿用原法第 108 条原文,个别文字有调整。

第三百一十四条　遗失物拾得人的义务

拾得遗失物,应当返还权利人。拾得人应当及时通知权利人领取,或者送交公安等有关部门。

本条规定遗失物拾得人的返还义务。正确解释适用本条,关

键在正确理解“遗失物”与“拾得行为”两个概念。

按照民法原理，所谓遗失物，须满足以下条件：其一，须为动产。因为不动产都有固定位置，即使被水淹没或被风沙埋没，也不产生遗失问题。其二，须无人占有。遗失物为无人占有之动产。动产是否无人占有之判断，应依一般社会观念、根据具体情况，判断原占有人对物是否具有事实上控制之可能性。仅一时丧失对物的占有，尚不构成遗失；必须是确定性地丧失对物之占有。因此，物品偶然进入他人土地或者建筑物内，均不能构成遗失物。在自己房屋内、遗忘的物品，当不成为遗失物。“无人占有”是一种客观状态，与遗失人的主观意识无关，即使失主知悉遗失物的下落，仍不妨碍遗失物之成立。此外，盗窃物、抢劫物虽脱离所有人占有，若仍由犯罪人占有，则不构成遗失物。其三，须非无主物。在这一点上，应注意区分遗失物与抛弃物。两者的根本区别在于抛弃完全出于所有人的意思，而遗失则非基于所有人意思。因此合法占有动产但无权处分之人或盗窃人将物品遗失或丢弃，对所有人而言均构成遗失物。此外，物品若由未成年人丢弃，或误认而抛弃物品，应当构成遗失物而非无主物。在遗失物与抛弃物难以判断的情形，应推定为遗失物。

所谓“拾得行为”是指发现并占有遗失物的事实行为。拾得行为，由发现与占有两要素构成。发现是指认识物之所在，占有指对物在事实上的支配状态。比较而言，占有比发现更为重要。例如，甲先于乙发现遗失物，但乙先占有该物，则乙为拾得人。若甲与乙同时占有遗失物，则为共同拾得人。拾得遗失物为事实行为，拾得人有无行为能力在所不问。拾得行为具有无因管理行为的性质。因法律对遗失物之拾得设立特别规定（本条至第 319 条），与本法关于无因管理的规定，构成特别法与一般法的逻辑关系。关于无因管理的规定只有补充适用之余地。

最先占有遗失物之人为拾得人。即使甲为达到抢先占有遗失物的目的而对乙施加暴力，甲仍为拾得人。乙只能就所受损害请求甲承担侵权损害赔偿责任。拾得行为亦可以指示他人为之，而以发出指示的人为拾得人。例如，行动不便的老人发现遗失物，可以指使行人拾取，而以自己为拾得人。执勤的警察拾得遗失物，应以所属机关为拾得人。

本条规定拾得人的返还义务和通知义务。第一句规定拾得人向权利人返还遗失物的义务。条文所谓权利人，指遗失人、遗失物所有权人及其他对遗失物享有返还请求权的人。第二句规定通知义务，“及时通知权利人领取”，此“权利人”与第一句中的“权利人”相同，指遗失人、遗失物所有权人及其他对遗失物享有返还请求权的人。两项义务中，返还义务是基本义务，通知义务是履行返还原物的手段。按照生活经验，拾得人须从遗失物或者其他途径得知权利人及其联系方式，才可能履行返还义务和通知义务；不能从遗失物或者其他途径获悉权利人及其联系方式的，拾得人应当及时履行“送交公安等有关部门”的义务。条文所谓“有关部门”，指地方政府或者公安机关设置的遗失物保管、招领机构。本条沿用原法第 109 条原文。

第三百一十五条　通知、招领公告

有关部门收到遗失物，知道权利人的，应当及时通知其领取；不知道的，应当及时发布招领公告。

本条规定收到遗失物的有关部门的通知义务，即发布招领公告的义务。义务人"有关部门"，指接收遗失物的公安机关及地方政府设置的保管、招领遗失物的机构。收到遗失物的有关部门，知道权利人的，应当及时通知其领取；不知道权利人的，应当及时发布招领公告。

按照社会习惯，拾得遗失物为动物（如宠物狗）或者零星物品（如房屋或者汽车钥匙），拾得人可以自己张贴招领启事。但招领启事期满仍无人认领，仍须送交当地公安机关或者地方政府设置的遗失物保管、招领机构。本条沿用原法第110条原文。

第三百一十六条　保管义务、赔偿责任

拾得人在遗失物送交有关部门前，有关部门在遗失物被领取前，应当妥善保管遗失物。因故意或者重大过失致使遗失物毁损、灭失的，应当承担民事责任。

本条第一句规定遗失物拾得人在送交有关部门前，收到遗失物的遗失物保管、招领部门在遗失物被领取前，负有妥善保管遗失物的义务。第二句规定，保管义务人因故意或者重大过失致使遗失物毁损、灭失的，应当对权利人承担民事责任。所谓"民事责任”，当指损害赔偿责任。

违反本条规定的妥善保管遗失物义务，致使遗失物毁损、灭失情形，权利人请求义务人承担损害赔偿责任的案件，鉴于拾得遗失物制度保护权利人的政策目的，法庭不得要求权利人承担证明义务人具有故意或者重大过失的举证责任。考虑到与无偿保管的类似性，法庭应当类推适用合同编关于无偿保管人免责的规定（第897条“但书”），使主张免责的拾得人或者有关部门负担证明自己无故意或者重大过失的举证责任。本条沿用原法第111条原文。

第三百一十七条　保管费用、悬赏报酬

权利人领取遗失物时，应当向拾得人或者有关部门支付保管遗失物等支出的必要费用。

权利人悬赏寻找遗失物的，领取遗失物时应当按照承诺履行义务。

拾得人侵占遗失物的，无权请求保管遗失物等支出的费用，也无权请求权利人按照承诺履行义务。

本条规定遗失物的领取。第1款规定，权利人领取遗失物时，应当支付保管费。条文“保管遗失物等支出的必要费用”，其中“等”字，指保管费之外的必要费用，如遗失物为动物时，即指购买饲料的费用及必要的人工费。保管等费用以“必要”为限。是否属于“必要”，应当根据遗失物种类、数量结合社会生活经验和有关民

事习惯予以判断。

第 2 款规定："权利人悬赏寻找遗失物的，领取遗失物时应当按照承诺履行义务。"所谓"悬赏寻找遗失物"，指权利人为寻找遗失物发布（张贴、刊登）悬赏广告。悬赏广告为单方民事法律行为，合同编设有明文规定（第 499 条），因广告人单方意思表示而成立，与合同（双方民事法律行为）须一方要约另一方承诺而成立不同。故本款条文"按照承诺履行义务"，其中"承诺"一词错误，应当解释为"按照允诺履行义务"。即向拾得人支付权利人在悬赏广告中所允诺的偿金（报酬）。

第 3 款规定："拾得人侵占遗失物的，无权请求保管遗失物等支出的费用，也无权请求权利人按照承诺履行义务。"所谓"侵占遗失物"，指拾得人于拾得遗失物后意图据为己有，既不通知权利人领取也不上交公安等有关部门，甚至将遗失物转让他人。在判断是否构成"侵占遗失物"时，应采客观判断，只需拾得人知道权利人却既不通知权利人领取遗失物也不将遗失物上交公安机关或者地方政府设置的遗失物保管、招领机构即可，而不考虑其是否有据为己有之意图。构成"侵占遗失物的"，拾得人丧失本条第 1 款和第 2 款规定的"保管等必要费用"请求权和悬赏偿金请求权。本条沿用原法第 112 条原文。

第三百一十八条　无人认领遗失物

遗失物自发布招领公告之日起一年内无人认领的，归国家所有。

本条规定无人认领的遗失物归国家所有。其理自明，毋庸赘述。

第三百一十九条 漂流物、埋藏物的准用

拾得漂流物、发现埋藏物或者隐藏物的，参照适用拾得遗失物的有关规定。法律另有规定的，依照其规定。

本条规定拾得漂流物、发现埋藏物或者隐藏物，参照适用关于遗失物的规定。条文中“漂流物”的文义，指顺水漂流、漂浮于水面的物品（动产）。但此文义稍嫌过宽，涵盖了顺水漂流之有主物和无主物。所有人有意使其物品（如砍伐的竹木）顺水漂流，所有人自己或者委托他人于下游予以捞取、收集之物，非所谓漂流物。无主物，虽顺水漂流，亦非此所谓漂流物。故本条所谓漂流物，须是所有权人丧失其占有、顺水漂流且不知其所在的物品（动产）。还须补充一点，所有权人之所以丧失其占有，应当属于自然的原因所致。所有权人依自己意思抛弃其物品，或者因他人抢夺、窃取而丧失其占有，纵然顺水漂流，亦非此所谓漂流物。漂流物之拾得，指已经实际占有漂流物，与遗失物之拾得行为，同其意义。仅发现漂流物而未实际占有，不构成拾得漂流物。

所谓埋藏物、隐藏物，须满足以下条件：(1)须为动产。通常为金银财宝。人类的遗骸不视为埋藏物。(2)须为埋藏之动产。埋藏，是指人力将动产隐藏于土地、建筑物或者其他动产之中，不易从外部发觉的事实行为。至于埋藏之原因，则在所不问。请特别

注意,本条将隐藏于土地中的动产,称为埋藏物;另将隐藏于建筑物(如墙壁)或者动产(如皮箱夹层)之中的动产,称为隐藏物。(3)须为所有权不明之物。所谓所有权不明,通说认为是指根据物之性质、埋藏之状态、埋藏之时日等客观因素足以推知其曾为人所有,但所有人究竟是谁,又无法断定的情形。如能够判明物品之所有人,则不构成埋藏物。所谓"发现",指认识埋藏物之所在。鉴于埋藏物发现制度之立法目的,只需"发现"埋藏物之所在即可,而无须加以发掘并予以占有。此与遗失物之拾得,须以占有为要件不同。埋藏物之发现,属于事实行为,不以发现人具有行为能力为条件,此与遗失物之拾得相同。此外,其发现埋藏物,系出于偶然抑或出于预定计划,在所不问。

按照本条第一句规定,"拾得漂流物、发现埋藏物或者隐藏物的,参照适用拾得遗失物的有关规定"。其中"参照适用拾得遗失物的有关规定",指前述第 312 条关于遗失物追回制度的规定、第 314 条关于返还原物和通知义务的规定、第 315 条关于通知领取和发布招领公告的规定、第 316 条关于保管义务和赔偿责任的规定、第 317 条关于保管费用和偿金的规定、第 318 条关于无人认领情形归国家所有的规定。第二句,"法律另有规定的,依照其规定"。所谓"法律另有规定",当指《文物保护法》的规定。依第二句规定,无论漂流物、埋藏物或者隐藏物,凡属于"文物",均归国家所有,故应属于例外,不得参照适用遗失物制度。

前已述及,所谓漂流物,须是所有权人非依自己意思而丧失其占有、顺水漂流且不知其所在的物品。故漂流物非无主物、其所有权人尚在,其权利人(所有权人及其他有取回权人)是可以判明的。因此,本条规定对于漂流物参照适用关于遗失物的规定,是适当的。但所谓埋藏物和隐藏物,为所有权不明之物。所谓所有权不明,是指根据物之性质、埋藏之状态、埋藏之时日等客观因素,足以推知其曾为人所有,但现今有无所有人及所有人究竟是谁,已无从判定。反之,即使埋藏于土地或者其他动产之中,如能够判明物品之所有权人,则不构成埋藏物或者隐藏物。是故,埋藏物或者隐藏物为所有权不明之物,遗失物属于所有权可以判明之物,二者并不具有类似性。本条规定对于埋藏物或者隐藏物,参照适用遗失物制度之规定难称妥当,且在实务中也难于参照适用。形式上埋藏物和隐藏物在本条关于参照适用遗失物规定的适用范围之内,但实际上并无参照适用之可能性,故关于埋藏物和隐藏物仍无可供适用的法律规范,因此构成隐含漏洞。建议采比较法方法补充此项漏洞。

各国家及地区关于发现埋藏物有三种方案:其一,发现人取得主义。即埋藏物归属发现人所有,或由发现人与土地所有人共有(各取得一半),罗马法及法、德、日本和中国台湾地区均采此方案。如《德国民法典》第 984 条(发现埋藏物)规定:“发现因长期埋藏而不能查明其所有人的物(埋藏物),并因发现而占有此物时,其所有权的一半归属于发现人,一半归属于埋藏物埋藏所在的物的所有人。”《日本民法典》第 241 条(埋藏物的发现)规定:“埋藏物依特别法所定,在公告后六个月内不知其所有人时,发现人取得所有权。但在他人之物中发现的埋藏物,发现人与其物的所有人各取得所有权之半。”其二，公有主义。即埋藏物归国家所有，日耳曼法及中国民法采之。原《民法通则》（已失效）第 79 条第 1 款规定：“所有人不明的埋藏物、隐藏物，归国家所有。接收单位应当对上缴的单位或者个人，给予表扬或者物质奖励。”其三，报酬主义。埋藏物归包藏物（如土地）的所有人所有，但发现人可以请求埋藏物价值之一半以下的报酬，瑞士采之。《瑞士民法典》第 723 条（埋藏物）规定：“（1）长年埋藏地下且肯定已无所有人的有价物，被发现的为埋藏物。……（3）埋藏物的发现人，有请求相当报酬的权利。但报酬不得超出埋藏物价值的一半。”《瑞士民法典》第 724 条（学术价值极高的无主物）规定：“（1）学术价值极高的无主的自然物或文物，一经发现，归发现地的州所有。……（3）自然物或文物发现人及埋藏物的埋藏地所有人，有请求相当报酬的权利，但报酬的数额不得超过该物本身的价值。”

比较而言，发现人取得主义与报酬主义均有其合理性。因此，建议区分不同类型的埋藏物而分别采发现人取得主义与报酬主义：（1）埋藏物若系普通物品，则采发现人取得主义，由发现人取得所有权，或由发现人与包藏物所有人各取得其价值之一半或者共有。考虑到我国实行土地的国家所有制和集体所有制，因此在土地中发现埋藏物的，土地承包经营权人可以主张土地所有人的权利。（2）埋藏物属于具有文物价值的物品，则采报酬主义，归国家所有，而由国家给予发现人（及包藏物所有人）一定的物质奖励（奖金）。鉴于埋藏物的本质特征在于所有人不明，为了保证埋藏物确实是所有人不明之物，可以参考《日本民法典》的规定，要求发现埋藏物的人应于发现之日起的 10 日内,通过媒体发布公告,自公告之日起满 6 个月,仍不知其所有人时,即确定其为埋藏物或者隐藏物。

第三百二十条　从物的转让

主物转让的,从物随主物转让,但是当事人另有约定的除外。

本条规定从物随主物转让的原则。作为物权客体的物,分为主物与从物。关于主物与从物之区分,是先确定从物,从物之外皆为主物。所谓从物,指非主物的构成部分而从属于主物,并对主物发挥辅助效用之物。从物的要件有三:(1)须非主物之成分;(2)须对主物发挥辅助效用;(3)须与主物同属一人。本条规定,“主物转让的,从物随主物转让”。这是为了发挥物之效用。但此为任意性规定,当事人可依约定排除其适用。故本条“但书”规定,“当事人另有约定的除外”。本条沿用原法第 115 条原文,个别文字有调整。

第三百二十一条　天然孳息、法定孳息

天然孳息,由所有权人取得;既有所有权人又有用益物权人的,由用益物权人取得。当事人另有约定的,按照其约定。

法定孳息,当事人有约定的,按照约定取得;没有约定或者约定不明确的,按照交易习惯取得。

本条规定孳息的归属。所谓孳息,是与原物对应的概念。原物,指孳息所从出之物;孳息,指原物所出之收益。孳息,分为天然孳息与法定孳息。天然孳息,指物依自然而产生的出产物、收获物,如植物的果实及动物之卵、奶、幼崽,属于天然孳息;法定孳息,指物依民事法律关系而产生的收益,如租金、存款利息、股权收益等。

本条第1款规定:“天然孳息,由所有权人取得;既有所有权人又有用益物权人的,由用益物权人取得。当事人另有约定的,按照约定。”第一句“天然孳息,由所有权人取得”,为原则规定。第二句“既有所有权人又有用益物权人的,由用益物权人取得”,是对土地农作物而言。因仅土地可设定用益物权。但是,并非所有的用益物权都会产生天然孳息。用益物权中,唯有土地承包经营权可以产生天然孳息。其他用益物权,如宅基地使用权、建设用地使用权等,非作农业用地,不可能产生天然孳息。第三句“但书”规定,“当事人另有约定的,按照其约定”,究何所指?所谓“当事人另有约定”,是指土地所有权人可以与承包经营权人约定承包地之收获物不由承包经营权人取得?这样理解违背土地承包经营权之本质。可知所谓“当事人另有约定”,非指用益物权人与所有权人约定,而是另有所指。其是指土地承包经营权人将土地转包或者出租给他人使用(耕种)情形,按照承包经营权人与转包人或者承租人之间的合同约定,其土地收获物归承包人或者承租人收取、不归承包经营权人收取。这样理解才算合理。但毕竟属于合同法问题,故本款设“但书”规定,似显多余。

本条第 2 款规定:“法定孳息,当事人有约定的,按照约定取得;没有约定或者约定不明确的,按照交易习惯取得。”如前所述,法定孳息,指依民事法律关系所得收益,包括利息、租金、股息等。在相应民事法律关系中,如存款合同、借款合同、租赁合同及出资协议中应有约定。“没有约定或者约定不明确的”,按照合同编第 510 条的规定,由当事人协议补充,不能达成补充协议的,由法庭“按照合同相关条款或者交易习惯确定”。本款仅言“按照交易习惯取得”,稍显简略。本条沿用原法第 116 条原文,个别文字有调整。

第三百二十二条　添附

因加工、附合、混合而产生的物的归属,有约定的,按照约定;没有约定或者约定不明确的,依照法律规定;法律没有规定的,按照充分发挥物的效用以及保护无过错当事人的原则确定。因一方当事人的过错或者确定物的归属造成另一方当事人损害的,应当给予赔偿或者补偿。

本条是关于添附制度的规定。条文明定,添附包括“加工、附合、混合”,却未明确规定其构成要件与法律效果。其立法者意思,显然是委托法庭于适用本条时依民法法理予以补充。故本条属于不完全法条。民法所谓添附,为附合(再分为不动产附合与动产附合)、混合、加工的总称。以下分别讲解。

一、加工

所谓加工,指对他人动产进行加工制造新物发生物权变动的法律事实。加工须满足以下条件:(1)加工之标的物须为动产。可以成为加工的标的物的动产,不包括动物。故各国家及地区常用“材料”概念代替“动产”概念。加工之标的物为动产,但加工所制作完成之物为不动产,仍属于加工。如建造房屋即其适例。(2)加工之动产(材料)须为他人所有。用属于自己的动产(材料)制作新物,非此所谓加工。(3)须有加工行为。何谓加工行为?与“混合”有时出于自然力不同,加工为事实行为。加工是劳动与动产(材料)的结合。劳动包括劳力、知识技术与时间的投入。(4)须制成新物。未制成新物,材料所有权依旧,不构成加工。(5)须加工人擅自加工他人动产。如承揽人按照定作人委托制作物品,企业劳动者按照企业主指令生产产品,非此所谓加工;其制作、生产物归属定作人或者企业主,取决于合同关系性质目的,与此所谓加工制度无关。

关于加工是否以制成新物为要件,德国、法国民法均持肯定说。如《德国民法典》第950条(加工)规定:“将一项或数项材料加工或改造制成一个新的动产的人,取得对新物的所有权,但以加工或改造的价值不明显少于材料的价值者为限。”中国台湾地区“民法”及瑞士、日本民法则无此要求。如中国台湾地区“民法”第814条(加工)规定:“加工于他人之动产者,其加工物之所有权,属于材料所有人。但因加工所增之价值显逾材料之价值者,其加工物之所有权属于加工人。”《日本民法典》第 246 条(加工)规定:“1. 在他人动产上有加以工作的人时,其加工物的所有权属于材料所有人。但因加工所生的价格显著超过材料价格时,加工人取得其物的所有权。”

关于加工是否以制成新物为要件,学者间意见不一。依肯定说,如加工后未制成新物,材料无所变异,其所有权仍属材料所有人,并未发生物权之变动。依否定说,加工物是否为新物,应依社会交易观念定之,且现代关于加工的立法目的在于鼓励创造经济价值。因此,加工不以制成新物为要件。究竟哪一种学说更具合理性,值得斟酌。加工乃至整个添附制度的立法目的,在于解决物权(所有权)归属问题。将他人木料制成书柜,书柜为新物;将他人布料制成衣服,衣服为新物。木料所有权、布料所有权已经消灭,须依加工制度解决新物(书柜、衣服)的所有权归属问题。如未制成新物(衣柜、衣服),该木料、布料形质未有改变,其所有权依然如故,未有新物所有权产生,也就没有适用加工制度(决定所有权归属)之必要。可见,否定加工须以制成新物为要件,违背加工制度之立法目的。故应当认为,肯定说更为合理。

实则,虽然《日本民法典》规定加工的条文(第 246 条)和中国台湾地区“民法”规定加工的条文(第 814 条),未明示以制成新物为要件,但以肯定说为学者通说。近江幸治教授指出:“所谓加工,指对他人的动产施加工作(劳力),以制成新物。”其将《日本民法典》第 216 条所谓“加工物”一词,解释为“新物”。[1]王泽鉴教授认为:“加工是否须以制成新物为要件,第 814 条规定未设明文,但通说肯定之。”如“未因此而制成新物，纵其价值大增，依通说见解，仍不适用加工规定，仅发生无因管理或者不当得利的问题。”[2]故否定说不足采。

加工的法律效力，为决定加工物的所有权归属。自罗马法以来，存在材料主义与加工主义的争论。材料主义认为，有材料才能有加工行为，材料加工后，虽形式发生改变，但本质并无变化，因此应由材料所有人取得加工物的所有权。加工主义认为，加工物的制成，全赖加工人工作的成果，且原物改造后成为新物，原物所有权已经消灭，加工物应属无主物，而由加工人先占取得所有权。

近现代民法多采折中主义，存在两种规定方式。其一，以材料主义为原则，以加工主义为例外。以《法国民法典》、《日本民法典》以及中国台湾地区“民法”为代表。其二，以加工主义为原则，以材料主义为补充。以德国、瑞士民法典为代表。比较而言，第二种规定方式的优点是可以起到鼓励增值的作用，但对所有权人的保护不够，尤其可能诱导故意加工他人之物、导致过多的侵权行为。而第一种规定方式更有利于保护所有人，且兼顾加工人的利益。故应当采纳第一种规定方式，以材料所有人取得加工物所有权为原则，以加工人取得加工物所有权为补充。

如加工人于加工他人动产过程中添加了自己所有的材料，应当如何处理加工物所有权归属？《法国民法典》规定，由加工人与材料所有人共有（第 572 条）。而《日本民法典》则规定由加工人或材料所有人取得单独所有权（第 246 条）。比较而言，后一种做法更加简单易行，有利于减少纠纷，值得采取。故加工人于加工他人动产时添加部分自己所有材料的,所添加自己材料的价值加上因加工行为所生的价值,如超过他人材料的价值,则应由加工人取得加工物的所有权;如未如超过他人材料的价值,则仍由材料所有人取得加工物的所有权。

此外,与动产混合常出于自然力不同,加工他人之物,往往出于加工人之误认乃至故意。所谓"故意",即明知材料属于他人而予以加工。故应尽量避免发生诱导、鼓励故意加工他人之物的偏向,损及对财产静的安全的保护、财产法秩序之建立和维护。经法庭审理认定加工人系故意加工他人之物的,即使添加部分为加工人自有材料,亦应判决由材料所有人取得加工物所有权、加工人不能取得加工物所有权。

二、不动产附合

所谓"不动产与动产附合",简称不动产附合,指所有人不同的动产与不动产结合,非毁损不能加以分离或者分离的费用过巨,而发生所有权变动的法律事实。不动产附合的构成要件如下:(1)须为动产与不动产的结合。鉴于中国民法认为土地与地上定着物(建筑物)为不同的两个物(两个不动产),故此所谓"不动产",包括土地及地上定着物,如建筑物。不动产附合,可以是动产与土地附合,也可以是动产与建筑物附合。可以与不动产发生附合的动产,不包括动物。因为动物与不动产结合而不可分离,是不可想象之事。(2)动产因附合而成为不动产之重要成分。所谓动产成为不动产的重要成分,是指动产与不动产结合后,非经毁损或变更其性质不能加以分离,或者分离费用过巨。具体言之,可以根据结合是否具有固定性与继续性加以判定。而固定性与继续性的判断,应同时兼顾物理及社会观念两个角度。首先,考察原物经附合后能否从物理上加以分离。依此标准,在土地上堆放之物因不具有固定性与继续性而未成为土地的主要成分。在土地上搭建的简易温室、工棚,虽有继续使用的目的,但不具有固定性,应不构成土地组成部分。将展览用的花木植于展览场所,虽具有固定性,但不具有继续性,不能认为已成为土地的重要成分。其次,即使合成物在物理上具有固定性与继续性,但依社会观念仍认为其不失其独立性,如未完成的建筑物属于许多建筑材料的组合,不丧失其独立性,则不应视为土地的重要成分。反之,施肥于他人土地,在他人房屋墙壁上粉刷油漆,则符合固定性与继续性的要件,应认为已成为不动产的重要成分。(3)动产与不动产须分属不同所有人。因为附合既然为所有权的取得方法,以自己的动产与自己的不动产结合,并未取得新的所有权,因此不发生法律意义上的附合问题。例如,农户在自己的宅基地上建房、开发商在自己建设用地上建筑商品房,因建筑(事实行为)竣工而当然取得建筑物所有权,并不适用不动产附合的规则。

各国家及地区规定中关于动产与不动产附合的法律效力,稍有差异。《日本民法典》第 242 条(不动产的附合)规定:“不动产的所有人取得作为其不动产的从属而附合的物的所有权。”《德国民法典》第 946 条(与土地附合)规定:“动产因附合而成为土地的重要组成,土地的所有权扩及于该动产。”中国台湾地区“民法”第

811条（不动产上之附合）规定："动产因附合而为不动产之重要成分者，不动产所有人，取得动产所有权。"以在他人土地上建房为例，按照日本民法，建筑物与土地为两个物，条文"从属而附合的物"指建筑物，即由不动产（土地）所有人取得附合物（建筑物）的所有权。按照德国民法，土地和地上建筑物为一个物，建筑物为土地之重要成分而非独立之物，条文所谓"不动产所有人，取得动产所有权"，亦即建筑所用动产（建筑材料）归属于土地所有权人。中国民法，土地与建筑物为两个物，应当解释为，由土地权利人（所有权人、用益物权人）取得附合物（建筑物）所有权。但在他人土地上施肥、播种、植树的情形中，肥料、种子、树木成为土地主要成分，故解释为由土地权利人取得动产所有权为宜。

动产与不动产附合的法律效果为由不动产权利人取得附合物或者动产的所有权。此项取得系直接基于法律规定，为原始取得，动产上的负担（如质权）均归于消灭。附合的原因，往往出于误认，也有故意为之者。北京的法院裁判过在他人宅基地上建房的案件，即误认他人宅基地为自己的宅基地。出于误认或者故意，对附合的成立和效果不产生影响。即使附合系故意为之，仍发生不动产所有人取得附合物之效果。但如故意为之，可以构成侵权行为。因附合丧失所有权之动产所有人，可依侵权行为或不当得利制度请求不动产所有人承担损害赔偿责任，自不待言。

三、动产附合

所谓动产与动产附合，简称动产附合，指分属不同所有人的两个动产相互结合,非经毁损不能分离或者分离费用过巨而发生物权变动的法律事实。动产与动产的附合须满足以下要件:(1)须为动产与动产之结合。可以发生附合的动产不能是动物。因为,动物与动产结合非经毁损不可分离,是不可想象之事。(2)须为不同所有人之动产。(3)须因结合而成合成物,且非经毁损不能分离或者分离费用过巨。

各国家及地区规定中关于合成物所有权的归属,有三种方案:第一,以共有为原则,单独所有为补充。如中国台湾地区"民法"第812条(动产之附合)规定:"动产与他人之动产附合,非毁损不能分离或分离费用过巨,各动产所有人按其动产附合时之价值,共有合成物。前项附合之动产,有可视为主物者,该主物所有人,取得合成物之所有权。"《瑞士民法典》第727条(相互混合或相互附合)规定:"(1)不同所有人的动产相互混合或附合,以致非有重大损失或劳力不能分离,或虽能分离但耗资过大,各动产所有人以其对此附合时的价值,共有合成物。(2)一动产与他人的另一同类动产混合或附合,并为他人动产的附属部分时,该全物归属于主要部分所有人。"第二,以单独所有为原则,共有为补充。如《日本民法典》第243条(动产的附合之一)规定:"属于各不同所有人的数个动产,因附合致非毁损则不能将其分离时,其合成物的所有权属于主动产的所有人。因分离而需要过分费用时,亦同。"其第244条(动产的附合之二)规定:"附合的动产不能区别主从时,各动产所有人,按附合当时价格的比例共有合成物。"第三,仅规定由主物所有人取得,如《法国民法典》第566条规定:"分属于不同所有人的两个物体附合而构成一个整体。如该两个物体尚能分离,即使其中任何一个物体脱离另一个物体尚能独立存在,则该物体归属于构成主要部分的物体所有人,但该所有人应对他方偿付附着物体在附合之日计算的价值。”

鉴于现代所有权制度以单独所有为常态,而以共有为例外。共有关系远比单独所有复杂,且易生纠纷。上述三种方案,比较而言,以第二种方案,即以单独所有为原则、以共有为补充,更具合理性。故应当采第二种方案。

按照第二种方案,决定合成物究为共有或单独所有的关键在于主物之确定。按照民法原理,对于主物之确定,应考虑物的价值、效用、性质等因素。具体言之,一动产仅为另一动产的使用、装饰或补充而附着于该物时,后者视为主物;依此标准不能区分主从,则价值较高者视为主物;若各动产价值相当,则体积较大者视为主物。根据以上标准不能区分主从时,各动产所有人按照附合当时价值的比例共有合成物。附合当时价值的比例难以确定者,为各占一半比例。

四、混合

所谓“动产与动产混合”,简称混合,指分属于不同所有人的两动产相互混合,不能识别或者识别费用过巨,而发生所有权变动的法律事实。混合须满足以下要件:(1)须为动产与动产混合。混合之物须为动产。可以是固体与固体的混合,液体与液体的混合,也可以为气体与气体的混合。发生混合的动产,可以包括动物。此与不动产附合、动产附合之动产不包括动物,有所不同。如不同所有人的两个鱼塘的鱼发生混合。(2)两动产的所有人非同一人。(3)须难以识别或识别费用过高。

关于“难以识别”问题,中国台湾地区“民法”与《日本民法典》规定为不能识别或识别费用过大,而德国、瑞士民法典规定为不能分割或分割所需的费用、劳力过大。实际上,混合物的特征,不仅在于不能或不易识别,或者不能或不易分割,而更重要的是:识别、分割费用过高。一般言之,混合的物品通常为外观特征相近的动产,如大米与糯米的混合、两种品牌的酒的混合,因此具有难以识别的特点。再如,因暴雨使地势较高鱼塘的鱼全部进入地势较低的另一鱼塘,不同主人的两个鱼塘的鱼混合在一起,两个养鱼塘的鱼虽有大小、品种差别,但真要识别(区别),所费人力、费用过巨,应当认为难以识别。

各国家及地区关于混合的法律效力,均规定准用关于动产附合的规定。例如,《日本民法典》第245条(混合)规定:“前二条的规定,于属于个别所有人的物,在混合之后致不能识别场合准用之。”中国台湾地区“民法”第813条(混合)规定:“动产与他人之动产混合,不能识别,或识别需费过巨者,准用前条之规定。”《德国民法典》第948条(混合)规定:“(1)数动产相互混合或融合而不可分割者,准用第947条的规定。(2)混合物或融合物的分割费用过巨者,视为与不能分割相同。”所谓准用动产附合的法律效果,即混合的两个动产,有可视为主物者,由主物所有人取得混合物所有权;不能确定何者为主物者,按照混合时各自价值的比例共有混合物。

须注意的是,共有份额的确定问题。混合的特点在于难以识别作为混合物组成部分的各动产。因此混合不同于附合,各动产在混合物中的份额往往无法确定。应当解释为,若各动产在混合物中的份额无法确定,应推定为份额相等。混合的原因,以出于自然力为常见,也有出于误认甚至故意者。于主物所有人取得混合物所有权情形,丧失所有权的一方可依不当得利制度获得救济,自不待言。

五、添附制度的政策目的和意义

如前所述,所谓"添附",是对附合、混合及加工的总称。在分别介绍附合、混合及加工的构成要件和法律效果之后,回过头来谈民法设置添附制度的法律政策目的和意义。

民法创设添附制度的政策目的,在于不同所有人的两个物(动产、不动产)相互结合而成新物的情形,以及将他人之物制成新物的情形,决定新物所有权之归属。民法将决定新物所有权归属的这些情形,作为发生所有权取得的一种法律事实,称为"添附"。须特别注意,所谓添附,为决定所有权归属(物权变动)之众多法律事实之一种。

民法关于物权变动的法律事实概括如下:(1)法律行为。法律行为是发生物权变动最常见的法律事实。分为财产行为与身份行为。财产行为,主要是合同(双方行为),如买卖合同,赠与合同,建设用地使用权出让、转让合同,海域使用权出让、转让合同,抵押合同(包括建设用地使用权抵押合同、海域使用权抵押合同,质押合同。另外还有发生物权变动的单方行为,即抛弃(行为)。关于依(财产)法律行为发生物权变动的规则,规定在第 209 条和第 224 条、第 225 条。发生物权变动的身份行为,即身份关系的协议,主要是离婚协议,规定在第 1087 条;遗赠扶养协议,规定在第 1158 条;分析共有物(财产)协议(无明文规定)。(2)事实行为。发生物权变动的事实行为,指建造房屋、建造船舶、航空器、机动车、机器设备、家具、文具及制作艺术品等,其与添附的区别在于,用于建造、制作的不动产、动产(材料)属于同一所有权人、从事制作、建筑的劳动者受所有权人委托或者指令行事,因事实行为发生物权变动,规定在第 231 条。(3)生效法律文书和政府征收决定。属于公权(准公权)行使行为导致物权变动,规定在第 229 条。(4)继承,包括法定继承、遗嘱继承和遗赠。继承发生物权变动,规定在第 230 条。(5)善意取得。基于善意取得制度使善意受让人取得物权、原权利人的物权消灭,规定在第 311 条。(6)遗失物无人认领。其规定在第 318 条。(7)主从关系。从物随主物转让,规定在第 320 条;从权利(担保物权)随主权利转让,规定在第 547 条。(8)孳息。孳息归属,规定在第 321 条。(9)无主物先占(未有明文规定)。(10)添附。即本条。

由上可知,民法可以决定所有权归属(物权变动)的法律事实有多种,添附只是其中之一。且添附制度的立法目的,在于填补其他物权变动规则之不足,仅在不能适用其他各种物权变动规则的情形,方才有适用余地。在市场经济条件下,无论建造房屋、船舶、机动车、机器设备、家用电器、生活用具，均以用于建造、制作之不动产、动产、原材料均属于同一所有权人，从事建造、制作的劳动者受（所有权人、雇主、委托人）指令或者委托为常态。所建造、制作之房屋、船舶、机动车、产品、物品、艺术品的所有权归属，取决于合同关系及相应物权变动规则，绝无适用添附制度之可能。仅在当事人一方出于误认或者故意（或者出于自然力），致不同所有人的动产、不动产结合或者用他人材料建造、制作而成新物情形，不能基于合同关系或者法律规定适用其他物权变动规则决定物权归属，方才不得已适用添附规则决定新物之所有权归属。并且，无论不动产与动产附合、两动产附合或者混合，以及将他人材料制成新物，均在事实上难以恢复原状。而当事人主张恢复原状，法律有明文规定，如本法关于原物返还请求权（第 235 条）、恢复原状请求权（第 237 条）的规定。若许强行恢复原状，必然造成社会经济的巨大损害和浪费。是故，民法添附制度的政策目的，不仅在于补充其他物权变动规则之不足、决定新物所有权归属，更在于否定、阻止当事人行使原物返还及恢复原状请求权。[3]故添附制度关于所有权归属的规则，属于强行规定。当事人关于返还原物、恢复原状的约定应一律无效。

六、受损失方的救济

按照添附制度的效果由一方取得（合成物、附合物、加工物）的所有权，另一方必定受到损失。添附制度为平衡当事人之间的利益关系，使受损失一方有权获得利益返还或者损害赔偿。如《日本民法典》第 248 条(添附的效果)规定:“因适用前六条(关于添附的)规定而受损失的人,得依第 703 条及第 704 条(关于不当得利)的规定请求偿金。”中国台湾地区“民法”第 816 条(添附之效果—补偿请求)规定:“因前五条(关于添附)之规定而受损害者,得依关于不当得利之规定,请求偿还价额。”《德国民法典》第 951 条(权利丧失的赔偿)规定:“(1)1. 因第 946 条至 950 条(关于添附)的规定而丧失权利的人,得向因权利改变而受利益的人,依关于返还不当得利的规定,请求金钱赔偿。2. 不得请求恢复原状。”须特别注意,按照不当得利制度,如原物存在应当返还原物,但(如前所述)原物返还违背添附制度之本旨和目的,故《日本民法典》第 248 条明确规定为“请求偿金”,中国台湾地区“民法”第 816 条明文规定为“请求偿还价额”,而《德国民法典》第 951 条在明文规定为“请求金钱赔偿”之外,更明文规定“不得请求恢复原状”。故因添附而受有损害的一方,可以行使不当得利请求权,请求返还价额(偿金);于相对方的行为构成侵权行为时,可行使侵权责任请求权,请求损害赔偿金。

七、对本条的解释

本条第一句前段规定:“因加工、附合、混合而产生的物的归属,有约定的,按照约定”。其中“有约定的,按照约定”,究何所指?“约定”一词,是指“事前的约定”?还是“事后的约定”?如果是前者,当然是指双方订立的合同,如承揽合同、建设工程施工合同等。如果存在合同关系,当基于合同关系及相应物权变动规则决定“产生的物”（加工物、结合物、混合物）的所有权归属，绝无适用本条“关于加工、附合、混合”的规定之余地。并且，存在合同关系的情形，承揽人按照定作人委托、建筑公司按照开发商委托、企业劳动者按照企业主指令所从事的工作，与所谓加工、附合无关。再者，存在合同关系的情形，合同当事人也根本不会约定工作成果的所有权归属。决定工作成果的所有权归属的，是合同关系的性质。条文所谓“约定”，可以是当事人“事后的约定”吗？例如，不动产附合，允许约定附合物归动产所有人吗？允许约定恢复原状吗？可见解释为“事后的约定”，与添附制度的目的及强行法性质抵触。故只能解释为“事前的约定”，即当事人之间存在合同关系。按照民法解释方法，解释法律条文，不得拘泥于所用词句的文义。建议采目的解释方法和体系解释方法，将第一句前段规定解释为：与“加工、附合、混合”类似的情形，凡是当事人之间存在合同关系的，依合同关系及相应物权变动规则决定所产生物的所有权归属，不得适用本条（关于加工、附合、混合）的规定。

本条第一句中段规定：“没有约定或者约定不明确的，依照法律规定”。如前所述，不能理解为当事人关于所有权归属“事后的约定”。这样理解违背添附制度的立法目的和强行法性质。只能解释为“事前的约定”，即当事人之间存在合同关系，其中关于所有权归属“没有约定或者约定不明确”，前面谈及，决定所有权归属的不是合同当事人的约定，而是当事人之间合同关系的性质。再者，按照合同编的规定，合同关系“没有约定或者约定不明确”，应当由当事人协议补充，达不成补充协议的，由法庭按照相关条款及交易习惯予以确定(第510条),而不是“依照法律规定”。可见,不能拘泥于所使用词句之文义。建议采用目的解释方法和体系解释方法,解释为:当事人之间不存在合同关系的情形,如加工他人的材料而未制成新物、动产与不动产结合而未构成不动产重要成分、动产与动产结合尚可分离、动产相互掺和尚可识别,则其“物的归属”,应当依照本编关于原物返还(第235条)、恢复原状(第237条),及合同编关于无因管理(第979条)的法律规定决定之。

本条第一句末段规定,“法律没有规定的,按照充分发挥物的效用以及保护无过错当事人的原则确定”。所谓“法律没有规定的”,依体系解释方法,其意思是,不应当适用前述“法律规定的”。采用目的解释方法、体系解释方法、比较法解释方法,第一句末段规定应当解释为:构成加工他人之物、不动产与动产附合、动产与动产附合及动产与动产混合的,所产生物的所有权归属,应当“按照充分发挥物的效用以及保护无过错当事人的”添附(加工、附合及混合)规则确定,不得适用关于原物返还(第235条)、恢复原状(第237条)及无因管理(第979条)的法律规定。

须特别注意,条文“充分发挥物的效用”一语,非指该物对哪一方当事人可以“发挥物的效用”,而是指不得强行予以分离,造成物的毁损或者花费巨额资金,造成社会经济重大损失和浪费。如因误认或者故意在他人宅基地建房案例,法院适用不动产附合之法理规则,判决建成新房所有权归宅基地使用权人,而不允许拆除该新房以恢复宅基地之原状。可见所谓“充分发挥物的效用”,是指该新房既已建成、不得予以拆除,以发挥其社会经济效用而言,并非着眼于新房对哪一方当事人更有用。

本条第二句规定,“因一方当事人的过错或者确定物的归属造成另一方当事人损害的,应当给予赔偿或者补偿”,应解释为:适用添附规则造成一方损害的,受损害方当事人可依关于不当得利的规定请求补偿金;因一方的过错(误认甚至故意加工他人动产、造成不动产附合、动产附合或者混合),致使适用添附规则的结果,造成另一方当事人损害的,受损害方当事人可依侵权行为的规定请求损害赔偿金。

八、小结

本条第一句前段规定,将当事人之间存在合同关系的案型排除于本条适用范围之外;第一句中段规定,再将应当适用原物返还、恢复原状及无因管理的案型排除于本条适用范围之外;第一句末段规定构成加工、附合、混合的裁判规则,但此项裁判规则欠缺构成要件和法律效果,须用民法关于加工、附合、混合的法理予以补充,才能构成完整的裁判规范(完全法条),而发挥其规范功能。虽然如此,但立法者毕竟设置了关于添附(加工、附合、混合)的裁判规范,区别于未设置任何规定(法律漏洞)。本法生效之前,法庭裁判添附案件,系适用民法关于添附之法理规则,如北京法院裁判误在他人宅基地建房案[4];本法生效之后,法庭裁判添附案件,当直接适用本条关于添附的规定。

注 释

1 [日]近江幸治:《物权法》(第3版),成文堂2006年版,第238页。

2 王泽鉴:《物权法》,台北,2021年自版,第201页。

3 参见[日]近江幸治:《物权法》(第3版),成文堂2006年版,第234页。

4 北京市第三中级人民法院(2015)三中民终字第1207号民事判决书。

第四分编　担 保 物 权

第十六章　一般规定

担保物权，是指债务人不履行债务或者符合约定实行条件时，担保物权人依法就担保财产优先受清偿的权利。

第三百八十六条　担保物权

担保物权人在债务人不履行到期债务或者发生当事人约定的实现担保物权的情形，依法享有就担保财产优先受偿的权利，但是法律另有规定的除外。

本条规定担保物权的定义。所谓担保物权，是指债务人不履行债务或者符合约定实行条件时，担保物权人依法就担保财产优先受清偿的权利。所谓“担保物权人”，简称担保权人，即受担保之债权人。所谓担保财产，指担保物权设立其上的属于债务人或者第三人所有的财产，包括不动产、动产或者财产权利。所谓“就担保财产优先受偿”,指债务人不履行债务或者约定条件成就时,就担保财产变价所得变价金优先清偿债务。

正确理解担保物权,须把握以下要点:(1)担保物权属于定限物权。物权为直接支配特定物并具有排他性的权利(总则编第114条)。民法理论,以对特定物(标的物)的支配是否存在范围限制,将物权区分为完全物权与定限物权。完全物权,对标的物的支配不存在范围限制,权利人可依其自由意思对标的物占有、使用、收益、处分。易言之,既支配标的物的使用价值(进行占有、使用、收益)也支配标的物的交换价值(处分标的物),其支配范围不受限制。完全物权,仅指所有权。定限物权,指对标的物的支配限于一定范围的物权。担保物权的支配有范围限制,故属于定限物权。(2)担保物权为支配标的物交换价值的定限物权。定限物权,依其支配范围的不同,再分为用益物权与担保物权。用益物权,为支配标的物使用价值(占有、使用、收益)的定限物权。担保物权,为支配标的物交换价值(处分标的物并以所获价金优先受偿)的定限物权。(3)担保物权为设立于债务人或者第三人所有的财产(不动产、动产或者财产权利)之上的定限物权。担保物权以担保债权实现(债务清偿)为目的,担保财产须是属于债务人或者第三人所有的财产。(4)担保物权属于他物权。民法理论将物权分为自物权与他物权。支配自己财产的物权,为自物权。所有权属于自物权。支配他人财产的物权为他物权。担保物权为支配债务人或者第三人财产的权利,属于他物权。(5)担保物权是以确保债务的清偿为目的之物权。于债务人不履行债务或者约定行使条件成就时,担保权人将依法变价担保物就变价金优先受偿,故在设立担保物权时或者实行担保物权时,须存在被担保的数额确定的债权(债务)。此即担保物权的特定性。

担保物权与用益物权同属于设立于他人财产上的定限物权,二者主要区别如下:其一,担保物权以担保债权实现(债务清偿)为目的,而实现目的的手段则是将债务人或者第三人所有的财产(担保财产)之交换价值,置于担保权人支配之下,一旦债务人不履行债务或者约定条件成就时,即依法变价担保财产优先受清偿,实现担保目的。故担保物权是以担保债权实现为目的,支配担保财产之交换价值为内容的定限物权。而用益物权则不同。用益物权以对他人财产的使用收益为目的,而以支配标的物的使用价值(对标的物为占有、使用、收益)为内容。其二,担保物权以担保债权实现为目的,故担保物权与所担保债权之间,构成主从关系。担保物权为从权利,受担保债权为主权利。而用益物权,以获得标的物之使用价值为目的,为直接支配标的物(使用价值)的独立的权利,并不与别的权利发生从属关系。其三,担保物权以担保债权实现为目的,须于债务人不履行债务或者约定条件成就时,方才有行使担保物权、实现权利目的之必要。故担保物权目的之实现系于将来,并且,若债务人履行债务,担保物权亦将因目的丧失而与所担保债权同时消灭。而用益物权以对标的物的使用收益为目的,用益物权一经设立,用益物权人即可占有标的物,实现其使用收益之目的。两相对照,可见担保物权之目的实现系于将来,而用益物权之目的实现系于当下。其四,担保物权目的实现之时,亦即担保物权消灭之时。而用益物权目的实现之时,用益物权自身并不消灭。

各国家及地区一般不规定担保物权定义及一般规则,而直接规定具体担保物权。例如,《日本民法典》依次规定留置权、质权、先取特权和抵押权,既未规定担保物权定义,亦未设担保物权的一般规定。本编规定的担保物权,包括抵押权、质权(动产质权、权利质权)和留置权。本章(第 16 章)规定担保物权的一般规则,并且专设本条规定担保物权定义。在法典编纂体例上有其特色。

请特别注意,本条末句"但书"规定所谓"法律另有规定的除外",究何所指?通观本编规定的担保物权,包括抵押权、质权(动产质权、权利质权)和留置权,以及合同编规定的承包人优先受偿权(第 807 条)和承揽人留置权(第 783 条),均无禁止担保权人就担保财产优先受清偿的法律规定。并且,即使有这样的禁止性规定,亦与担保物权本质和立法目的抵触。设此"但书"规定,可能涉及对合同编第 807 条"除根据建设工程的性质不宜折价、拍卖外"一句的理解。

合同编第 807 条规定,"发包人逾期不支付的,除根据建设工程的性质不宜折价、拍卖外,承包人可以与发包人协议将该工程折价,也可以请求人民法院将该工程依法拍卖",优先清偿拖欠的工程款。或许有人会说,"除根据建设工程的性质不宜折价、拍卖外"一句,不就是本条"但书"所谓"法律另有规定"吗?但依担保物权的性质和目的,必须是可以市场交易的财产,即可以折价、拍卖、变卖的财产,才能够作为担保财产、设立担保物权。不可以通过市场交易(折价、拍卖、变卖)的财产,不得设定担保物权。第 807 条"除根据建设工程的性质不宜折价、拍卖外”一句,其立法者意思,是将根据建设工程的性质不宜折价、拍卖、变卖的建设工程,排除于承包人优先受偿权(法定抵押权)标的物范围之外。实际上,此“性质不宜折价、拍卖”的建设工程,是指第 399 条规定“不得抵押财产”的第 3 项“学校、幼儿园、医疗机构等为公益目的成立的非营利法人的教育设施、医疗卫生设施和其他公益设施”。属于这些公益设施的建设工程,不得作为(约定)抵押权的标的物,当然更不能成为法定抵押权(承包人优先受偿权)的标的物。绝对不能理解为,这些不宜折价、拍卖的建设工程(公益设施),不可以作为(约定)抵押权的标的物,却可以成为承包人优先受偿权(法定抵押权)的标的物,只是作为“优先受偿”之例外,不得予以折价、拍卖优先受偿罢了。质言之,必须是可以折价、拍卖的建设工程之上才发生承包人优先受偿权,不宜折价、拍卖的建设工程(公益设施)之上不发生承包人优先受偿权。可见,“除根据建设工程的性质不宜折价、拍卖外”,是关于担保物权标的物范围的除外规定,将公益设施排除于承包人优先受偿权标的物范围之外,并非禁止就担保物权标的物优先受偿的规定。这样看来,本条担保物权定义,其“但书”规定所谓“法律另有规定”,并不存在,属于无的放矢。

再者,本条是关于担保物权定义的规定。按照一般方法论,“定义”的外延必须是封闭的。换言之,“定义”规定不能有例外。此与“原则”规定不同。“原则”规定可以有例外、往往有例外。民法上的“但书”规定,就是“原则”规定的例外。但“定义”规定,绝对不能有“例外”,绝对不能设“但书”规定。本法总则编法人定义

（第57条）、营利法人定义（第76条）、非营利法人定义（第87条）、法律行为定义（第133条）、物权定义（第114条）、物的定义（第115条）、债权定义（第118条），合同编的合同定义（第464条）、买卖合同定义（第595条）及各种合同的定义，本编的抵押权定义（第394条）、动产质权定义（第425条）、留置权定义（第447条）等，就并未设"但书"规定。可见，从方法论角度看，本条设"但书"规定，不仅是无的放矢，而且是逻辑错误。建议采目的解释方法和逻辑解释方法，认定本条"但书"规定构成体系违反，解释为：本条担保物权定义规定，不存在例外（"但书"）规定。本条沿用原法第170条原文，个别文字有调整。

第三百八十七条　担保物权依法设立原则

债权人在借贷、买卖等民事活动中，为保障实现其债权，需要担保的，可以依照本法和其他法律的规定设立担保物权。

第三人为债务人向债权人提供担保的，可以要求债务人提供反担保。反担保适用本法和其他法律的规定。

本条规定担保物权依法设立原则。民法理论，依设立依据不同，将担保物权分为意定担保物权与法定担保物权。意定担保物权，指依当事人的自由意思设立的担保物权；法定担保物权，指依法律规定成立的担保物权。抵押权、质权属于意定担保物权。留置权、法定抵押权属于法定担保物权。合同编规定的承包人优先受偿权，即是法定担保物权。须注意的是，本条担保物权依法设立原则,仅适用于意定担保物权。法定担保物权,依据法律规定成立,无所谓依法设立问题。

担保物权依法设立原则,为物权法定原则(总则编第 116 条)的下位原则。物权法定原则,与合同自由原则相对。物权法定原则的基础,是物权的直接支配性和排他性,实质上就是独占权。故物权的种类和内容必须由法律规定。当事人不得自由创设物权或者变更其内容。物权法定原则,已经包含物权不得由当事人自由设立、必须依法设立的意思。故各国家及地区一般仅规定物权法定原则,未规定物权依法设立原则。鉴于担保物权在现代化市场经济条件下日益重要的融资功能(融资性担保),本编特设本条明文规定担保物权依法设立原则,当具有重要实践意义和理论意义。

本条第 1 款规定,“债权人在借贷、买卖等民事活动中,为保障实现其债权,需要担保的,可以依照本法和其他法律的规定设立担保物权”。此即担保物权依法设立原则。条文前段“借贷、买卖等民事活动中,为保障实现其债权,需要担保的”,限定了可以设立担保物权的范围,即限于“借贷、买卖等民事活动中”,可以设立担保物权。条文虽在“借贷、买卖”之后用了一个“等”字,以表示不完全列举,但所列举的“借贷、买卖”已限定可以设立担保物权的“民事活动”,所谓“民事活动”,指财产关系领域的民事活动。因此,身份关系(婚姻家庭关系)领域的民事活动(结婚、离婚、收养、遗嘱、遗赠、遗赠扶养协议),不得设立担保物权。婚姻家庭关系领域的抚养费请求权、赡养费请求权、扶养费请求权,虽然也属于债权,也同样被排除在可以设立担保物权的领域之外。

条文后段规定,“可以依照本法和其他法律的规定设立担保物权”。其中,“可以依照本法和其他法律的规定”,首先是关于可以设立担保物权的财产范围的规定。依法设立原则,不仅限定可以设立担保物权的民事活动领域,而且限定可以设立担保物权的财产范围。前已提及,鉴于担保物权的本质和功能,可以设立担保物权的财产,必须是可以市场交易(折价、拍卖、变卖)的财产。法律对此有明文规定。例如,第395条明确规定可以设立抵押权的财产范围。不仅如此,第399条还进一步明确规定了禁止设立抵押权的财产种类。再如,第426条规定,法律、行政法规禁止转让的动产不得设立动产质权。第440条明确规定可以设立权利质权的权利范围。

条文后段规定,“可以依照本法和其他法律的规定设立担保物权”。除前述依照法律关于可以设立担保物权的财产的规定外,还须依照法律关于设立担保物权的方式的规定。设立担保物权,须采取实施双方民事法律行为的方式,即订立担保合同的方式。设立担保物权的合同,也是合同,也在合同自由原则(意思自治原则)的适用范围内。所谓合同自由,包括双方订立合同的自由、决定合同形式的自由以及决定合同内容的自由。鉴于物权法定原则的要求,对于当事人决定合同形式的自由和决定合同内容的自由,必须加以限制。故条文“依照本法和其他法律的规定设立担保物权”,指法律关于设立担保物权的合同形式和内容的规定。例如,第400条明确规定设立抵押权的合同必须采用书面形式,并且规定合同内容,即抵押合同应当包含的合同条款。第427条规定,设立质权必须采用书面形式订立质押合同，并且规定质押合同应有的合同条款。

前已述及，中国《民法典》物权编关于物权变动采登记（不动产物权）或者交付（动产物权）生效主义（第 214 条、第 224 条）。担保物权的设立（生效）时间，法律有明文规定。例如，《民法典》第 402 条规定，不动产抵押应当办理抵押登记，“抵押权自登记时设立”。第 403 条规定，动产抵押，抵押权自抵押合同生效时设立。第 429 条规定，动产质权，“自出质人交付质押财产时设立”。第 441 条规定，权利质权，“自权利凭证交付质权人时设立”。没有权利凭证的，“自办理出质登记时设立”。

担保物权依法设立原则，所谓“依照法律规定”还包括，依照限制当事人滥用合同自由的法律规定。主要是禁止流抵押约款和禁止流质约款的规定。所谓“流抵押约款”，指抵押合同中约定债务人不履行债务时，不经折价、拍卖而抵押权人直接取得抵押财产所有权的条款。所谓“流质约款”，指质押合同中约定债务人不履行债务时，不经折价、拍卖而债权人直接取得质押财产所有权的条款。为维护当事人间的利益平衡，罗马法以来的民事立法，均明文规定禁止流抵押、流质约款。本法禁止流抵押约款的规定，在第 401 条；禁止流质约款的规定，在第 428 条。

本条第 2 款规定，“第三人为债务人向债权人提供担保的，可以要求债务人提供反担保。反担保适用本法和其他法律的规定”。此是关于反担保的规定。所谓反担保，按照条文规定，指在第三人以自己的财产设立担保情形，该第三人要求债务人为自己设立的担保。设立反担保,属于交易习惯。反担保的形式,包括担保物权(物保)和保证担保(人保)。本款规定,仅指设立担保物权作为反担保。如果债务人因当事人的要求设立担保物权反担保,应当适用本条第1款规定的担保物权依法设立原则。本条沿用原法第171条原文。

第三百八十八条　担保合同及其从属性

设立担保物权,应当依照本法和其他法律的规定订立担保合同。担保合同包括抵押合同、质押合同和其他具有担保功能的合同。担保合同是主债权债务合同的从合同。主债权债务合同无效的,担保合同无效,但是法律另有规定的除外。

担保合同被确认无效后,债务人、担保人、债权人有过错的,应当根据其过错各自承担相应的民事责任。

本条规定担保合同定义及其从属性,第1款第一句规定,“设立担保物权,应当依照本法和其他法律的规定订立担保合同”。因本法关于物权变动采债权合意主义+登记(不动产)、交付(动产)生效主义立法模式,不承认所谓物权行为(合同),故条文所谓“担保合同”,为债权合同。设立担保物权,“应当依照本法和其他法律的规定订立担保合同”,是担保物权依法设立原则(第387条)的应有之义。第一句加以明文规定,方便当事人遵行,有其意义。唯须注意,担保合同的成立、生效,应当适用合同编关于合同订立(第2章)、合同效力(第3章)的规定,且因未登记或者未交付致担保物

权未设立(生效)的,不影响担保合同的效力(第 215 条)。

第 1 款第二句规定,“担保合同包括抵押合同、质押合同和其他具有担保功能的合同”。鉴于合同编未出现担保合同概念且未规定哪些合同属于担保合同,故第二句采用定义加列举方式规定担保合同定义,具有重要理论意义和实践意义。根据此句规定,所谓担保合同,是指具有担保功能的合同。担保合同的目的,在于保障主合同债权的实现(债务的履行),包括抵押合同、质押合同和其他具有担保功能的合同。须注意的是,抵押合同、质押合同,为设立担保物权的合同,理论上称为“物的担保”(“物保”),本编设有专章规定。“其他具有担保功能的合同”,是指“物的担保”之外的“人的担保”(“人保”),首先,是保证合同。保证合同是合同编规定的“典型合同”,第 681 条规定保证合同定义。其次,是定金合同,规定在合同编第 586 条、第 587 条。最后,如果保理合同,在约定应收款债权转让之外还约定保理人为债务人提供履约担保的,也具有担保债权实现的功能(第 761 条),亦应属于担保合同。此外,实务中的独立保函,亦具有担保债权实现的功能,应当属于担保合同。独立保函,虽现行法未有规定,但最高人民法院有司法解释[1]。顺便提及,关于独立保函究竟属于人保或者物保,学术上存在分歧,笔者认为,独立保函兼具人保和物保的性质。

第三句规定,“担保合同是主债权债务合同的从合同”。条文明确规定担保合同与主(债权债务)合同之间的主从关系。担保合同为从合同,受担保合同保障的债权债务合同为主合同。顺便指出,民法区分主从合同的一般做法是,先确定从合同,然后再确定主合同。其合同目的在保障别的合同的目的实现的合同，为从合同；由从合同保障其目的实现的合同，为主合同。因担保合同的目的，在于保障别的合同（如借贷、买卖）债权实现、债务履行，故担保合同是从合同；受担保的合同（借贷、买卖）是主合同。

须特别注意，并非所有的担保合同均具有从属性，均属于所担保的债权债务合同的从合同。前面提到的"独立保函"，就不具有从属性。"独立保函"名称所谓"独立"，即独立于基础债权债务合同关系之意。这是独立保函区别于保证合同的关键点。最高人民法院解释说，"根据保函文本内容，开立人的付款义务独立于基础交易关系及保函申请法律关系，其仅承担相符交单的付款责任。当事人以独立保函记载了对应的基础交易为由，主张该保函性质为一般保证或连带保证的，人民法院不予支持"。[2]此外，抵押合同中的最高额抵押合同、质押合同中的最高额质押合同、保证合同中的最高额保证合同，均不具有从属性，均非从合同。这些担保合同属于担保合同从属性之例外，而第二句规定未设"但书"规定，构成隐含漏洞。

本条第1款第四句规定，"主债权债务合同无效的，担保合同无效，但是法律另有规定的除外"。合同主从关系的规则是，主合同无效，从合同随之无效。条文"债权债务合同"即主合同，担保合同为其从合同。须注意，条文中的"主债权债务合同无效"，应当包括：主合同未成立而确定不生效（第158条第二句）；主合同虽成立因所附生效条件不成就而确定不生效（第158条第二句）；主合同因所附解除条件成就而归于无效（第158条第三句）；主合同虽成立但因违反法律禁止性规定而致无效(第146条第1款、第153条、第154条);主合同因意思表示存在瑕疵被有撤销权一方撤销而归于无效(第147条、第148条、第149条、第150条、第151条);主合同生效后因(约定或者法定)解除权人行使解除权而归于无效(第565条)。但"担保合同无效",仅指依法成立的(完全有效的)担保合同,因所担保的主合同无效而(基于合同目的丧失)而致无效。

第四句"但书"规定,"法律另有规定的除外"。所谓"另有规定",当指合同编第566条第3款规定,"主合同解除后,担保人对债务人应当承担的民事责任仍应当承担担保责任"。本款规定实际上变更了主合同无效从合同因而无效的一般规则,变更为主合同因解除而无效的,作为从合同的担保合同并不无效,只是发生担保标的变更,由原担保主合同债权债务,变更为担保主合同解除后债务人应当承担的恢复原状或者损害赔偿的民事责任。特别注意,本款句末"但书"规定"当事人另有约定的除外",即如当事人预先在担保合同中约定,如主合同因解除而致无效,担保合同即随之无效,或者约定主合同解除的,担保人不再承担任何担保责任。如果有这样的约定,则应适用"但书"规定。除合同编第566条第3款规定外,前面提到的不具有从属性的担保合同,非所担保债权债务合同的从合同,故其效力不受所担保债权债务合同无效的影响,亦可视为第四句"债权债务合同无效的,担保合同无效"之例外,自不待言。

本条第2款规定,"担保合同被确认无效后,债务人、担保人、债权人有过错的,应当根据其过错各自承担相应的民事责任"。如何理解条文“担保合同被确认无效”？须注意，此“担保合同被确认无效”是否包括第 1 款规定的“主债权债务合同无效的，担保合同无效”。应当肯定，条文“担保合同被确认无效”，包括第 1 款规定的因主合同无效，担保合同随之无效。这样理解的理由是，如果不包括担保合同作为从合同随主合同无效，则第 2 款所谓“担保合同被确认无效”的原因，仅存在于担保合同当事人双方，则按照合同相对性原则，在第三人提供担保财产之物保和人保情形，担保合同之无效，与债务人无关。换言之，债务人具有过错，仅能够影响其与债权人之间的主合同、其与保证人（包括物保人）之间的委托合同的效力，绝对不能影响担保合同的效力。这样理解，本款规定债务人具有过错的，应当承担相应的民事责任，就成为无的放矢。故应肯定，本款“担保合同被确认无效”，不仅指因担保合同本身的原因被法庭确认无效，也包括第 1 款规定的因主合同无效致使作为从合同的担保合同随之无效。

第 2 款规定着重于担保合同被法庭确认无效后的民事责任承担。但有必要考虑究竟有哪些原因可以导致担保合同被法庭确认无效？除第 1 款规定的因主合同无效导致担保合同无效之外，导致担保合同被法庭确认无效的、属于担保合同自身的原因，主要有：其一，担保人欠缺担保能力。如行为能力欠缺（第 144 条、第 145 条）；法定代表人超越权限（第 61 条第 3 款）；表见代表（第 504 条）。常见的案型是，法定代表人未按照《公司法》第 16 条第 2 款之规定经股东会决议而为公司股东或者实际控制人提供担保，担保权人对此明知的，担保合同被法庭依法（第 504 条）确认无效。

此外,法律禁止担任保证人的民事主体(机关法人、以公益为目的的非营利法人及非法人组织)担任保证人的保证合同被法庭确认无效(第 683 条),亦属此类。其二,担保合同的意思表示存在瑕疵,担保人(保证人、抵押人)行使撤销权(第 147 条、第 148 条)获得法庭支持,担保合同因被撤销而归于无效。担保人的债权人行使债权人撤销权(第 539 条)撤销债务人为他人提供担保的抵押合同、质押合同,亦可归入此类。其三,担保合同属于虚伪表示行为(第 146 条)、违反法律强制性规定或者公序良俗(第 153 条)、恶意串通损害他人利益(第 154 条),被法庭确认无效。其四,因担保财产属于法律禁止抵押财产(第 399 条)的抵押合同被法庭确认无效。其五,抵押人对抵押财产无处分权,抵押权人对此明知,抵押合同被法庭确认无效[3]。其六,抵押人有数个债权人,已陷于资不抵债情形,将全部财产或者部分财产抵押给一个债权人的抵押合同("事后抵押"),被法庭确认无效。[4]

本款规定,担保合同被确认无效后,"债务人、担保人、债权人有过错的,应当根据其过错各自承担相应的民事责任"。此项规定与规范合同无效法律效果的总则编第 157 条之间,构成一般规范与补充规范的逻辑关系。需说明的是,一般规范与补充规范的逻辑关系,不同于一般规范(一般法)与特别规范(特别法)之间的逻辑关系。一般规范与特别规范的逻辑关系,特别规范的适用范围被包含在一般规范的适用范围之内;一般规范与补充规范的逻辑关系,一般规范的适用范围不能完全涵盖补充规范的适用范围,亦即补充规范的适用范围与一般规范的适用范围发生部分重合。构成一般规范与特别规范的逻辑关系，特别规范应当优先于一般规范适用（总则编第 11 条）；构成一般规范与补充规范的逻辑关系，一般规范应当优先适用，然后对于一般规范所未规定的事项，再适用补充规范。可见，本条第 2 款属于总则编第 157 条的补充规范，在法律适用上，应当先适用第 157 条，然后补充适用本条第 2 款。

依据第 157 条规定，担保合同被确认无效的法律效果如下：(1)担保合同未履行的不得履行。抵押合同情形，抵押人可凭法庭确认抵押合同无效的生效判决书，向不动产登记机构申请涂销此前的抵押登记；质押合同情形，出质人有权凭生效判决书请求质押财产占有人返还质押财产；保证合同情形，保证人有权拒绝债权人履行保证责任的请求。(2)担保合同已经履行的应当恢复原状。抵押合同、质押合同情形，担保财产折价归债权人的，担保人有权请求返还担保财产；担保财产经拍卖由债权人优先受偿的，担保人有权请求债权人返还其价款；保证合同情形，保证人已经履行保证责任的，保证人有权请求债权人返还所收受的（保证责任）金额。(3)因担保合同无效致使一方遭受损害的，有过错的一方应当赔偿对方所受损失（支付损害赔偿金）。担保合同无效情形中，通常受损失方为债权人，如担保人（抵押人、出质人、保证人）对于担保合同无效具有过错，则应当由担保人对债权人承担赔偿责任；债权人对于担保合同无效也有过错的，则应当由担保人与债权人按照各自过错比例分担损失；如担保人对于担保合同无效没有过错的，则应当由债权人自己负担其所遭受的损失。

鉴于适用第 157 条仅解决无效担保合同当事人（担保人与债

权人)之间的恢复原状与损害赔偿问题,不能解决债务人与债权人、担保人之间的恢复原状与损害赔偿问题,故须在适用第 157 条之后,再补充适用本条第 2 款规定。前已提及,担保合同自身原因致担保合同被法庭确认无效,与债务人(无论有无过错)无关。有关的仅主债权债务合同无效导致担保合同无效情形。其一,因债务人过错致使主合同无效担保合同随之无效,造成债权人受损害情形,应当由债务人对债权人承担损害赔偿责任;债权人对于主合同无效也有过错的,由债务人与债权人按照各自过错比例分担责任;过错比例难以确定的,由债务人与债权人平均分担。其二,因主合同无效致使担保合同也无效,致使担保人受到损害的,仅债务人对于主合同无效存在过错的,由债务人对担保人(抵押人、出质人或者保证人)承担损害赔偿责任;债务人和债权人对于主合同无效均有过错的,由债务人和债权人按照过错比例分担对担保人的损害赔偿责任;过错程度难以确定的,由债务人和债权人平均分担对担保人的损害赔偿责任。如前所述,担保合同自身原因致使担保合同被确认无效,与债务人无关,故即使担保人具有过错,也不产生由担保人对债务人承担民事责任的问题。

补充两点。其一,本条第 2 款所谓"民事责任",仅指有过错一方对受损害方承担损害赔偿责任。而担保合同被确认无效后的恢复原状(原物返还)[5]及不能恢复(返还)情形的折价补偿,并非民事责任。其二,按照第 157 条和本条第 2 款规定,承担民事责任以当事人具有"过错"为要件,但此所谓"过错",并非严格意义的"过错",其意义与导致合同无效的"原因"相当。法庭于裁判中认定

"过错"时，凡导致合同无效的原因存在于当事人一方，即认定该当事人具有"过错"；导致合同无效的原因存在于当事人双方，即认定双方当事人均存在"过错"。至于"过错比例"，则相当于"原因力（比例）"，仍由法庭根据案件事实裁量。[6]本条以原法第 172 条为基础增加第 1 款第二句规定。

第三百八十九条　担保范围

担保物权的担保范围包括主债权及其利息、违约金、损害赔偿金、保管担保财产和实现担保物权的费用。当事人另有约定的，按照其约定。

本条第一句规定担保物权的担保范围。按照本条规定，担保物权所担保的范围，不仅包括主债权，还包括主债权因债务人未依约定期限履行所发生的迟延利息、违约金、损害赔偿金，及保管担保财产和实现担保物权的费用。担保财产变价所得价款不足以清偿担保范围之全部的，按照合同编关于债务清偿顺序的规定（第 561 条），应当按照以下顺序清偿：（1）实现担保物权的费用和保管担保财产的费用；（2）利息、违约金；（3）债权本金或者损害赔偿金。第二句规定"当事人另有约定的，按照其约定"，其义明显，毋庸赘言。

须特别注意，合同编规定的承包人优先受偿权，性质上属于法定抵押权，按照最高人民法院司法解释，其担保范围，仅"依照国务院有关行政主管部门关于建设工程价款范围的规定确定"的工程价款(债权本金),不包括迟延"利息、违约金、损害赔偿金"。[7]本条沿用原法第173条原文。

第三百九十条　物上代位性

担保期间,担保财产毁损、灭失或者被征收等,担保物权人可以就获得的保险金、赔偿金或者补偿金等优先受偿。被担保债权的履行期限未届满的,也可以提存该保险金、赔偿金或者补偿金等。

本条规定担保物权的物上代位性。按照民法原理,担保物权有效存续期间,于担保物权的标的物(担保财产)毁损、灭失或者被征收时,如果担保人(担保财产所有权人)因此获得保险金、赔偿金或者补偿金,此等金额称为担保物权标的物(担保财产)的代位物,这种情形,担保物权将继续存在于该等代位物之上。因此,担保物权人可就担保财产的代位物(保险金、赔偿金或者补偿金)行使权利(优先受偿权)。此即担保物权的物上代位性。

担保物权的物上代位性,使担保物权区别于完全物权(所有权)及属于定限物权的用益物权。所有权为对标的物全面支配(占有、使用、收益、处分)的物权,用益物权为支配标的物使用价值(占有、使用、收益)的物权,均以标的物的存在为前提。标的物毁损、灭失或者被征收,所有权、用益物权将随之消灭。担保物权与此不同。担保物权的标的物(担保财产)毁损、灭失或者被征收,担保物权并不消灭,将继续存在于其代位物之上。原因何在?因担保物权不以对标的物本身的利用（占有、使用、收益）为目的，而专以取得标的物交换价值为目的。故标的物本身虽已毁损、灭失或者被征收，如因此获得代位物（保险金、赔偿金或者补偿金），其交换价值已移转于该代位物。故担保物权继续存在于该代位物上。本条第一句规定："担保期间，担保财产毁损、灭失或者被征收等，担保物权人可以就获得的保险金、赔偿金或者补偿金等优先受偿。"第二句规定："被担保债权的履行期未届满的，也可以提存该保险金、赔偿金或者补偿金等。"至于"提存"代位物，应当遵循合同编关于提存的规定（第 570～574 条），自不待言。本条沿用原法第 174 条原文，个别文字有调整。

第三百九十一条　第三人担保的债务转让

第三人提供担保，未经其书面同意，债权人允许债务人转移全部或者部分债务的，担保人不再承担相应的担保责任。

本条规定第三人提供物保债务转移的特别规则。所谓债务转移，教科书上称为"债务承担"，即由合同关系之外的第三人代替债务人承担对债权人的债务。债务转移的规则，规定在合同编第 551 条，其第 1 款规定："债务人将债务的全部或者部分转移给第三人的，应当经债权人同意。"此是债务转移（债务承担）的原则规定。按照这一原则规定，债务转移，以债权人同意为生效要件。因为，从法律政策上考虑，如果债务人将债务转移给一个没有清偿能力的人，将严重损害债权人的利益。因此，债务人转移债务，除债务人与债务承担人就债务转移达成协议(意思表示一致)外,还必须经债权人同意,才发生债务转移的效力。如果债权人不同意,则债务转移(协议)不发生效力。

值得注意的是,第551条规定债务转移的基本规则,并未涉及债务转移是否影响债权人享有的担保物权问题。这是因为,按照民法原理,担保物权是基于债权人与担保人之间的担保合同所设立的物权,与债权人和债务人之间的主债权债务合同、债务人与债务承担人之间转移债务的协议,是不同的法律关系。按照合同相对性原则(第465条第2款),债务转移协议仅拘束债务人与债务承担人,不影响债权人享有担保物权。是故,债务人转移债务,应对债权人享有的担保权不发生影响。债务转移不影响债权人享有的担保物权(的效力),其立法根据是合同相对性原则,但合同相对性原则亦有其例外,即第465条第2款"但书"规定:"法律另有规定的除外"。本条规定债务转移可能影响债权人享有的担保物权,是债务转移基本规则(第551条)的特别规则,设置本条特别规则的立法依据,则是合同相对性原则的"但书"规定(第465条第2款)。

本条规定,"第三人提供担保,未经其书面同意,债权人允许债务人转移全部或者部分债务的,担保人不再承担相应的担保责任"。条文"第三人提供担保",应当解释为"第三人提供"物的担保(抵押担保、质押担保)。民法上的担保,包括物的担保与人的担保。物的担保,包括债务人提供担保财产设立担保物权(抵押权、质权)担保,与第三人提供担保财产设立担保物权(抵押权、质权)

担保。人的担保,概由第三人担任保证人、提供保证合同担保,不存在债务人自己担任保证人的情形。并且,债务转移是否对保证担保发生影响,合同编设有专条(第697条)规定。故本条所谓“第三人提供担保”,仅指第三人提供物的担保。民法理论上,为债务人提供物的担保的第三人,称为“物上保证人”。因此,本条的适用范围,仅限于“第三人提供”物的担保案型。

依照本条规定,于“第三人提供(物的)担保”情形,债权人于允许(同意)债务人转移债务前,负有征求担保人书面同意的义务。依对本条的反对解释,债务人提供担保(抵押担保、质押担保)情形,债权人不负征求担保人同意的义务。因为债务人自己提供(物的)担保情形,担保人即是债务人,债务人转移债务的意思,已经包含担保人同意债务转移的意思。故债权人无须就债务转移征求担保人同意。而本条针对第三人提供(物的)担保情形,对债权人课加征求担保人(该第三人)书面同意的义务,其理由是:该第三人(物上保证人)之所以接受债务人委托(与债务人之间成立委托合同关系),用自己的财产为之提供物的担保,是因为该第三人与债务人之间存在某种法律关系(如相互为关联企业),平常往往相互为对方提供担保。于债务转移情形,担保人与新债务人之间不存在同样的法律关系。假如不事先征求该第三人同意,即等于强迫他对新债务人提供担保。这样做,可能违背担保人真实意思,使之遭受意外损失,且有悖于民法意思自治原则(第5条)。这是设置本条的法律政策根据。

债权人未履行此项义务(征得担保人书面同意)的法律后果。

本条规定,债权人未事先征得担保人(第三人)书面同意而允许(同意)债务人转移债务的,“担保人不再承担相应的担保责任”。请特别注意,条文“担保人不再承担相应的担保责任”一句,值得商榷。按照民法原理,物的担保与人的担保的法律效力不同。物的担保,物权(抵押权、债权)效力仅及于担保财产,而非及于提供担保财产的担保人(抵押人、出质人)。担保权人(债权人)将担保财产变价(折价、拍卖)直接就变价金优先受偿,适用民事诉讼法特别程序(担保物权执行程序),并不适用普通诉讼程序。人的担保(保证担保)则不同,执行人的担保,须依保证责任请求权向法院提起给付之诉,适用普通诉讼程序,法庭查明案件事实作出责令保证人承担保证责任的判决,判决生效而保证人未自愿执行的,须再经强制执行程序强制保证人承担保证责任。两种担保的区别较为明显。有的规定将执行物保称为对物诉讼,执行人保称为对人诉讼。故在人的担保情形,债权人未经保证人书面同意而允许债务人转移全部或者部分债务,其法律效果是:“保证人对未经其同意转移的债务不再承担保证责任”(第 697 条)。而在物的担保情形,债权人未经担保人书面同意而允许债务人转移全部或者部分债务,其法律效果是:相应的担保物权(抵押权或者质权)归于消灭。本条规定物的担保,条文规定“担保人不再承担相应的担保责任”,显然不妥。按照民法解释学,不能拘泥于条文所使用的不当文句,而应采用目的解释及体系解释方法,解释为:第三人提供(物的)担保,未经其书面同意,债权人允许债务人转移全部或者部分债务的,“与转移的债务相应的担保物权消灭”。如属转移全部债务,则担保物权(全部)消灭;转移部分债务,担保物权相应部分消灭。本条沿用原法第175条原文。

第三百九十二条　物保与人保

被担保的债权既有物的担保又有人的担保的,债务人不履行到期债务或者发生当事人约定的实现担保物权的情形,债权人应当按照约定实现债权;没有约定或者约定不明确,债务人自己提供物的担保的,债权人应当先就该物的担保实现债权;第三人提供物的担保的,债权人可以就物的担保实现债权,也可以请求保证人承担保证责任。提供担保的第三人承担担保责任后,有权向债务人追偿。

本条规定并存物的担保与人的担保情形的执行原则。前已提及,民法上的担保,有物的担保(物保)与人的担保(人保)之分。物的担保,又分为意定担保即由当事人设立的担保(意定担保物权),与法定担保即依法律规定发生的担保(法定担保物权)。意定担保,指抵押权和质权(包括动产质权与权利质权)。法定担保,指留置权、法定抵押权(承包人优先受偿权)。人的担保,指保证合同、定金合同、连带债务人。保理合同在约定保理人为债务人提供履约担保情形,亦具有担保功能。此外,独立保函,被认为兼有人的担保和物的担保的性质。

须注意的是,本条“既有物的担保又有人的担保”,其中,所谓“物的担保”仅指属于意定担保的抵押权和质权(动产质权、权利质权)。至于法定担保(留置权和法定抵押权),即使与人的担保并存,依法定权利优先原则,应优先执行法定担保(留置权、法定抵押权),故不属于本条立法目的范围。所谓“人的担保”,首先指保证合同。据担保实践经验,并存抵押权担保和保证合同担保的情形较常见。其次指连带债务人。设立抵押权担保的债权债务发生第三人加入债务(第552条)时,即构成物的担保(抵押权)与人的担保(连带债务人)的并存。至于定金合同、保理合同(保理人为债务人提供履约担保),不太可能发生与物的担保并存的情形,即使发生与物的担保并存,也无须依照本条规定的原则处理。此外,独立保函的特点在于:一是其适用范围较窄;二是其担保功能之可靠性和方便性远超物的担保、人的担保;三是很难将独立保函归入物的担保或者人的担保。但有一点是肯定的,即独立保函不属于本条立法目的范围。

在既有物的担保(抵押权、质权)又有人的担保(保证合同、连带债务人)情形,是先执行物的担保还是先执行人的担保?各国家及地区的规定中有两种方案。其一,物保优先主义。即在人的担保与物的担保并存时,法律规定优先执行物的担保,仅对物的担保范围之外的债务执行人的担保。物保优先主义的法理根据,是物权优先于债权的原则(原理)。人的担保上的权利(请求保证人、连带债务人承担担保责任)属于债权;而物的担保上的权利(抵押权、质权)属于物权。按照物权优先于债权的原则(原理),应当先执行物权(抵押权、质权)。其二,物保人保平等主义。即在物的担保和人的担保并存情形,物的担保与人的担保,作为担保债权实现的手段,两者是平等的,并无高低、先后之分,究竟先执行物保还是先执行人保,应当由受担保的债权人自由选择。物保人保平等主义,平等对待物保人和保证人,符合民法公平原则(第 6 条),由受担保的债权人行使选择权,符合意思自治原则(第 5 条)和权利行使自由原则(第 130 条)。两种立法方案,各有其理由和根据。[8]

我国原《担保法》第 28 条采物保优先主义。但最高人民法院 2000 年《关于适用〈中华人民共和国担保法〉若干问题的解释》(已失效)第 38 条,区分债务人提供的物保与第三人提供的物保,并对第三人提供的物保与人保改采平等主义。制定《物权法》时,起草人在总结《担保法》和最高人民法院司法解释经验的基础上,进一步完善了物保和人保的执行规则。起草人并不是采取简单化的办法,或者采取物保优先主义,或者采取物保人保平等主义,而是区别合同有无约定及债务人自己提供物保或者第三人提供物保的不同情形,相应规定不同的规则,尽可能尊重当事人意思自治并符合公平合理的原则。本条沿用原法第 176 条原文,个别文字有调整。

本条第一句规定:被担保的债权既有物的担保又有人的担保的,债务人不履行到期债务或者发生当事人约定的实现担保物权的情形,"债权人应当按照约定实现债权"。"按照约定实现债权"之所谓"约定",意指关于物保、人保何者优先执行的"约定",此意甚明。但此"约定"是谁与谁订立的"约定"? 在第三人提供物保与人保并存情形,债权人与债务人在主合同订立关于物保人保执行顺序的"约定",能够拘束担保人吗? 显然不能。可见,只能是债权人与担保人在担保合同中的"约定"。按照社会生活经验,已经有一项担保(物保或者人保)设立在前,再设立第二项担保(人保或者物保)时,方才有约定两项担保执行顺序之必要。通常情形,是在后一担保合同中作出物保人保执行顺序的“约定”。但在前一担保合同作出这种“约定”也并非不可能。虽然条文对此项“约定”未设限制,但应当解释为,仅指债权人与担保人于担保合同中就物保人保执行顺序所订立的“约定”。如存在债权人与债务人于主合同中订立关于物保人保执行顺序的“约定”,法庭应依合同相对性原则(第465条第2款)确认其无效(对担保人无拘束力)。如果存在两个“约定”,即物保合同和人保合同中均有关于执行顺序的“约定”,如果两个“约定”的执行顺序相反,则法庭应确认两个“约定”相互否定,均归于无效,而视为本案不存在关于物保人保执行顺序的“约定”。

本条第二句规定:没有约定或者约定不明确,“债务人自己提供物的担保的,债权人应当先就该物的担保实现债权”。既然没有“约定”执行顺序,理当由法律规定执行顺序。条文明确规定,债务人自己提供物保与第三人提供人保并存,应当先执行物保,其法理依据是物保优先主义,但实际上是根据情理(人情事理)。债务人既有清偿债务的财产并已设立物保,当然应由债务人自己的担保财产清偿债务人自己的债务。若拘泥于物保人保平等主义,如债权人选择先执行人保,则保证人承担担保责任之后取代债权人地位再向债务人追偿,凭空增添许多烦琐程序手续,违背交易便捷之立法思想,并且迂腐可笑。

本条第三句规定:“第三人提供物的担保的,债权人可以就物的担保实现债权,也可以请求保证人承担保证责任”。为债务提供物的担保(抵押权或者质权)的第三人,理论上称为“物上保证人”(物保人)。提供人的担保必须是第三人。物保人与保证人,均是债务人之外的人(第三人),均属于为他人作嫁衣,对二人采取平等主义,可谓(在为他人债务提供担保的)法律地位平等,合乎民法平等原则(第4条)和公平原则(第6条)。这种情形,法律规定由债权人自己在执行物保与执行人保之间“自由选择”,合乎民法意思自治原则(第5条)和权利行使自由原则(第130条)。请注意,物保与人保并存情形,如果是由第三人提供物保,法律规定债权人就执行物保或者执行人保享有选择权,债权人基于自己的意思行使此项选择权,不受任何人的干预。债权人行使选择权应当及时通知所选定的相对方(物保人或者保证人),并且一经选定不得变更。如果选定执行物保,须依照关于执行抵押权或者执行质权的法律规定(第410条或者第436条),就担保财产变价(折价或者拍卖)优先受清偿;如果选定执行人保,则应依照合同编关于保证合同(第13章)的规定,请求保证人承担保证责任。

本条第四句规定:“提供担保的第三人承担担保责任后,有权向债务人追偿”。所谓“提供担保的第三人”,于债权人执行物的担保情形,是指提供担保财产设立抵押权的抵押人或者设立质权的出质人。于债权人执行人的担保情形,是指保证人。前已谈及,执行物的担保,债权人行使的权利为担保物权,担保物权的权利客体为物,理论上称为对物权;执行人的担保,债权人行使的权利为债权,债权的权利客体为义务人的行为,理论上称为对人权。在债权人行使物的担保情形,“提供担保的第三人”并不承担“担保责任”。可以说承担担保责任的是“物”（抵押物、质押物）而不是人。提供担保的第三人，所承担的并不是担保责任，而是因属于自己的担保财产（抵押物或者质押物）被折价归债权人所有或者被拍卖由债权人优先受偿，所遭受的（财产）损失。而在执行人的担保情形，才是由“提供（人的）担保的第三人承担担保（保证）责任”。可见，条文“提供担保的第三人承担担保责任”不准确。应当解释为：提供物的担保的第三人因担保财产被执行所受损失、提供人的担保的第三人因承担保证责任所受损失，“有权向债务人追偿”。所谓“向债务人追偿”，实质是，因执行物的担保遭受损失的第三人（物上保证人）或者因承担保证责任遭受损失的第三人（保证人）代位行使债权人对债务人的主债权。此不赘述。

补充两点。依本条第二句规定，担保合同关于物保人保执行顺序未有“约定”，而由债务人自己提供抵押担保情形，如属于第二顺位抵押权，则应当视同第三人提供物保而适用本条第三句规定。依本条第三句规定，在未有关于物保人保执行顺序的“约定”，而由第三人提供物的担保情形，如人的担保属于一般保证，且保证人行使先诉抗辩权，则应当执行物的担保，其结果同于（本条第二句规定的）物保优先主义。

本条关于物保人保行使的原则，分为三个层次。第一层次，凡有关于物保人保执行顺序的“约定”的，依照“约定”；第二层次，无关于物保人保执行顺序“约定”情形，债务人提供物的担保的，采物保优先主义；第三层次，无关于物保人保执行顺序“约定”情形，第三人提供物的担保的，采物保人保平等主义。最后规定因执行担保受损失的第三人向债务人追偿。此项立法设计不拘泥于固定立法模式,而是区别不同情形,或采约定优先主义,或采物保优先主义,或采物保人保平等主义,合乎法理与情理,经原法实施以来的实践经验证明是成功的。故本编予以沿用。

第三百九十三条　担保物权消灭

有下列情形之一的,担保物权消灭:

(一)主债权消灭;

(二)担保物权实现;

(三)债权人放弃担保物权;

(四)法律规定担保物权消灭的其他情形。

本条规定担保物权消灭的原因。条文规定导致担保物权消灭的原因如下:(1)主债权消灭。主债权消灭,担保物权因担保目的落空而归于消灭。(2)担保物权实现。担保物权实现,指债权人执行担保物权,担保物权因其目的实现而归于消灭。(3)债权人放弃担保物权。如物保人保并存情形,债权人选择执行人保,则担保物权因债权人放弃权利而归于消灭。(4)法律规定担保物权消灭的其他情形。如担保物权被法庭确认无效而归于消灭。法庭确认担保物权无效的原因,见本书对第388条第2款解读。值得注意的是,第419条规定,抵押权未在主债权诉讼时效期间行使的,人民法院不予保护。所谓“人民法院不予保护”,即人民法院不受理债权人执行抵押权的申请。但如抵押人自愿与债权人协商就抵押财产折价以

清偿债务，法律并不禁止。故主债权诉讼时效期间届满未行使担保物权，不导致担保物权消灭。这种情形，担保物权依旧存在，只不过因不能申请人民法院予以执行，成为“不可强制执行的权利”罢了。

注　释

1　最高人民法院《关于审理独立保函纠纷案件若干问题的规定》（法释〔2020〕18号）第1条第1～2款规定：“本规定所称的独立保函，是指银行或非银行金融机构作为开立人，以书面形式向受益人出具的，同意在受益人请求付款并提交符合保函要求的单据时，向其支付特定款项或在保函最高金额内付款的承诺。前款所称的单据，是指独立保函载明的受益人应提交的付款请求书、违约声明、第三方签发的文件、法院判决、仲裁裁决、汇票、发票等表明发生付款到期事件的书面文件。”第3条规定：“保函具有下列情形之一，当事人主张保函性质为独立保函的，人民法院应予支持，但保函未载明据以付款的单据和最高金额的除外：（一）保函载明见索即付；（二）保函载明适用国际商会《见索即付保函统一规则》等独立保函交易示范规则；（三）根据保函文本内容，开立人的付款义务独立于基础交易关系及保函申请法律关系，其仅承担相符交单的付款责任。当事人以独立保函记载了对应的基础交易为由，主张该保函性质为一般保证或连带保证的，人民法院不予支持。当事人主张独立保函适用民法典关于一般保证或连带保证规定的，人民法院不予支持。”

2　最高人民法院《关于审理独立保函纠纷案件若干问题的规定》。

3　抵押人以土地使用权及地上建筑物抵押，此前地上建筑物已被他人合法取得所有权，法庭判决抵押合同无效。见最高人民法院（2007）民二终字第222号民事判决书。

4 最高人民法院民事判决书(2008)民二终字第135号。判决书指出,确认事后抵押合同无效的理由为事后抵押必然损害其他债权人合法权益,却未能明示确认事后抵押合同无效的法律根据。笔者认为,确认事后抵押合同无效的法律根据为诚信原则(总则编第7条)。

5 须注意,总则编第157条关于"行为人因该行为取得的财产,应当予以返还"的规定,属于"就事论事"之处理办法,并不再进一步分析返还请求权的性质,究竟属于债权性不当得利请求权或者物权性原物返还请求权(取回权)。经合同法实施以来的长期实践证明,其具有简便易行的优点。

6 最高人民法院(2007)民二终字第222号民事判决书指出:债权人银行"未查明地上建筑物实际权属即接受抵押",对于抵押合同无效也存在过错。但是,抵押人的"无权处分行为",是造成抵押合同无效的"主要原因"。故终审判决,将原审判决抵押人承担赔偿金的1/3,改为抵押人与债权人各承担损害赔偿金的1/2。通观原审和终审对于双方当事人"过错"及"过错比例"的认定,均未要求当事人举证或者反证,而是由法庭根据查明的案件事实(地上建筑物所有权属于他人)直接作出认定,且"过错"即等于造成抵押合同无效的"原因""过错比例"即等于"原因力"比例。

7 最高人民法院《关于审理建设工程施工合同纠纷案件适用法律问题的解释(二)》(2018年12月29日发布)第21条规定:"承包人建设工程价款优先受偿的范围依照国务院有关行政主管部门关于建设工程价款范围的规定确定。承包人就逾期支付建设工程价款的利息、违约金、损害赔偿金等主张优先受偿的,人民法院不予支持。"

8 我国台湾地区1997年台上字第268号判决,采物保优先主义。但后来修改"民法",其第879条改为物保人保平等主义。

第十七章　抵押权

抵押，是指在债务人或者第三人不转移占有而供作担保的不动产或者动产上设立抵押权，以保障债权实现（债务履行）的担保方式。

第一节　一般抵押权

第三百九十四条　抵押权定义

为担保债务的履行，债务人或者第三人不转移财产的占有，将该财产抵押给债权人的，债务人不履行到期债务或者发生当事人约定的实现抵押权的情形，债权人有权就该财产优先受偿。

前款规定的债务人或者第三人为抵押人，债权人为抵押权人，提供担保的财产为抵押财产。

如前所述，担保分为物的担保与人的担保。物的担保方式，包括抵押、质押和留置。所谓“抵押”,是指在债务人或者第三人不移转占有而供作担保的不动产或者动产上设立抵押权(担保物权),以保障债权实现(债务履行)的担保方式。抵押担保的特点在于,不移转担保财产(抵押物)的占有。抵押权的设立,不以占有担保财产(抵押物)为要件,抵押人无须将抵押物交付抵押权人占有,而以登记为公示方法和生效要件。既能够确保抵押权人(债权人)债权之实现,不至于损害第三人的利益;同时抵押人可以继续占有、使用、收益、处分抵押物,以发挥担保财产的使用价值,特别方便企业融资。企业可以用自己的不动产、动产(包括经营场地、建筑物、生产设备、运输车辆)设立抵押权从银行借入生产资金,同时用借入资金维持并扩大企业生产经营。抵押担保的目的,不仅在于保障银行(债权人)债权的实现,更在于促进企业融资、极大扩张企业融资能力。现今抵押权制度使传统民法保全型担保转向现代民法融资性担保。因此,现代市场经济条件下,抵押担保是最常用、最重要的担保方式;抵押权是最常用、最重要的担保物权。

各国家及地区多设有抵押权定义性规定。如《法国民法典》第2393条第1款规定:“抵押权,为用于清偿债务而对不动产设立的物权。”《日本民法典》第369条规定:“(1)抵押权人,就债务人或第三人不移转占有而供作债务担保的不动产,有先于其他债权人受自己债权清偿的权利……”中国台湾地区“民法”第860条规定:“称普通抵押权者,谓债权人对于债务人或第三人不移转占有而供其债权担保之不动产,得就该不动产卖得价金优先受偿之权。”我国自改革开放始推行抵押担保制度,1986年的《民法通则》(第89

条)、1995 年的《担保法》(第 33 条)和 2007 年的《物权法》对抵押权均有定义性规定。本条沿用原法第 179 条原文。

本条第 1 款规定抵押权定义。条文"为担保债务的履行",明示抵押权的目的;"债务人或者第三人不转移财产的占有,将该财产抵押给债权人的",明示担保财产须是属于债务人或者第三人所有,并且明示抵押担保的特征是"不移转财产的占有"于抵押权人;"债务人不履行到期债务或者发生当事人约定的实现抵押权的情形,债权人有权就该财产优先受偿",明示抵押权的优先受偿权性质及执行抵押权的条件。第 2 款规定,设立抵押担保,提供担保财产的人(债务人或者第三人)为抵押人;债权人为抵押权人,所设立的担保物权即抵押权;供作担保的财产为抵押财产(抵押物)。

须特别注意,本条定义未明示抵押权设立方式和生效条件。因抵押权依其设立(产生)分为约定抵押权与法定抵押权。约定抵押权的设立,须订立抵押合同并向不动产登记机构办理抵押登记,抵押登记为约定抵押权设立的公示方法和生效要件;法定抵押权因法律规定当然发生,以法律规定为公示方法,符合法律规定条件,债权人当然享有法定抵押权。约定抵押权与法定抵押权,构成普通抵押权与特别抵押权的关系。因本条定义涵括约定抵押权和法定抵押权,故未涉及约定抵押权特有的公示方法、生效条件问题。

第三百九十五条　抵押财产

债务人或者第三人有权处分的下列财产可以抵押：

（一）建筑物和其他土地附着物；

（二）建设用地使用权；

（三）海域使用权；

（四）生产设备、原材料、半成品、产品；

（五）正在建造的建筑物、船舶、航空器；

（六）交通运输工具；

（七）法律、行政法规未禁止抵押的其他财产。

抵押人可以将前款所列财产一并抵押。

本条是关于抵押财产范围的规定。抵押权为直接支配抵押物的交换价值、就处分抵押物的变价金优先受偿的权利，故可以设立抵押权的财产，必须是法律不限制其转让的财产。法律限制其转让的财产，不得作为抵押物。在传统民法，抵押权的标的物以不动产为限。但随着社会经济的发展和企业对融资的需求，要求最大限度地发挥抵押融通资金的功能。于是，在不动产抵押之外，发展出动产抵押，如船舶抵押、航空器抵押、机动车抵押，及其他价值昂贵的机器设备的抵押，甚至将企业作为一个财产集合体设定抵押。

本条明确规定，债务人、第三人有权处分的下列财产可以抵押：(1)建筑物和其他土地附着物。所谓“其他土地附着物”，指以土地上生长的林木设立抵押权。(2)建设用地使用权。建设用地使用权抵押权，属于权利抵押权。(3)海域使用权。海域使用权抵押权,亦属于权利抵押权。(4)生产设备、原材料、半成品、产品。是指企业将整条生产线上的"生产设备、原材料、半成品、产品",设立集合动产特别抵押权。(5)正在建造的建筑物、船舶、航空器。鉴于企业融资需求,法律允许正在建造、尚未完成的建筑物、船舶、航空器抵押,除在建建筑物抵押权属于不动产抵押权外,在建船舶、航空器抵押权属于动产抵押权。(6)交通运输工具。指船舶、航空器、机动车抵押权,亦属于动产抵押权。(7)法律、行政法规未禁止抵押的其他财产。这是所谓"兜底条款",如采矿权、探矿权抵押权,租赁方式取得的土地使用权(租赁权)设立的土地租赁权抵押权。

本条第2款规定,"抵押人可以将前款所列财产一并抵押",称为企业抵押或者财团抵押,即将企业不动产、动产、不动产权利作为一个整体(财产结合体)设立抵押权。各国家及地区称之为"企业财团抵押"或者"企业抵押"。这种抵押方式的优点是,可以回避以企业各种动产、不动产分别设立抵押权的烦琐手续和执行程序,且将企业全部动产、不动产合为一体,将充分发挥企业财产的担保价值,以便获得数额较大的融资。创设企业财产一并抵押的政策目的,正在于此。

企业财产一并抵押的基本特征是:(1)抵押标财产范围。企业财产一并抵押的抵押财产范围,限于抵押人现在所有的、本条第1款所列不动产和动产,不包括无形财产(知识产权、非专利技术、商业秘密、企业名称权等)和财产性权利(债权、股权、债券、票据、提单、仓单等)。(2)抵押人范围。根据创设企业财产一并抵押制度立法目的，按照社会生活经验，企业财产一并抵押的抵押人，限于各种企业，包括公司企业（股份有限公司企业、有限责任公司企业）和非公司企业。(3)公示方法。设定企业财产一并抵押，虽然无须分别就各个财产进行公示，但必须制定"抵押财产目录清单"，并在登记机构办理抵押登记。(4)关于将来取得财产加入抵押财产。企业财产一并抵押权设定之后，抵押人新取得的动产和不动产并不自动进入抵押标的物范围，如需将新取得的动产或者不动产纳入抵押权标的物范围，必须向登记机构申请办理变更登记，在抵押财产目录清单中添加新取得财产的名称和数量。(5)关于抵押财产之处分。企业财产一并抵押权设定之后，凡是抵押财产目录清单所记载的财产，均禁止抵押人处分，如经抵押权人同意处分某项财产，亦须向登记机构申请办理变更登记，从抵押财产目录清单中删去该项财产。(6)登记生效主义。设立企业财产一并抵押权，以登记为公示方法，且实行"登记生效主义"，企业财产一并抵押权"自记载于不动产登记簿时发生效力"（第 214 条），"未经登记，不发生效力"（第 209 条）。(7)执行方法。企业财产一并抵押权采用普通抵押权的执行方法，即于债务人不履行债务或者约定条件成就时，就抵押财产目录清单记载的抵押财产折价或者申请法院拍卖就其变价金优先受清偿。

第三百九十六条　特别动产集合抵押

企业、个体工商户、农业生产经营者可以将现有的以及将有的生产设备、原材料、半成品、产品抵押，债务人不履行到期债务或者发生当事人约定的实现抵押权的情形，债权人有权就抵押财产确定时的动产优先受偿。

要正确理解和解释本条新创抵押制度，须先把握本条抵押权与发达国家浮动抵押制度的区别。所谓浮动抵押，是以企业现在和将来所有的全部财产，包括动产、不动产、知识产权和财产性权利，设立抵押的担保制度。因抵押物包括企业现在所有的和将来所有的全部财产，从设定抵押权至执行抵押权的期间，抵押物一直处于“浮动不定”的状态，所以称为浮动抵押。在浮动抵押权实行之前，企业仍可自由处分其财产，无论企业恶意转让财产或者企业经营失败导致企业财产急剧减少，都将影响浮动抵押权之实现，使债权人设立担保的目的落空、遭受重大损失。因此，法律对浮动抵押权的设定人和受担保债权有限制规定。法律规定，设定人限于股份有限公司，受担保债权限于发行企业债券和项目融资。

浮动抵押的基本特征是：(1)抵押标的物为抵押人的全部财产。抵押人现在所有和将来所有的全部财产，包括全部有形财产(不动产、动产)、无形财产(知识产权、非专利技术、商业秘密、企业名称权等)和财产性权利(债权、股权、债券、票据、提单、仓单等)，均属于浮动抵押标的物。(2)抵押标的物“不特定”。设定浮动抵押，不必就各项抵押财产进行公示，也无须制作财产目录清单，甚至无须确定抵押财产的范围，仅须在浮动抵押合同中明示将“现在所有的和将来所有的全部财产”设定抵押的意旨，并在企业法人登记机关进行登记即可。一直到抵押权执行之时,抵押标的物始终处于“不特定”状态。(3)鉴于浮动抵押权的标的物处于“不特定”状态,浮动抵押权的实行不能采用普通抵押权的实行方法,而应由浮动抵押权人向法院提出申请,由法院发布查封抵押人总财产的公告,同时指定财产管理人负责管理抵押人总财产,并适用公司破产程序或清产还债程序。(4)鉴于浮动抵押的标的物为抵押人的全部财产,浮动抵押权的实行无论适用公司破产程序或者清产还债程序,其结果都必然导致抵押人公司法人资格的消灭。

本条规定的抵押权与浮动抵押权的区别如下:其一,抵押设定人的区别。本条抵押权的抵押人,是“企业、个体工商户、农业生产经营者”,其中“企业”,包括非公司企业和公司企业,公司企业又分股份有限公司企业与有限责任公司企业。按照创设本条的法律政策目的,本条抵押权之创设有解决小微企业融资困难的政策考量。而所谓浮动抵押制度,其抵押人限于股份有限公司企业。可知浮动抵押制度,并无解决小微企业融资困难的政策目的。其二,受担保债权的区别。本条规定对于受担保债权(种类)未设限制。依文义解释,为担保一切债权均可设立本条抵押权。而浮动抵押所担保的债权,限于股份有限公司发行公司债券和进行项目融资(债权)。其三,抵押财产范围的区别。本条抵押财产,是抵押人“现有的以及将有的生产设备、原材料、半成品、产品”,而将不动产、不动产权利、无形财产、“生产设备、原材料、半成品、产品”之外的动产,排除在外。而浮动抵押的抵押财产,包括抵押人(股份有限公司)“现在所有和将来所有的全部财产”,包括全部有形财产(不动产、动产）、无形财产（知识产权、非专利技术、商业秘密、企业名称权等）和财产性权利（债权、股权、债券、票据、提单、仓单等）。其四，抵押权的执行方式的区别。本条明确规定，于“债务人不履行到期债务或者发生当事人约定的实现抵押权的情形，债权人有权就抵押财产确定时的动产优先受偿”，采用普通抵押权执行方式，就抵押财产折价或者申请法院拍卖抵押财产，就变价金优先受清偿。而浮动抵押，须浮动抵押权人向法院提出申请，由法院发布查封抵押人总财产的公告，同时指定财产管理人负责管理抵押人总财产，并适用公司破产程序或清产还债程序。可见浮动抵押权不采用普通抵押权执行方式。其五，抵押权执行结果的区别。本条抵押权的执行后果，无非是抵押财产被折价归债权人所有或者被法院强制拍卖，致使抵押人丧失抵押财产，但未抵押的其他财产不受影响。抵押人将仍然保有其全部不动产（建筑物、建设用地使用权、土地承包经营权）和除抵押财产之外的其他动产（如生活设备、交通运输工具等），还可能有无形财产（知识产权、非专利技术、商业秘密、企业名称权等）和财产性权利（债权、股权、债券、票据等），更不会影响抵押人的法律资格。而鉴于浮动抵押的标的物为抵押人的全部财产，浮动抵押权的实行无论适用公司破产程序或者清产还债程序，均必然导致抵押人公司法人资格的消灭。

须特别注意的是，按照本条规定，将抵押人现有的和将有的“生产设备、原材料、半成品、产品”设定抵押，其抵押标的物，是由不同种类的“特别动产”（生产设备、原材料、半成品、产品）所组成的“动产集合体”。其抵押权设定时，虽不要求分别就各个抵押财产进行公示，也不要求制作抵押财产目录清单，但必须在抵押合同中明确约定抵押财产，即构成“集合体”的“生产设备、原材料、半成品、产品”的“名称、数量等情况”（第400条），且在办理抵押登记时，必须登记构成“动产集合体”的“生产设备、原材料、半成品、产品”的“名称、数量等情况”。虽然其中将有的动产（主要是原材料）须待抵押人“实际取得”之时才属于抵押财产，现有的动产（成品）设定后将被出卖而流出，却并不影响其抵押权标的物“动产集合体”的“特定性”。此种组成动产集合体的某些部分的流动（原材料流入、成品流出），与浮动抵押之“不特定（浮动）性”是不同的。是故，为避免与发达国家浮动抵押权制度发生混淆，本条抵押权可称为“特别动产集合”抵押权，而不宜称为“动产浮动”抵押权。

请特别注意，本条特别动产集合抵押的标的物，即第395条第1款第4项“生产设备、原材料、半成品、成品”。因此，可能使人产生疑问：抵押人既可以按照第395条第1款的规定，以其“生产设备、原材料、半成品、产品”，分别设立普通抵押权，亦可按照该条第2款的规定，以其“生产设备、原材料、半成品、产品”，与第1款所列举规定的其他财产合为一体，设立企业财产一并抵押权。既然如此，还有专就“生产设备、原材料、半成品、产品”创设新型抵押制度的必要吗？

关键在于，无论抵押人以其“生产设备、原材料、半成品、产品”分别设立普通抵押权，或者与其他财产合为一体设立企业财产一并抵押权，抵押权成立之后，均将限制抵押人对其“生产设备、原材料、半成品、产品”的任何处分行为。非经抵押权人同意并向登记机构办理变更登记手续,抵押人不仅不能出售其“产品”(法律处分),甚至不能用其“原材料、半成品”加工制作“产品”(事实处分),相当于抵押人正常的生产经营活动被完全禁止。这就使抵押人陷于一种两难困境:按照第 395 条的规定,可以用“生产设备、原材料、半成品、产品”抵押,从金融机构取得从事生产经营活动所急需的资金;在以“生产设备、原材料、半成品、产品”设定抵押,从金融机构获得所急需的生产资金之后,却因“生产设备、原材料、半成品、产品”被禁止处分,致使不能从事正常的生产经营活动。可见,依第 395 条关于“生产设备、原材料、半成品、产品”可以设立普通抵押权和企业财产一并抵押权,对于许多急需资金的中小型企业、个体工商户和农业生产经营者而言,形同不能充饥的“画饼”。要解消这一两难困境,就必须针对中小型企业、个体工商户、农业生产经营者,创设一种既能够发挥其“生产设备、原材料、半成品、产品”的担保功能,解决正常生产经营活动中的资金需求,又不妨碍和影响抵押人正常生产经营活动的新型抵押制度。这就是立法机关通过第 396 条创设特别动产集合抵押制度的政策目的。

本条明文规定特别动产集合抵押的抵押人是“企业、个体工商户、农业生产经营者”。虽然条文对“企业”未作限制,但考虑到创设此项新型抵押制度的政策目的,并考虑到第 395 条第 1 款第 5 ~ 6 项关于建筑物、船舶、航空器和交通运输工具的专门规定,故应对本条所谓“企业”作限缩解释,而将房地产开发企业、建筑安装企业、船舶制造企业、航空器制造企业、交通运输企业、供电企业、经销企业及各种服务性企业排除在外,仅指除船舶制造企业和航空器制造企业外的从事工业产品生产的工业企业。至于企业法律形式,采公司企业如股份有限公司、有限责任公司,或者非公司企业如个体企业、合伙企业,则非所问。同理,所谓"个体工商户",亦应解释为从事工业产品生产和从事工业产品、农业产品销售的个体工商户,而不包括从事建筑安装、交通运输及各种服务的个体工商户。所谓"农业生产经营者",应指从事规模化经营的农业、渔业、养殖业、畜牧业的生产经营者,而不包括各种从事家庭承包经营的农户。此外,所谓"农业",应包括种植、养殖、畜牧业,但不包括渔业(近海、远洋捕捞渔业)。

依据本条设定特别动产集合抵押,其抵押标的物,是抵押人现在所有和将来所有的"生产设备、原材料、半成品、产品"。其中,所谓"生产设备",仅指工业生产的各种机器、机床、仪器、工具、装置,采矿生产的各种采掘机械设备,及农业生产的各种农业机械。所谓"原材料""半成品",专指从事工业生产的抵押人用于加工、制作工业产品的原材料、半成品,而从事采矿业或者农业生产经营的抵押人,则无所谓原材料、半成品。所谓"产品",应指从事工业和农业生产的抵押人自己生产的工矿产品和农业产品。前已述及,抵押人"将有"的"生产设备、原材料、半成品、产品",须待抵押人实际取得时方才属于抵押物范围;反之,抵押人"现有"的"原材料、半成品",将因在生产活动中被消耗、被加工而消灭(其价值将附着于所生产的产品)。

按照本条设立抵押权,应当订立书面抵押合同。抵押合同应包含以下内容:(1)当事人姓名、地址;(2)所担保债权及最高限额;

(3)抵押物的范围;(4)双方当事人签名(盖章);(5)签字日期。其中“所担保债权”,可包括将来发生的债权;所担保债权的“最高限额”,与一般最高额抵押权相同。关于抵押物的范围,仅列明抵押物(生产设备、原材料、半成品、产品)的具体种类、名称、数量及位置,而无须制作抵押物目录清单。鉴于抵押权自抵押合同成立之时生效,因此当事人可以约定“生效日期”,如未约定“生效日期”,则以双方“签字日期”为“生效日期”,双方当事人的签字日期不同的,以在后签字的当事人的签字日期为“签字日期”。

按照本条设定特别动产集合抵押权,因不要求制作抵押财产目录清单,不要求对作为抵押物的“特别动产”作个别详细描述,加之抵押物具有流动性,如由原材料、半成品加工制成产品及出售产品,难于采用不动产登记制度。故原法第 189 条第 1 款规定,“应当向抵押人住所地的工商行政管理部门办理登记”。虽然此项规定已经被删去。鉴于本法规定动产抵押实行登记对抗主义(第 403 条),本条特别动产集合抵押的登记机构,应当是市场监管部门负责“企业、个体工商户、农业生产经营户”资格登记的机构。本条沿用原法第 181 条,有文字调整。

第三百九十七条　建筑物与建设用地使用权一并抵押原则

以建筑物抵押的,该建筑物占用范围内的建设用地使用权一并抵押。以建设用地使用权抵押的,该土地上的建筑物一并抵押。

抵押人未依据前款规定一并抵押的,未抵押的财产视为一并抵押。

前已述及,物权立法如何处理土地与建筑物的关系,存在两个方案:其一,仅规定土地为不动产,而建筑物被视为土地的构成部分,不是独立的不动产。采取这一方案的立法,不动产只是土地,不动产登记只是土地登记。其二,土地与建筑物,分别为独立的不动产,即土地是一个不动产,建筑物是另一个不动产。采取这一方案的物权立法,不动产登记分为土地登记和建筑物登记。中国实行土地国有和集体所有的基本经济制度,私人可以享有建筑物所有权,但宅基地所有权仍属于国家或者集体,建筑物所有权人只能享有宅基地使用权。因此,物权立法采取第二种方案,规定土地是一个不动产,建筑物是另一个不动产。在规定土地与建筑物是两个不动产的前提下,为避免建筑物所有权与宅基地使用权分别归属于不同主体而造成法律关系的复杂化,于是规定建筑物所有权与宅基地使用权必须同归一人,并且规定建筑物所有权与宅基地使用权必须一并处分的原则。俗称"房随地、地随房"原则。

按照本编第 356 条的规定,建设用地使用权转让、互换、出资或者赠与的,附着于该土地上的建筑物、构筑物及其附属设施一并处分。按照第 357 条的规定,建筑物、构筑物及其附属设施转让、互换、出资或者赠与的,该建筑物、构筑物及其附属设施占用范围内的建设用地使用权一并处分。这两个条文规定,建筑物所有权与宅基地使用权一并处分原则,即权利转让情形的"房随地、地随房"原则。

本条规定,"以建筑物抵押的,该建筑物占用范围内的建设用地使用权一并抵押。以建设用地使用权抵押的,该土地上的建筑物一并抵押。抵押人未依据前款规定一并抵押的,未抵押的财产视为一并抵押”。本条规定建筑物与宅基地一并抵押的原则,即设立抵押情形的“房随地、地随房”原则。

条文对“房随地、地随房”原则的规定,十分准确,并无产生理解歧义之余地,关键在登记机构必须严格执行。在不动产登记机构未统一之前,房产登记机构专管建筑物物权登记,土地登记机构专管土地物权登记,相互之间难以协调配合,造成现实中存在“房地分离”,即房屋所有权与土地使用权分属不同主体,房屋抵押权与土地抵押权分属不同主体的不正常现象。现今已实现不动产登记机构的统一,不动产登记机构理当严格执行“房随地、地随房”原则,避免发生“房地分离”的情形。

裁判实务中万一遇房屋与土地分别抵押情形如何处理?这种情形在登记机构统一之后也恐难绝对避免。两个抵押权所担保的债权,必定其中一个债权先到期。所担保债权先到期的抵押权人,先向法院申请执行抵押权,而此时另一个抵押权担保债权尚未到期。解决办法是:法院一经受理其中一个抵押权的执行申请,即应视为另一个抵押权担保债权同时到期,法庭一并执行两个抵押权,就房屋所有权和土地使用权一并委托拍卖。拍卖所得价款金额,如超过两个抵押权分别担保的两个债权的总额,则执行比较简单,只需分别足额清偿两个债权(本金和利息),然后将剩余金额返还抵押人即可。

如果拍卖所得价款金额不足清偿两个抵押权担保的债权总额,其执行要稍复杂一点。房地分别抵押违反“房随地、地随房”的登记原则,与未登记类似,故法庭可类推适用《民法典》第 414 条第 1 款第 3 项“抵押权未登记的,按照债权比例清偿”的规则。假设房屋抵押权担保 200 万元债权,土地抵押权担保 100 万元债权,两债权额比例为 2∶1,拍卖所得价款金额为 150 万元,则清偿房屋抵押权人 100 万元,清偿土地抵押权人 50 万元。按照民法原理,二抵押权人未清偿部分债权并不消灭,还可以作为无担保债权,向债务人求偿,自不待言。本条沿用原法第 182 条原文,个别文字有调整。

第三百九十八条　乡镇企业地随房一并抵押

乡镇、村企业的建设用地使用权不得单独抵押。以乡镇、村企业的厂房等建筑物抵押的,其占用范围内的建设用地使用权一并抵押。

本条规定乡镇、村企业建筑物抵押情形的“地随房”原则。第一句规定,“乡镇、村企业的建设用地使用权不得单独抵押”。法律禁止以乡镇、村企业的建设用地单独抵押,其法律根据是第 399 条第 2 项“集体所有土地的使用权”不得抵押的规定,实质的根据是乡镇、村企业占用范围的建设用地使用权,未经征收、出让的法律程序。第二句规定,“以乡镇、村企业的厂房等建筑物抵押的,其占用范围内的建设用地使用权一并抵押”。乡镇、村企业对自己的厂房等建筑物享有所有权,为解决融资需求当然可以抵押,法律绝无禁止理由。但厂房等建筑物抵押必然造成建筑物与土地使用权分别属于不同主体的情形。为彻底贯彻“房随地、地随房”立法原则,于是规定"其占用范围内的建设用地使用权一并抵押"。请特别注意,条文未采用"视为一并抵押"这样的措辞,而是规定乡镇、村企业将厂房等建筑物与其占用的建设用地使用权一并抵押,即同时设定一个建筑物抵押权、一个建设用地使用权抵押权。第二句规定,除贯彻"房随地、地随房"立法原则外,也体现国家鼓励乡镇、村企业经济发展的政策目的。自不待言。本条沿用原法第 183 条原文。

第三百九十九条　禁止抵押财产

下列财产不得抵押:

(一)土地所有权;

(二)宅基地、自留地、自留山等集体所有土地的使用权,但是法律规定可以抵押的除外;

(三)学校、幼儿园、医疗机构等为公益目的成立的非营利法人的教育设施、医疗卫生设施和其他公益设施;

(四)所有权、使用权不明或者有争议的财产;

(五)依法被查封、扣押、监管的财产;

(六)法律、行政法规规定不得抵押的其他财产。

本条规定禁止抵押财产的范围。禁止抵押的财产包括:(1)土地所有权。中国实行土地公有制,禁止土地转让,当然禁止土地所有权抵押。(2)宅基地、自留地、自留山等集体所有土地的使用权。原《物权法》制定时,有一种意见主张允许"集体所有土地的使用权"转让和抵押。为避免造成大批农村人口丧失土地及土地转归

非农村居民和企业之手的结果,立法机关最终否定了此种主张。在禁止“集体所有土地的使用权”抵押的同时,设“但书”规定:“法律规定可以抵押的除外”。此所谓“法律规定可以抵押”,例如:第342 条关于通过招标、拍卖等方式承包的农村土地,依法登记取得权属证书的,可以抵押的规定;第 398 条关于乡镇、村企业的厂房等建筑物抵押的,其占用范围的建设用地使用权可一并抵押的规定。(3)学校、幼儿园、医疗机构等为公益目的成立的非营利法人的教育设施、医疗卫生设施和其他公益设施不得抵押。这是为了确保教育、医疗机构及公益法人“公益目的”的实现。(4)所有权、使用权不明或者有争议的财产不得抵押。权属不明或者存在争议的财产不得抵押,其理自明,无须解释。(5)依法被查封、扣押、监管的财产不得抵押。财产处于公权力控制之下,其处分权被限制,理当禁止抵押。(6)法律、行政法规规定不得抵押的其他财产。此系所谓“兜底条款”,为必要时通过法律、行政法规禁止财产抵押,预留空间。

需要特别注意,本条属于禁止性规范,遇有将本条禁止抵押财产设立抵押的案件,可否直接依据本条确认抵押合同无效?鉴于本条仅属于财产抵押能力的规定,而非关于法律行为效力的规定,故本条不能作为法庭确认抵押合同无效的法律依据。法庭审理此种案件,应当引用总则编第 153 条第 1 款关于违反强制性规定的法律行为无效的规定,作为确认抵押合同无效的裁判依据。抵押合同被法庭依法确认无效,依据该抵押合同设立的抵押权因而无效,自不待言。本条沿用原法第 184 条原文,有文字调整。

第四百条　抵押合同

设立抵押权，当事人应当采用书面形式订立抵押合同。

抵押合同一般包括下列条款：

（一）被担保债权的种类和数额；

（二）债务人履行债务的期限；

（三）抵押财产的名称、数量等情况；

（四）担保的范围。

本条规定抵押合同须采取书面形式及其内容。本编第 387 条规定担保物权依法设立原则、第 388 条规定设立担保物权应当依照本法和其他法律的规定订立担保合同。抵押权为担保物权，设立抵押权必须依法订立抵押合同。因此本条规定抵押合同必须采取书面形式，并规定书面抵押合同"一般"应包括的合同条款。

抵押合同属于本法有名合同。[1]订立抵押合同应当遵循合同编关于合同订立的规定（第 2 章）和关于合同效力的规定（第 3 章），自不待言。按照本编第 388 条的规定，抵押合同为主债权债务合同的从合同，主债权债务合同无效的，作为从合同的抵押合同随之无效。按照第 214 条、第 215 条规定，未办理抵押登记致使抵押权未设立（生效）的，抵押合同的效力不受影响。

值得注意的是，本条第 2 款规定"抵押合同一般包括"的"条款"，而未使用"主要条款""非主要条款"这样的概念。按照民法原理，"主要条款"，亦称必要条款，是决定合同成立的条款，缺少

“主要条款”,合同不成立,当然也就谈不到生效。“非主要条款”,亦称一般条款,不是决定合同成立的条款,缺少非主要条款,不影响合同的成立和生效,只是影响合同的履行。考虑到合同种类繁多而各种合同的主要条款可能不同,故立法者回避“主要条款”“必要条款”这样的概念,而将主要条款之认定,留给学者、法官结合具体合同类型解释认定。在本条列举规定的“一般包括的”四项条款中,第 1 项“被担保债权的种类和数额”、第 2 项“债务人履行债务的期限”、第 3 项“抵押财产的名称、数量”,属于“主要条款”。此三项条款缺少任何一项,应当认定抵押合同不成立。第 4 项“担保的范围”,以及合同可能有的其他条款,属于“非主要条款”。抵押合同缺少(未约定)第 4 项“担保的范围”,不影响抵押合同的成立和生效。鉴于第 4 项“担保的范围”条款,属于规定“担保范围”的第 389 条的“但书”所谓“当事人另有约定的”除外情形,故在抵押合同未约定第 4 项“担保的范围”条款情形,应当适用第 389 条关于“担保范围”的规定。即抵押合同的“担保范围”,包括:主债权及其利息、违约金、损害赔偿金、保管抵押财产和实现抵押权的费用。[2]本条沿用原法第 185 条原文,有文字调整。

第四百零一条　流抵押约定无效

抵押权人在债务履行期限届满前,与抵押人约定债务人不履行到期债务时抵押财产归债权人所有的,只能依法就抵押财产优先受偿。

抵押人和抵押权人关于债务人不履行到期债务时，抵押财产的所有权转归抵押权人的约定，称为“流抵押约款”。自罗马法以来，多数国家及地区均规定流抵押约款无效。禁止流抵押约款的理由是，债务人借债多处于急迫窘困的情形，债权人可以利用债务人的这种不利处境，迫使债务人与其订立流抵押约款，以价值甚高的抵押财产担保小额债权，企图于债务人不能清偿时取得抵押财产所有权，以获取非分利益。为保护处于不利地位的债务人，民法应当禁止流抵押约款。

我国原《担保法》（第 40 条）即已规定，“订立抵押合同时，抵押权人和抵押人在合同中不得约定在债务履行期届满抵押权人未受清偿时，抵押物的所有权转移为债权人所有”。原《物权法》（第 186 条）亦规定，“抵押权人在债务履行期届满前，不得与抵押人约定债务人不履行到期债务时抵押财产归债权人所有”。本条以原法第 186 条为基础，增加“只能依法就抵押财产优先受偿”一句。其意思与规定“流抵押约款”无效，再依法执行抵押权、就抵押财产优先受偿，并无区别。

须补充一点，所谓“流抵押约款”，不一定是抵押合同的条款，凡在主合同“债务履行期届满前”订立的“移转抵押财产所有权于债权人”的“约定”，均属之。但在主合同“债务履行期届满”之后，债权人与债务人协商订立以抵押财产“折价”抵充债权（债务）的“约定”，非所谓“流抵押约款”，凡属于双方当事人真实的意思表示，即应有效。

第四百零二条　不动产抵押登记生效原则

以本法第三百九十五条第一款第一项至第三项规定的财产或者第五项规定的正在建造的建筑物抵押的，应当办理抵押登记。抵押权自登记时设立。

本条规定不动产(包括不动产权利)抵押权登记生效原则。第395条第1款列举规定的抵押财产，包括不动产(及不动产权利)和动产。其中第1项“建筑物和其他土地附着物”、第2项“建设用地使用权”、第3项“海域使用权”及第5项中的“正在建造的建筑物”，属于不动产或者不动产权利。本法第214条规定，不动产物权变动采登记生效主义。故本条规定，这几项不动产或者不动产权利抵押，“应当办理抵押登记。抵押权自登记时设立”。又按照第397条的规定，以第395条第1款第1项“建筑物和其他土地附着物”抵押、第5项中的“正在建造的建筑物”抵押，所占用的建设用地使用权，应当一并抵押；以第2项“建设用地使用权”抵押、第3项“海域使用权”抵押，其地上(海上)的“建筑物和其他附着物”“正在建造的建筑物”，应当一并抵押。其理自明，无须解释。

对于“正在建造的建筑物”抵押，有必要稍作说明。按照本法第231条的规定，“合法建造房屋”等事实行为发生物权变动，于“事实行为成就时发生效力”。所谓“事实行为成就时”，即建筑业所谓“竣工”时。若采严格解释，则建造房屋等建筑物，须于“竣工”之时，发生(建筑物)不动产所有权，建筑材料动产所有权同时消灭。若采严格解释，“竣工”之前仍旧属于动产，则“竣工”之前的、

"正在建造的建筑物"转让、抵押,应当适用动产物权变动的"交付生效"主义。如此严格解释,于实务恐非适宜。

《不动产登记暂行条例》第 2 条第 2 款规定,"本条例所称不动产,是指土地、海域以及房屋、林木等定着物"。其中,所谓"定着物",依民法通说,指"非土地之构成部分,继续附着于土地,而达一定经济上目的,且不易移动其所在之物"。"正在建造的建筑物",虽尚未"竣工",若其"已足避风雨、可达经济上使用之目的",即已构成土地之"定着物",应属于不动产。此等建筑物的转让、抵押,理当适用不动产物权变动的登记生效主义,须办理不动产过户登记或者抵押登记。反之,"正在建造的建筑物",未达上述标准时,仍应属于动产,其转让、抵押应适用动产交付生效主义。[3]有鉴于此,对本条所谓"正在建造的建筑物抵押",应采限缩解释方法,限于"已足避风雨、可达经济上使用之目的"之"正在建造的建筑物抵押"。

须补充说明,本条所谓"正在建造的建筑物抵押",在不动产登记实务上称为"在建建筑物抵押"。《不动产登记暂行条例实施细则》第 75 条规定:"以建设用地使用权以及全部或者部分在建建筑物设定抵押的,应当一并申请建设用地使用权以及在建建筑物抵押权的首次登记。当事人申请在建建筑物抵押权首次登记时,抵押财产不包括已经办理预告登记的预购商品房和已经办理预售备案的商品房。前款规定的在建建筑物,是指正在建造、尚未办理所有权首次登记的房屋等建筑物。"[4]依此规定,第 395 条第 1 款第 5 项"正在建造的建筑物",不包括"已经办理预告登记的预购商品房和已经办理预售备案的商品房”，应予留意。本条沿用原法第 187 条原文，有文字调整。

第四百零三条　动产抵押登记对抗原则

以动产抵押的，抵押权自抵押合同生效时设立；未经登记，不得对抗善意第三人。

本条“动产抵押”一语，究何所指？按照本条与前条的逻辑关系，前条规定第 395 条第 1 款“可以抵押”财产中，属于不动产和不动产权利的第 1 项“建筑物和其他土地附着物”、第 2 项“建设用地使用权”、第 3 项“海域使用权”及第 5 项中的“正在建造的建筑物”抵押，则本条所谓“动产抵押”，是指其中的动产，即第 4 项“生产设备、原材料、半成品、成品”、第 5 项中的“正在建造的”船舶、航空器，以及第 6 项“交通运输工具”抵押。第 6 项“交通运输工具”，包括船舶、航空器和机动车。根据《道路交通管理条例》（已失效）第 3 条之规定，机动车，包括各种汽车、电车、电瓶车、摩托车、拖拉机及轮式专用机械车。地上或者地下铁道运行的火车不包括在内，应予留意。

如前所述，本法关于动产物权变动采交付生效主义。第 224 条规定：“动产物权的设立和转让，自交付时发生效力，但是法律另有规定的除外。”动产抵押本属于动产物权设立，但鉴于抵押权不移转占有的本质，动产抵押权的设立，与动产质权之实行交付生效主义（第 429 条）有别。本条第一句规定，动产抵押权自抵押合同生效时设立。此属于第224条"但书"所谓"法律另有规定"。本法第225条规定,船舶、航空器和机动车等动产物权变动,"未经登记,不得对抗善意第三人"。动产抵押权设立,属于动产物权变动,本属于第225条适用范围之内。故本条第二句规定,自抵押合同生效时设立的动产抵押权,"未经登记,不得对抗善意第三人"。[5]本条以原法第188条为基础修改而成。

第四百零四条　特别动产集合抵押的特别规定

以动产抵押的,不得对抗正常经营活动中已经支付合理价款并取得抵押财产的买受人。

本条文"动产抵押"一语,究何所指?能否与前条"动产抵押"同一解释?如与前条"动产抵押"同一解释,则本条"动产抵押",包括第395条第1款第4项"生产设备、原材料、半成品、成品"抵押、第5项中的"正在建造的"船舶、航空器抵押,以及第6项"交通运输工具"(包括船舶、航空器和机动车)抵押。这样解释的结果,导致船舶(包括在建船舶)抵押、航空器(包括在建航空器)抵押和机动车抵押,均"不得对抗正常经营活动中已经支付合理价款并取得抵押财产的买受人"。这样解释,不仅是错误的,而且是荒谬的。因为,按照前条关于动产抵押权实行登记对抗主义的规定,"未经登记"仅"不得对抗善意第三人",但可以对抗恶意第三人;(自抵押合同生效时设立的动产抵押权)一经登记,即具有完全的对抗力,可以对抗包括"正常经营活动中已经支付合理价款并取得抵押

财产的买受人”在内的一切第三人。请再看第 406 条第 1 款第三句“抵押财产转让的,抵押权不受影响”,已经登记的动产抵押权,将继续存在于“正常经营活动中已经支付合理价款的”买受人所取得的抵押财产之上。此即抵押权的追及力。据此,抵押权人将追及于买受人之所在而对该抵押财产行使抵押权,申请法院拍卖该抵押财产就其变价金优先受清偿。因此可知,本条“动产抵押”不得与前条(第 403 条)所谓“动产抵押”作同一解释。

实则本条“动产抵押”一语,仅指第 396 条规定的特别动产集合抵押。本条规定不得对抗抵押财产转让的正常经营活动中已支付合理价款并取得抵押财产的买受人,这是创设特别动产集合抵押制度的立法目的所决定的。条文应解释为,抵押人在正常经营活动中出售的产品(成品),将于所有权移转于买受人之时,自动退出抵押物的范围。同时,按照抵押权代位的法理(第 390 条),凡来自抵押财产之一切所得,包括出售抵押物(成品)所得之金额(应存入抵押权人指定专用账户),作为抵押权的代位物自动进入抵押标的物范围。所谓“正常经营活动”,是指向产品用户或者经销商出售产品,不包括“无偿转让”。本条以原法第 189 条为基础删去第 1 款关于特别动产集合抵押登记机构的规定。

第四百零五条　抵押不破租赁

抵押权设立前,抵押财产已经出租并转移占有的,原租赁关系不受该抵押权的影响。

本条规定抵押不破租赁原则。所谓“抵押不破租赁”原则，为买卖不破租赁原则（合同编第 725 条）衍生的原则。其政策目的在于保护承租人的利益。按照社会生活经验，承租人往往处于经济上的弱势地位，因出租人抵押租赁物而致抵押物被拍卖与出租人出卖抵押物的效果相同，为避免因抵押物被拍卖使承租人陷入困难境地，民法有所谓“抵押不破租赁”原则。依此原则，租赁合同关系存续期间，出租人抵押租赁物，不影响租赁合同的效力。尽管租赁物之上设立了抵押权，但租赁合同关系存续期间，抵押权人不得行使此抵押权（拍卖抵押物），须待租赁合同约定的租赁期间届满，抵押权人才能够执行抵押权，将抵押权设立其上的租赁物折价归抵押权人或者申请法院予以拍卖。此项原则的实质是对抵押权效力的限制。同时，此项原则对于承租人权利也有所限制，即出租人抵押租赁物、租赁物上设立抵押权之后，执行抵押权将租赁物折价归抵押权人所有的，承租人不得要求续租；申请法院拍卖租赁物，承租人不参与竞拍视为放弃优先购买权（第 727 条）。承租人参与竞拍，须遵循（“出价高者得”的）拍卖规则，其优先购买权亦丧失其意义。

条文“抵押权设立前，抵押财产已经出租并转移占有”，为抵押不破租赁原则的适用范围。“原租赁关系不受该抵押权的影响”，为其法律效果。对本条作反对解释，则抵押权设立之后成立的租赁关系，将受该抵押权的影响。即租赁关系存在期间，抵押权人可以执行抵押权将租赁物折价或者拍卖，导致租赁关系消灭的结果。本条在原法第 190 条基础上删去关于抵押权设立后抵押物出租的规定。

第四百零六条　抵押物转让、抵押权追及效力

抵押期间,抵押人可以转让抵押财产。当事人另有约定的,按照其约定。抵押财产转让的,抵押权不受影响。

抵押人转让抵押财产的,应当及时通知抵押权人。抵押权人能够证明抵押财产转让可能损害抵押权的,可以请求抵押人将转让所得的价款向抵押权人提前清偿债务或者提存。转让的价款超过债权数额的部分归抵押人所有,不足部分由债务人清偿。

本条规定抵押财产的转让及抵押权追及效力。第1款第一句规定,"抵押期间,抵押人可以转让抵押财产"。按照民法原理,抵押人就其财产设立普通抵押权之后,抵押人对抵押财产的所有权不受影响,不仅可继续对抵押财产占有、使用、收益,并可对抵押财产为法律上的处分。法律上的处分,包括转让(出卖)抵押财产。但须特别注意,此所谓抵押权设立不影响抵押人转让(处分)抵押财产,是仅对普通抵押权而言。抵押财产为一个物、受担保债权亦仅一个债权,为普通抵押权。抵押财产为若干个物(的"集合体")或者受担保债权为若干个债权(的"债权额"),为特别抵押权。普通抵押权中,抵押财产转让后,基于抵押权追及效力,抵押权人可追及于抵押财产之所在而行使抵押权。故普通抵押权之设立,原则上不影响抵押人对于抵押财产的处分(转让)。但在特别抵押权,如企业财产一并抵押(第395条第2款)中,抵押权一经设立,抵押财产目录清单载明的抵押财产即被禁止处分(转让),即使征得抵押权人同意的处分(转让),亦应向登记机构申请变更登记,将

拟处分(转让)的财产从抵押财产目录清单中删除。又如特别动产集合抵押(第396条),抵押权一经登记,抵押人也仅可在正常经营活动中处分(转让)抵押财产集合体中的“成品”(第404条),而不得处分(转让)属于抵押财产集合体的“生产设备、原材料、半成品”。

第1款第二句规定,“当事人另有约定的,按照其约定”。此是第一句(关于抵押权设立后抵押人仍可转让抵押财产)原则规定之例外规定。依据意思自治(合同自由)原则(总则编第5条),当事人于抵押合同中订有抵押权设立后抵押人不得处分(转让)抵押财产之“约定”的,抵押人须“按照其约定”,不得处分(转让)抵押财产。实质是由当事人协商决定抵押财产可否转让。当事人于抵押合同中可以约定抵押财产不得转让,亦可约定抵押人转让抵押财产须事先征得抵押权人同意。

第三句规定,“抵押财产转让的,抵押权不受影响”。此即抵押权的追及效力。之所以抵押人对抵押财产的处分权,不受抵押权设立之影响,是因为抵押权具有追及效力。依据追及效力,抵押财产转让情形,抵押权人得追及于抵押财产之所在而行使抵押权,申请法院拍卖抵押财产就其变价金优先受清偿。如前所述,在普通抵押权情形,抵押人处分(转让)抵押财产,抵押权人可依追及效力,对受让人取得的抵押财产行使抵押权。但在特别抵押权如企业财产一并抵押(第395条第2款)的情形,抵押财产为若干不动产和若干动产的集合体。假设抵押人将其中的建筑物甲转让给张三,在建建筑物乙转让给李四,机动车丙转让给王五,建设用地使用权丁转让给赵六,则按照民法理论,基于抵押权之不可分性,受让人张三、李四、王五、赵六分别取得的不动产、动产，仍与集合体中未转让的其他财产共同担保受担保债权之实现。但这种情形，极大地增加了抵押权人行使抵押权的复杂性和难度。设立特别抵押权情形，禁止或者限制抵押人转让抵押财产的理由在此。鉴于本法仅规定可以设立企业财产一并抵押权（第 395 条第 2 款），而关于抵押人处分（转让）抵押财产是否须经抵押权人同意并办理变更登记未有明文规定，故设立企业财产一并抵押权，就抵押权人角度考虑，以抵押合同约定抵押财产不得转让或者转让须事先征得抵押权人同意并办理变更登记为宜。

第 2 款第一句规定，“抵押人转让抵押财产的，应当及时通知抵押权人”。前款第一句规定，普通抵押权设立后，抵押人仍可处分（转让）抵押财产，第 2 款第一句规定，抵押人应当将转让抵押财产的情况及时通知抵押权人。但需注意，此项通知，并不是抵押人转让抵押财产的前提条件，抵押人未及时通知亦不影响转让抵押财产行为（合同）的效力。可见，此“通知”并非真正意义上的“义务”。

第 2 款第二句规定，“抵押权人能够证明抵押财产转让可能损害抵押权的，可以请求抵押人将转让所得的价款向抵押权人提前清偿债务或者提存”。此项规定赋予抵押权人请求抵押人以转让金额提前清偿债务或者提存的权利，对于抵押权人有重要意义。条文“抵押财产转让可能损害抵押权”，应当如何理解？应理解为：抵押财产转让后有妨碍抵押权行使或者竟致抵押权不能行使之虞。例如，抵押人将抵押财产转让于教育、医疗机构或者公益目的之非营利法人致使该抵押财产不能被拍卖（第 399 条第 3 项），即其适例。这种情形，抵押权人究应请求抵押人用转让价款金额提前清偿债务，或是请求抵押人将该金额提存？若抵押人为债务人自己，则可请求债务人将转让所得金额提前清偿债务；若抵押人为第三人（称为物上保证人），则可请求抵押人将该金额提存。如此区别的理由何在？债务人以自己财产担保自己的债务，因转让抵押财产有损害抵押权之虞，其提前清偿债务，仅丧失期限利益；第三人用自己的财产担保他人的债务，如债务获得清偿，则抵押权随债务清偿而消灭，物上保证人对此有期待利益。稍加权衡，可知物上保证人的期待利益，远超债务人的期限利益。故不使物上保证人替债务人提前清偿债务，而使之提存该金额，一旦受担保债务因债务人清偿或者其他原因归于消灭，则抵押权随之消灭，物上保证人可从提存所取回提存金额。此外，此项请求权之行使，如采诉的方式，抵押权人应当就抵押财产转让有损害抵押权之可能性负担举证责任，自不待言。

第 2 款第三句规定，“转让的价款超过债权数额的部分归抵押人所有，不足部分由债务人清偿”。申请法院拍卖抵押财产，所得金额在法院掌握中，故法律有必要明确规定超过债权数额部分归债务人所有。抵押人转让抵押财产，所得金额在抵押人手中，该金额超过债务数额情形，无论抵押人用以提前清偿债务或者提存，自然会将多余部分留归自己，法律何须多言。“不足部分由债务人清偿”，亦属于抵押权执行应有之义（第 413 条）。本条在原法第 191 条基础上做了重要改动和增加。

第四百零七条　抵押权转让的从属性

抵押权不得与债权分离而单独转让或者作为其他债权的担保。债权转让的，担保该债权的抵押权一并转让，但是法律另有规定或者当事人另有约定的除外。

本条规定抵押权转让的从属性。解读条文之前，先介绍从属性。所谓从属性，指两个事物之间的从属（主从）关系。民法上的从属性有四种：其一，（作为权利客体的）物的从属性；其二，合同（法律行为）的从属性；其三，权利的从属性；其四，义务的从属性。因现代民法坚持民事主体法律地位平等（总则编第4条），故不存在权利主体的从属性。讨论从属性，需掌握两个要点：一是区分主从之标准；二是区分主从的意义。

物的从属性和合同的从属性，前文已经涉及。民法关于主物与从物的区分，是先决定从物，然后根据从物决定主物。辅助他物发挥效用之物，为从物；从物辅助其效用发挥之物，为主物。区分物的从属性的意义，主要有：其一，主物转让，从物随之转让（第320条）；其二，动产与动产附合情形，决定附合物之归属（第322条）。关于主合同与从合同的区分，是先决定从合同，然后根据从合同决定主合同。其合同目的在于保障他合同目的之实现的合同，为从合同；由从合同保障其目的实现的合同，为主合同。合同主从关系的意义，在于决定合同的效力：主合同不生效，则从合同亦不生效；但从合同不生效，不影响主合同的生效。主合同无效，从合同因而无效；但从合同无效，不影响主合同的效力。主合同消灭，从合同随之消灭；但从合同消灭，主合同并不因而消灭。前已谈及，担保合同为受担保债权债务合同的从合同，受担保债权债务合同无效，担保合同亦随之无效（第 388 条）。

请特别注意，权利的从属关系、义务的从属关系，取决于权利、义务所由产生的合同的从属性。主合同上的权利，为主权利；从合同上的权利，为从权利。同样，主合同上的义务，为主义务；从合同上的义务，为从义务。因从合同之目的在于保障主合同目的之实现，故从权利亦以保障主权利实现为其目的；从义务亦以保障主义务履行为其目的。区分权利的从属关系、义务的从属关系，其意义在于：其一，主权利转让，从权利随之一并转让；从权利不得与主权利分离而单独转让。主义务转移，从义务随之一并转移；从义务不得与主义务分离而单独转移。此称为权利（义务）转移上的从属性。其二，主权利消灭，从权利随之消灭；从权利消灭，主权利并不因而消灭。主义务消灭，从义务随之消灭；从义务消灭，主义务并不因而消灭。此称为权利（义务）消灭上的从属性。

抵押合同为受担保债权债务合同的从合同。故抵押权与所担保债权，构成从属关系。受担保债权为主权利，抵押权为从权利。保证合同为所担保债权债务合同的从合同。故保证人所负担的义务与所担保的债务，构成从属关系。受担保债务，为主义务；保证人所负义务（保证责任），为从义务。

现在回过头来看本条。本条规定抵押权（从权利）与主债权在转让上的从属性："抵押权不得与债权分离而单独转让或者作为其他债权的担保。债权转让的，担保该债权的抵押权一并转让"。基于抵押权与主债权之间的从属关系，本条明确规定抵押权与主债权在权利转让上的从属关系，其理自明，毋庸赘言。唯须注意，本条“但书”规定，“法律另有规定或者当事人另有约定的除外”。其中，“当事人另有约定”，基于民法意思自治（合同自由）原则（第5条），当事人于抵押合同中可以约定，主债权转让，作为从权利的抵押权不随之转让，其约定有效，应无疑义。但当事人可否约定抵押权与主债权分离而单独转让或者为其他债权担保？回答是否定的。按照权利主从关系，主权利之存在是从权利存在的前提，如影随形；抵押权与主债权分离而单独转让或者作为其他债权担保，犹如影与形分离而单独存在，为绝无可能之事。条文被分为两句，第一句规定从权利不得与主债权分离而单独转让或者为其他债权担保，第二句规定从权利随主债权转让而一并转让。而“但书”规定在第二句。其立法者意思明显，仅第二句规定有其例外，而第一句规定绝无例外。“但书”所谓“法律另有规定”，即法律规定债权转让，抵押权不随之一并转让，仅指属于特别抵押权的最高额抵押权。法律规定于所担保债权额确定前，部分债权转让的，最高额抵押权不随之转让（第421条）。本条沿用原法第192条原文，个别文字有调整。

第四百零八条　抵押财产价值减少

抵押人的行为足以使抵押财产价值减少的，抵押权人有权请求抵押人停止其行为；抵押财产价值减少的，抵押权人有权请求恢复抵押财产的价值，或者提供与减少的价值相应的担保。抵押人不恢复抵押财产的价值，也不提供担保的，抵押权人有权请求债务人提前清偿债务。

抵押权基本特征是不移转抵押财产的占有。如前所述，抵押权设定之后，抵押人依旧占有抵押财产，并继续对抵押财产为使用、收益。这就发生一个问题，抵押财产价值减少怎么办？造成抵押财产价值减少，可能出于抵押人的行为、自然原因或者第三人行为。按照社会生活经验，设立抵押权担保，抵押合同通常约定抵押人为抵押财产投保财产保险。因自然原因或者第三人行为造成抵押财产价值减少，抵押人从保险公司或者从加害人获得的保险金或者赔偿金，将成为抵押财产的代位物，而被纳入抵押权的支配范围（第 390 条）。故本条规定，抵押人的行为造成抵押财产价值减少或者有造成抵押财产价值减少之虞时，抵押权人可以采取保全抵押权的方法。

本条第一句规定，“抵押人的行为足以使抵押财产价值减少的，抵押权人有权请求抵押人停止其行为”，即不当行为停止请求权。民法所谓“价值”，包括使用价值与交换价值。鉴于抵押权为支配交换价值的物权，故条文“价值减少”专指交换价值减少。民法所谓“行为”，包括积极行为与消极行为。因消极行为不发生停止问题，故条文“抵押人的行为”，专指积极行为。民法（积极）行为，包括事实行为与法律行为。事实行为，如抵押人对抵押财产的不当使用行为；法律行为，如抵押财产为居住用房，被出租给承租人用作有剧烈震动的厂房，或者用作储存有腐蚀性原材料之库房。此项请求权，仅以“抵押人的行为足以使抵押财产价值减少”为要件，行为人有无过错，在所不问。

第二句规定，“抵押财产价值减少的，抵押权人有权请求恢复抵押财产的价值，或者提供与减少的价值相应的担保”，即价值恢复请求权。此项请求权，仅以（已经造成）“抵押财产价值减少”的事实为要件，不考虑造成抵押财产价值减少的原因。纵然因自然的原因或者第三人行为造成抵押财产价值减少，抵押权人亦有此项请求权。至于恢复价值的方法，是通过对抵押财产进行维修、保养以恢复其价值，还是提存价值恢复所需全额或者提供与减少的价值相当的人的担保或者物的担保，应当结合案件具体情况确定。但非抵押人行为造成抵押财产价值减少的情形，抵押人仅提供与其获得代位物（包括保险金、赔偿金、补偿金）数额相当的担保（人保或者物保）。抵押权人行使价值恢复请求权，应当指定合理期限，此合理期限届满而抵押人既未恢复抵押财产价值亦未提供相当的担保的，即可行使本条第三句规定的提前清偿债务请求权。

第三句规定，“抵押人不恢复抵押财产的价值，也不提供担保的，抵押权人有权请求债务人提前清偿债务”，即提前清偿债务请求权。此项请求权，以抵押财产价值减少，（经抵押权人行使恢复价值请求权）而抵押人未在指定的合理期限内“恢复抵押财产的价值，也不提供担保”为要件。顺便指出，此项提前清偿债务请求权，性质上属于“加速到期”（请求）权。本法规定抵押人转让抵押财产可能损害抵押权情形，抵押权人可以请求抵押人以转让所得金额提前清偿债务或者提存(第406条第2款),以及合同编规定融资租赁合同承租人拖欠租金,经催告后在合理期限内仍不支付的,出租人可以请求支付全部租金(第752条),亦属于"加速到期"(请求)权。

须讨论的是,抵押权人以意思表示(通知)方式行使第三项提前清偿请求权,如果债务人于合理期限届满未清偿债务,此种情形,抵押权人有两个方案可以选择:其一,向法院提起请求强制债务人清偿债务之诉。为债务履行之诉,适用普通诉讼程序。其二,向法院提出执行抵押权申请,适用民事诉讼法担保物权执行程序。因抵押权执行程序最为简便,虽抵押财产价值已经减少,法院拍卖抵押财产的变价金不足清偿部分,尚可由债务人予以清偿(第413条)。从抵押权人角度考虑,以申请法院执行抵押权为宜。本条沿用原法第193条原文,个别文字有调整。

第四百零九条　抵押权放弃、抵押权变更

抵押权人可以放弃抵押权或者抵押权的顺位。抵押权人与抵押人可以协议变更抵押权顺位以及被担保的债权数额等内容。但是,抵押权的变更未经其他抵押权人书面同意的,不得对其他抵押权人产生不利影响。

债务人以自己的财产设定抵押,抵押权人放弃该抵押权、抵押权顺位或者变更抵押权的,其他担保人在抵押权人丧失优先受偿权益的范围内免除担保责任,但是其他担保人承诺仍然提供担保的除外。

本条规定抵押权的放弃与抵押权的变更。第 1 款第一句规定,“抵押权人可以放弃抵押权或者抵押权的顺位”。先说抵押权放弃和抵押权顺位放弃。依民事权利行使自由原则(第 130 条),抵押权人当然可以放弃其抵押权,或者放弃其顺位(权)。

民法理论上,抵押权放弃,有抵押权绝对放弃与抵押权相对放弃;抵押权顺位放弃,亦有顺位相对放弃与绝对放弃。抵押权相对放弃,是指抵押权人为特定无担保债权人的利益而放弃其抵押权;抵押权顺位相对放弃,指抵押权人为后顺位抵押权人的利益而放弃其优先顺位。实际上,抵押权相对放弃、抵押权顺位相对放弃,为抵押权之让与、抵押权顺位之让与。但抵押权为受担保债权之从权利,依从属性原则,抵押权不得与主债权分离而单独让与或者为他人担保(第 407 条)。同理,抵押权顺位亦不得与主债权分离而单独让与或者为他人担保。抵押权(或其顺位)相对放弃,实际上是规避关于禁止(抵押权及其顺位)单独让与法律规定之规避行为。

再者,民法“放弃”概念,为权利人依意思表示消灭已存权利之单独行为。权利放弃即是权利消灭。绝不可能存在权利相对放弃、权利相对消灭。犹如不可能存在自然人相对死亡、法人相对终止、法律行为相对撤销或者相对解除及法律关系相对消灭。抵押权(或其顺位)的相对放弃,为违背法律逻辑和生活经验之矛盾概念。故为求法律概念准确、逻辑严密、避免法律关系之混淆和复杂化,本法不承认抵押权(或其顺位)相对放弃。

顺便指出,各国家及地区确有抵押权顺位让与的相关规定。

如中国台湾地区“民法”物权编新增第 870 条之一即增设“抵押权次序之让与”规定。学说认为，规定抵押权次序之让与，可使抵押权人依其次序所支配之交换价值的利用更具弹性，便于其投下的金融资本在多数债权人间有灵活周转之余地，并有相互调整其复杂利害关系之手段。（王泽鉴：《民法物权》第 2 版，第 376、377 页）笔者认为，中国在改革开放、从计划经济向市场经济转轨之时，开始推行担保银行贷款之抵押制度，2007 年原《物权法》始对抵押制度有较完善之规定。物权法施行迄今时间尚短，社会各界民法知识不足、法治观念淡薄，法律制度应力求简明、方便操作、避免复杂化。像抵押权顺位让与这样复杂繁难之制度，以不盲目模仿、急于引进为宜。

本条所规定的抵押权放弃，指抵押权人以意思表示消灭自己的抵押权；抵押权顺位放弃，指先顺位抵押权人依意思表示消灭自己的优先顺位（权）。按照民法原理，抵押权（或其顺位）放弃，为单方法律行为，基于抵押权人放弃抵押权（或其顺位）的单方意思表示而成立（第 134 条）。因抵押权（或其顺位）放弃，属于依法律行为发生物权变动，故不动产抵押权（或其顺位）之放弃，须向不动产登记机构办理注销抵押权（或其顺位）之登记，始发生抵押权（或其顺位）放弃的效力；动产抵押权（或其顺位）之放弃，自放弃抵押权（或其顺位）的意思表示成立时发生效力（第 138 条），但“未经登记的，不得对抗善意第三人”。

抵押权人一经放弃抵押权，其抵押权归于消灭，该抵押权所担保的债权，因而成为无担保债权。抵押权人一经放弃其抵押权顺位，其抵押权即从优先顺位抵押权，变成最后顺位抵押权。但在顺位放弃之后新设立的抵押权的顺位，应在放弃优先顺位的抵押权之后，自不待言。补充一点，如抵押权（或其顺位）放弃有害于第三人利益，如在抵押权与主债权一并为他人设立权利质权的情形，则依诚实信用原则（第 7 条），抵押权人不得放弃其抵押权（或其顺位）。

本条第 1 款第二句规定，“抵押权人与抵押人可以协议变更抵押权顺位以及被担保的债权数额等内容”。民法理论上，权利变更，分为主体变更与内容变更。中国民法立法和理论所称权利变更，仅指权利内容变更。权利主体变更，称为权利转让。抵押权为依据抵押合同设立的权利。抵押权人不能单方面变更抵押权内容。唯抵押合同双方当事人可以协商变更抵押权内容。故条文明定“抵押权人与抵押人可以协议变更抵押权顺位以及被担保的债权数额等内容”。条文“债权数额等内容”中的“等”字，指抵押合同约定的利息率、履行期限、违约责任（违约金）。按照条文，不仅原合同约定的债权数额、利息率、履行期限、违约责任等内容，可以协商变更；抵押权顺位非原抵押合同所约定内容，也可以协商变更。

抵押权人与抵押人协商达成变更抵押权顺位以及被担保债权数额、利息率、履行期限、违约金等内容的“协议”，属于无名合同，按照合同编第 467 条规定，应当适用合同编通则关于合同订立（第 2 章）、合同效力（第 3 章）、合同变更（第 6 章）的规定。故变更“协议”之订立，应采用书面形式（第 469 条），采用要约承诺方式（第

471 条），于抵押权人和抵押人均签名、盖章或者按指印时成立（第 490 条），如非另有约定，自协议成立时即发生效力（第 502 条）。抵押权顺位、受担保债权数额等内容变更，属于依法律行为发生物权变动，在不动产抵押权，须向不动产登记机构申请办理抵押权变更登记，始发生抵押权变更的效力；在动产抵押权，于变更协议生效时即发生抵押权变更的效力，但“未经登记，不得对抗善意第三人”。

第 1 款第三句规定，“但是，抵押权的变更未经其他抵押权人书面同意的，不得对其他抵押权人产生不利影响”。即在同一抵押财产之上存在多个抵押权情形，其中一个抵押权协商变更，不得影响其他抵押权人的利益。（1）抵押权顺位变更。先顺位抵押权可以协商变更为后顺位抵押权；后顺位抵押权不得协商变更为先顺位抵押权。如同一抵押财产存在三个抵押权，第一顺位抵押权可以变更为第二顺位抵押权、第三顺位抵押权；第二顺位、第三顺位抵押权不得变更为第一顺位抵押权，除非经其他抵押权人同意。（2）受担保债权数额、利息率、违约金的变更。同一抵押财产之上存在多个抵押权情形，任一顺位抵押权均可协商减少债权数额、降低利息率、减少违约金，但协商增加债权数额、增大利息率、增加违约金，必须经后顺位抵押权人同意。（3）履行期限变更。任一顺位抵押权均可协商缩短履行期限；但协商延长履行期限，必须经后顺位抵押权人同意。

本条第 2 款规定，“债务人以自己的财产设定抵押，抵押权人放弃该抵押权、抵押权顺位或者变更抵押权的，其他担保人在抵押权人丧失优先受偿权益的范围内免除担保责任,但是其他担保人承诺仍然提供担保的除外”。条文“其他担保人”,包括第三人提供财产抵押的物上保证人,与提供保证合同担保的保证人。本条的适用范围,指除债务人以自己财产设立抵押担保之外,存在第三人财产设立抵押担保(物上保证人)或者第三人提供保证合同担保(保证人),或者并存第三人财产设立抵押担保(物上保证人)和第三人提供保证合同担保(保证人)的情形。

这种情形,按照第392条的规定,抵押权人(债权人)应当先执行债务人财产设立的抵押权、就债务人提供的抵押财产优先受清偿,其不足清偿的债权金额,再通过执行第三人财产设立的抵押权,或者通过执行第三人保证责任而获得清偿。本款规定,如果抵押权人放弃债务人财产设立的抵押权或者放弃其顺位或者对该抵押权进行变更,“其他担保人在抵押权人丧失优先受偿权益的范围内免除担保责任”。换言之,抵押权人本可以通过先执行债务人财产设立的抵押权获得优先受清偿,却因放弃该抵押权或其顺位或者变更该抵押权,而未获优先受偿的债权金额,不得通过执行第三人财产设立的抵押权,或者通过执行保证人的保证责任而获得清偿。本款“但书”规定,“其他担保人承诺仍然提供担保的除外”,即物上保证人、保证人承诺对抵押权人放弃债务人财产设立的抵押权或放弃其顺位、变更该抵押权致未获得优先受偿的债权金额仍提供担保的,应当执行该项承诺而不适用本款规定。本条沿用原法第194条原文,个别文字有调整。

第四百一十条　抵押权的实行

债务人不履行到期债务或者发生当事人约定的实现抵押权的情形，抵押权人可以与抵押人协议以抵押财产折价或者以拍卖、变卖该抵押财产所得的价款优先受偿。协议损害其他债权人利益的，其他债权人可以请求人民法院撤销该协议。

抵押权人与抵押人未就抵押权实现方式达成协议的，抵押权人可以请求人民法院拍卖、变卖抵押财产。

抵押财产折价或者变卖的，应当参照市场价格。

本条规定抵押权的执行。第1款第一句规定，“债务人不履行到期债务或者发生当事人约定的实现抵押权的情形，抵押权人可以与抵押人协议以抵押财产折价或者以拍卖、变卖该抵押财产所得的价款优先受偿”。前段“债务人不履行到期债务或者发生当事人约定的实现抵押权的情形”，为执行抵押权的条件，一是债务人未履行到期债务，二是约定抵押权实现的条件成就。后段规定抵押权执行方法，一是抵押权人与抵押人协议以抵押财产折价归抵押权人，抵充债务；二是申请法院拍卖、变卖该抵押财产就其变价金优先受偿。第二句规定，折价抵充协议撤销权。抵押权人与抵押人达成的折价“协议损害其他债权人利益的”，“其他债权人可以请求人民法院撤销该协议”。“其他债权人”，包括享有后顺位抵押权的债权人和无担保债权人。此项撤销权，须以形成之诉方式行使，但有别于本来形成权意义的撤销权（总则编第147～150条），颇类似于债权人撤销权（合同编第538条）。

第 2 款规定，“抵押权人与抵押人未就抵押权实现方式达成协议的，抵押权人可以请求人民法院拍卖、变卖抵押财产”。前款规定抵押权的两种执行方法，由当事人选择采用，通常先考虑“折价抵充”方法，此种执行方法简便易行，符合意思自治（合同自由）原则。但如经协商达不成协议，抵押权人当然可以采用第二种执行方法、申请法院拍卖抵押财产就变价金优先受偿。须补充一点，说“通常先考虑”协商折价，并非必须先采用协商折价方法，抵押权人不考虑协商折价而直接采用申请法院拍卖抵押财产方法并非不可。

第 3 款规定，“抵押财产折价或者变卖的，应当参照市场价格”。“拍卖”以公开竞价方式成立买卖合同，合于市场规则、公平原则，应无疑义。但协商折价或者变价，就难免偏离公平原则，故本款明示“应当参照市场价格”。“折价”协议、变价买卖协议，性质上属于无名合同，其成立生效，应当适用关于合同订立、生效的规则。假设有一方利用对方不利情事导致显失公平，总则编关于法律行为显失公平的撤销权的规定（第 151 条），应有适用余地。本条在原法第 195 条基础上稍有改动。

第四百一十一条　特别动产集合抵押财产的确定

依据本法第三百九十六条规定设定抵押的，抵押财产自下列情形之一发生时确定：

（一）债务履行期限届满，债权未实现；

（二）抵押人被宣告破产或者解散；

（三）当事人约定的实现抵押权的情形；

（四）严重影响债权实现的其他情形。

本条规定特别动产集合抵押财产的确定。依据本法第396条规定设定的特别动产集合抵押权，抵押财产是抵押人现在所有及将来所有的“生产设备、原材料、半成品、产品”组成的“动产集合体”，办理抵押登记时仅登记构成“动产集合体”的“生产设备、原材料、半成品、产品”的“名称、数量等情况”。其中“将有的”动产（主要是原材料）须待抵押人“实际取得”之时才属于抵押财产，“现有的”动产（成品）于抵押权设定后将被出卖而流出。其抵押财产（动产集合体）须待执行抵押权之时确定。本条规定其抵押财产确定的原因：（1）债务履行期限届满，债权未实现；（2）抵押人被宣告破产或者解散；（3）当事人约定的实现抵押权的情形；（4）严重影响债权实现的其他情形。

第（1）（2）（3）项原因，不难理解，故无须解释。唯第（4）项“严重影响债权实现的”情形，究何所指？法律规定第（4）项抵押财产确定原因，其政策目的是于发生“严重影响债权实现的”情形，许可抵押权人“提前行使抵押权”。与法律许可合同当事人行使“不安抗辩权”颇为类似。故对第（4）项可类推解释发生“不安抗辩权”的原因（第529条）的法律规定。即第（4）项“严重影响债权实现的”情形，包括：其一，抵押人经营状况严重恶化；其二，抵押人转移财产、抽逃资金，以逃避债务；其三，抵押人丧失商业信誉；其四，抵押人有丧失或者可能丧失履行债务能力的其他情形。本条沿用原法第 196 条原文,个别文字有调整。

第四百一十二条　抵押财产的孳息

债务人不履行到期债务或者发生当事人约定的实现抵押权的情形,致使抵押财产被人民法院依法扣押的,自扣押之日起,抵押权人有权收取该抵押财产的天然孳息或者法定孳息,但是抵押权人未通知应当清偿法定孳息义务人的除外。

前款规定的孳息应当先充抵收取孳息的费用。

本条规定抵押财产孳息收取。民法所谓"孳息",分为天然孳息与法定孳息。天然孳息,指财产基于自然属性所生的利益,如植物的果实、动物的奶与幼崽。但天然孳息未与抵押财产分离时,为抵押财产的组成部分。法定孳息,指财产基于一定法律关系取得的收益,如利息、租金。抵押权设立之后,至抵押财产被人民法院依法扣押之前,因抵押人仍旧有权对抵押财产占有、使用、收益,故抵押财产的孳息包括天然孳息和法定孳息,概归抵押人收取,不在抵押权效力所及范围之内。唯在抵押权人申请法院执行抵押权,抵押财产被法院依法扣押之后,抵押权的效力始及于抵押财产的天然孳息和法定孳息。故本条第 1 款规定,"债务人不履行到期债务或者发生当事人约定的实现抵押权的情形,致使抵押财产被人民法院依法扣押的,自扣押之日起,抵押权人有权收取该抵押财产的天然孳息或者法定孳息"。其中,如未将抵押财产被法院依法扣

押的事实通知支付义务人，义务人当不会主动向抵押权人支付法定孳息。故“但书”规定，“抵押权人未通知应当清偿法定孳息义务人的除外”，明定应当由抵押权人通知。此项通知，为事实通知，与债权转让通知、不可抗力通知性质相同。第 2 款规定，“前款规定的孳息应当先充抵收取孳息的费用”，其理自明，毋庸赘言。本条沿用原法第 197 条。

第四百一十三条　抵押财产变价款有余与不足

抵押财产折价或者拍卖、变卖后，其价款超过债权数额的部分归抵押人所有，不足部分由债务人清偿。

本条规定抵押财产变价金有余与不足。依据条文，“抵押财产折价或者拍卖、变卖后，其价款超过债权数额的部分归抵押人所有，不足部分由债务人清偿”。“超过债权数额的部分归抵押人所有”一句中的“债权数额”，非仅抵押合同约定的、抵押登记的受担保债权数额，还应包括其利息、违约金。并且，超过受担保债权数额及其利息、违约金的“部分”，须扣除抵押权执行费用、抵押财产被扣押期间的保管费用之后，才“归抵押人所有”。条文规定“不足部分由债务人清偿”，是抵押制度应有之义。但此“不足部分”债权，为无担保债权，债权人不享有优先受偿的权利，自不待言。本条沿用原法第 198 条原文。

第四百一十四条　一物多押的清偿顺序

同一财产向两个以上债权人抵押的,拍卖、变卖抵押财产所得的价款依照下列规定清偿:

(一)抵押权已经登记的,按照登记的时间先后确定清偿顺序;

(二)抵押权已经登记的先于未登记的受偿;

(三)抵押权未登记的,按照债权比例清偿。

其他可以登记的担保物权,清偿顺序参照适用前款规定。

本条规定同一财产设立多个抵押权情形的清偿顺序。本条规定的清偿顺序是:(1)"抵押权已经登记的,按照登记的时间先后确定清偿顺序"。鉴于本法规定不动产(包括不动产权利)抵押权实行登记生效主义(第402条),故不动产抵押权不存在"未登记"的情形;唯动产抵押权实行登记对抗主义(第403条),故动产抵押权存在"已经登记"与"未登记"情形。故同一不动产(包括不动产权利)设立两个以上抵押权,或者同一动产设立两个以上均已登记的动产抵押权,应"按照登记的时间先后"确定清偿顺序。(2)"抵押权已经登记的先于未登记的受偿"。因不动产抵押权不存在"已经登记"与"未登记"的情形,仅同一动产存在设立两个以上动产抵押权,有的"已经登记",有的"未登记",则"已经登记"的动产抵押权先于"未登记"的动产抵押权受清偿。(3)"抵押权未登记的,按照债权比例清偿"。指同一动产设立两个以上动产抵押权,均未办理抵押登记,则"按照债权比例清偿"。因动产抵押权于抵押合同生效时设立,同一动产设立两个以上(均未登记的)抵押权,不能依登记时间决定先后顺序,故参照债权平等原则,视为同一顺序,按照债权比例受偿。第 2 款规定,“其他可以登记的担保物权,清偿顺序参照适用前款规定”,是指法律规定可以登记的权利质权。本条沿用原法第 199 条,并新设第 2 款。

第四百一十五条　抵押权与质权

同一财产既设立抵押权又设立质权的,拍卖、变卖该财产所得的价款按照登记、交付的时间先后确定清偿顺序。

本条规定同一财产并存抵押权和质权的清偿顺序。鉴于本法不承认不动产质权,仅规定动产质权和权利质权,故仅动产可能发生抵押权与质权并存的问题。抵押权与质权的区别在于是否移转标的物之占有于权利人。而动产抵押权实行登记对抗主义(第 403 条),可以登记,亦可不登记。故本条规定“按照登记、交付时间先后”决定清偿顺序。按照规定,同一动产并存抵押权和质权,如属于“先质、后押”,无论抵押权是否登记,总是“交付”在先,应当质权人先获得清偿;属于“先押、后质”,如抵押权未登记或者在设定质权之后才办理抵押登记,仍然是(质权)“交付”在先,亦应质权人先获得清偿;唯在办理抵押登记之后才设定质权情形,应当抵押权人先获得清偿。本条为新设。

第四百一十六条　担保价款动产抵押权

动产抵押担保的主债权是抵押物的价款,标的物交付后十日内办理抵押登记的,该抵押权人优先于抵押物买受人的其他担保物权人受偿,但是留置权人除外。

本条规定担保价款动产抵押权。条文规定,“动产抵押担保的主债权是抵押物的价款,标的物交付后十日内办理抵押登记的,该抵押权人优先于抵押物买受人的其他担保物权人受偿,但是留置权人除外”。“动产抵押担保的主债权是抵押物的价款”,这样的动产抵押权,可称为担保价款动产抵押权。所谓“动产”一语,文义过宽,涵盖一切动产。但依据本条创设担保价款动产抵押权的立法目的,即条文明定以登记为对抗要件,可知条文所谓“动产”,非指第 395 条第 4 项“生产设备、原材料、半成品、成品”,应指第 6 项“交通运输工具”。又鉴于“交通运输工具”包括船舶、航空器、机动车,而其中船舶抵押由《海商法》规定,航空器抵押由《民用航空法》规定,故本条所谓“动产”仅指“机动车”。故依据本条设立的担保价款动产抵押,属于机动车抵押之一种。

按照《道路交通管理条例》(已失效)第 3 条规定,所谓“机动车”,“是指各种汽车、电车、电瓶车、摩托车、拖拉机、轮式专用机械车”。请特别注意,其中的汽车、电车、电瓶车、摩托车属于交通运输工具,而拖拉机、轮式专用机械车,并非交通运输工具,而属于生产工具。拖拉机除用于农业生产外,也可以用于运输,但轮式专用机械车并不用于运输,它们被归入“机动车”,只是因为须在道路上行驶。本条创设价款担保特别动产抵押权制度的立法目的,着重针对的是轮式专用机械车。

专用于工程建筑、道路建筑、桥梁架设、隧道开掘、矿山采掘的各种轮式专用机械车,相对于其他机动车而言价格昂贵,且企业需要购买的类型多、数量大。故购销轮式专用机械车往往采用分期付款买卖方式。分期付款买卖,为了保障价款债权实现,《民法典》合同编规定了两项制度:一是第 634 条规定的加速到期制度;二是第 641 条规定的所有权保留制度。

先看加速到期制度。合同编第 634 条规定,采用分期付款买卖,如果买受人迟延付款的金额超过了全部价款的 1/5,且在出卖人催告后的合理期限内仍未支付,出卖人即可以行使"加速到期权",要求买受人立即支付包括到期的和未到期的全部价款;如果买受人不能按照出卖人的请求支付全部价款,则出卖人可以行使"解除权",解除买卖合同并从买受人处取回标的物。此项制度的立法目的,在于保障出卖人的权益。出卖人行使加速到期权和解除权,当然对买受人不利。但从此项制度的实际效果看,对于生产重型机械设备的企业(出卖人)而言,也未必有利。因为买受人资金链断裂情形,支付当期价款尚且不能,要求一次性支付(到期与未到期的)全部价款就更难实现,只好行使解除权解除合同了事。这种情形,要从施工现场取回机械设备也非容易。一旦买受人已经将标的物转卖,要从第三人取回标的物就更加困难。即使取回这些使用过的机械设备又如何处理? 可知加速到期制度对于出卖人而言也难有实效。

再看所有权保留制度，规定在《民法典》合同编第641条。与加速到期制度一样，分期付款买卖合同附保留所有权条款，也是交易惯例。机动车（包括轮式专用机械车）属于动产，其物权变动采交付生效主义（第224条）。因合同约定所有权保留条款，买受人因机动车交付仅取得该机动车的占有，他可以占有、使用该机动车，但未取得机动车所有权。机动车的所有权仍保留在出卖人手里。规定所有权保留的第641条，即是规定动产交付生效主义的第224条句末“但书”所谓“法律另有规定的除外”。因为合同约定了所有权保留条款，于买受人违约（不能支付价款）时，出卖人可以不依据第634条行使加速到期的解除权，而直接依据所保留的所有权行使取回权，从买受人处取回机动车，派员工直接到施工现场把车辆开走就行了。与加速到期制度比较，保留所有权制度对于出卖人的保护似更为有利。

但对于机动车分期付款买卖采用所有权保留方式，在现实生活中遭遇的障碍，来自《道路交通安全法》规定的机动车登记管理制度。该法第8条规定：“国家对机动车实行登记制度。机动车经公安机关交通管理部门登记后，方可上道路行驶……”《道路交通安全法实施条例》第5条第1款规定：“初次申领机动车号牌、行驶证的，应当向机动车所有人住所地的公安机关交通管理部门申请注册登记。申请机动车注册登记，应当交验机动车，并提交以下证明、凭证：（一）机动车所有人的身份证明；（二）购车发票等机动车来历证明；（三）机动车整车出厂合格证明或者进口机动车进口凭证；（四）车辆购置税完税证明或者免税凭证；（五）机动车第三者责任强制保险凭证;(六)法律、行政法规规定应当在机动车注册登记时提交的其他证明、凭证。”概言之,机动车必须办理注册登记、取得机动车号牌和行驶证“方可上路行驶”,而申请注册登记必须是申请人享有所有权的机动车。采用分期付款方式取得的机动车,因出卖人保留机动车所有权,买受人不能向交通管理部门办理注册登记、取得机动车号牌和行驶证,因此就不能上路行驶。

采用分期付款买卖方式购置轮式专用机械车,是为了解决买受人的资金困难。但因出卖人保留所有权致使买受人取得的轮式专用机械车不能申请注册登记、不能领取号牌和行驶证,当然也就无法使用。如果出卖人坚持约定所有权保留条款,买受人肯定放弃购买。因此,出卖人不得已只好放弃所有权保留这一确保价款债权实现的法律手段,而使买受人基于交付而取得轮式专用机械车的所有权。这样做,当然对于从事工程建设、修桥铺路、矿山开采的企业有利,但却使从事各种类型轮式专用机械车制造的生产企业面临价款债权难以实现的风险。在中国已经成为世界重型机械设备(包括轮式专用机械)“制造大国”和建筑工程、道路建筑的“基建大国”的当下,传统民法附所有权保留的分期付款买卖方式,因难以兼顾生产各种轮式专用机械设备的重工企业与使用各种轮式专用机械设备的建筑、筑路和采矿企业双方的利益,而成为市场交易和经济发展的难题和障碍。

为了破解难题、克服障碍,《民法典》物权编新创本条担保价款动产抵押权制度,作为保留所有权制度之替代。依据本条的规定,购置轮式专用机械车仍旧采用分期付款买卖合同方式,只是双方当事人不再约定“所有权保留条款”，而代之以签订担保价款动产抵押合同，作为分期付款买卖合同的从合同（第388条第1款第3句）。按照分期付款买卖合同，出卖人在交付标的物（轮式专用机械车）于买受人之时，买受人即依法取得轮式专用机械车的所有权（第224条）；按照担保价款动产抵押合同，买受人以所有人身份、凭车辆所有权及各项单据向道路管理部门办理注册登记（领取车辆号牌和行驶证）的同时，以该轮式专用机械车作为抵押物办理担保价款动产抵押权登记。在同一登记机关，同时办理车辆注册登记和抵押登记，买受人基于注册登记取得车辆号牌和行驶证、出卖人基于抵押登记取得抵押权证。于是，轮式专用机械车分期付款买卖双方当事人的利益得到兼顾。可见，本条完全是针对我国社会经济生活的新问题所创设的崭新制度，具有重要实践意义、理论意义和促进经济发展的政治意义。

现在看法律条文：“动产抵押担保的主债权是抵押物的价款，标的物交付后十日内办理抵押登记的，该抵押权人优先于抵押物买受人的其他担保物权人受偿，但是留置权人除外。”条文仅一款，下面分为三段进行解读。

第一段“动产抵押担保的主债权是抵押物的价款”，明示此项抵押权制度的基本特征。普通抵押权，所担保的主债权是抵押人与抵押权人之间的借款合同债权，设定抵押权的目的是融资；本条担保价款动产抵押权，所担保的是购买抵押物自身的价款。买受人用购买的标的物反过来担保该标的物的价款债权。这在民法史上是前所未闻的。条文所谓“动产”，非指一切动产，而是仅限于

“机动车”。因机动车实行登记管理,同一登记机构既办理车辆注册登记也办理车辆抵押登记。《道路交通安全法实施条例》第 8 条规定,“机动车所有人将机动车作为抵押物抵押的,机动车所有人应当向登记该机动车的公安机关交通管理部门申请抵押登记”。补充一点,虽说新创担保价款动产抵押权制度所针对的是购销轮式专用机械车,但其他须注册登记领取号牌和行驶证方可上路行驶的机动车(各种汽车、电车、拖拉机)分期付款买卖合同,亦可采用这一抵押担保方式。机动车之外的动产分期付款买卖合同,因为标的物没有登记管理制度,故不能依据本条设立担保价款动产抵押权,仍可采用保留所有权担保方式,自不待言。

条文第二段,“标的物交付后十日内办理抵押登记的,该抵押权人优先于抵押物买受人的其他担保物权人受偿”,是对担保价款动产抵押权对抗要件和法律效力的规定:

在标的物交付后 10 日内办理抵押登记的法律效力。在同一抵押物之上设立复数抵押权情形,按照第 414 条规定,抵押权均已经登记的,按照登记时间确定清偿顺序,即登记时间在先的先受偿。是故为贯彻本条担保价款动产抵押制度政策目的,条文规定“标的物交付后十日内办理抵押登记”的,方才发生优先于“其他担保物权人”受清偿的效力。所谓“其他担保物权人”,包括成立于该抵押物之上的未经登记的抵押权人、抵押登记时间在先的抵押权人、抵押登记时间在后的抵押权人,以及(该抵押物用于质押的)质权人。

迟延办理抵押登记的法律效力。依反对解释,虽未在“标的物交付后十日内办理抵押登记”,但在此后办理了抵押登记,该抵押权人虽不能优先于登记时间在先的抵押权人和质押交付时间在先的质权人受清偿,但能够优先于登记时间在后的抵押权人和质押交付时间在后的质权人受清偿。换言之,这种情形,担保价款动产抵押权,因未在“交付后的十日内”办理抵押登记,仅具有普通抵押权的效力。

未办理抵押登记的法律效力。可分为对第三人的效力,与对其他抵押权人的效力。其一,对第三人的效力。按照物权编第 403 条的规定,动产抵押权“自抵押合同生效时设立,未经登记,不得对抗善意第三人”。担保价款动产抵押权,亦属于动产抵押权,应自双方订立的抵押合同生效时设立,但未经登记不具有对抗善意第三人的效力。此所谓“善意第三人”,指买受人将抵押物转卖情形,不知该标的物已经抵押的买受人。反之,明知该标的物已经抵押的买受人,称为“恶意第三人”。按照对第 403 条的解释,则未办理抵押登记的担保价款动产抵押权,仅不能对抗“善意第三人”,尚可对抗“恶意第三人”。其二,对其他抵押权人的效力。按照第 414 条第 1 款第 2 项关于“抵押权已经登记的先于未登记的受偿”的规定,于标的物上成立复数抵押权情形,担保价款动产抵押权,虽自抵押合同生效时设立,却因未办理抵押登记,故不具有优先于已经登记的其他抵押权受清偿的效力;如果其他抵押权亦未办理抵押登记,则按照第 414 条第 1 款第 3 项规定,担保价款动产抵押权人与其他抵押权人,应当“按照债权比例清偿”。因两个抵押权均未登记,均不具有物权的优先效力,只能依据债权平等原则,按各债权的比例受清偿。

条文第三段,即句末“但书”规定,“但是留置权人除外”。抵押权属于意定担保物权,留置权属于法定担保物权。第456条规定:“同一动产已经设立抵押权或者质权,该动产又被留置的,留置权人优先受偿。”留置权优先于抵押权和质权,系担保物权法的通例。其形式上的理由,是法定权利优先于约定权利。实际上的理由,是因标的物已在留置权人占有之下,且留置权担保的债权属于维修、保管等费用通常金额较小;法律规定留置权人优先受偿,属于“顺水推舟”,可以避免强制执行的困难。本条创设担保价款动产抵押权,亦不能例外。

如上所述,鉴于轮式专用机械车的分期付款买卖,难以采用传统民法所有权保留方式保障价款债权的实现,《民法典》物权编新创担保价款动产抵押权制度。因此,分期付款买卖这一古老合同,在当今中国法律语境之下,就有了两种担保价款债权实现的法律手段,并进而区分为附所有权保留约款的分期付款买卖合同,与附担保价款动产抵押权的分期付款买卖合同。由此构成中国民法的特色之一,值得注意。

第四百一十七条 新增建筑物与建设用地使用权一并处分原则

建设用地使用权抵押后,该土地上新增的建筑物不属于抵押财产。该建设用地使用权实现抵押权时,应当将该土地上新增的建筑物与建设用地使用权一并处分。但是,新增建筑物所得的价款,抵押权人无权优先受偿。

本条规定新增建筑物与建设用地使用权一并处分原则。前已述及,在中国民法,土地与其上建筑物为两个不动产,而以所谓“房随地、地随房”原则,避免出现土地与其上建筑物归属不同权利人的情形。第 397 条进一步规定建筑物与宅基地一并抵押原则。依据该项原则,以建筑物抵押的,该建筑物占有范围内的建设用地使用权一并抵押;以建设用地使用权抵押的,该土地上的建筑物一并抵押。抵押人未一并抵押的,“未抵押的财产视为一并抵押”。该条“建筑物与宅基地一并抵押”原则,是指抵押权设定之时建设用地上已经存在建筑物的情形。建设用地使用权抵押之时该土地上不存在建筑物,于建设用地使用权抵押权设定之后新增建筑物的案型,则应当适用本条规定。

本条第一句规定“建设用地使用权抵押后,该土地上新增的建筑物不属于抵押财产”。按照“一并抵押原则”,抵押人在抵押建设用地使用权时,应当将建设用地使用权范围内的地上建筑物一并抵押。但就建设用地使用权及其地上建筑物设定的抵押权,其效力不及于抵押权设定之后新增的建筑物。条文所谓“新增的建筑物”,是指设定抵押权时尚不存在的、在抵押权设定之后建造的地上建筑物。

抵押权人在行使抵押权时,为贯彻“房随地、地随房”原则,应当将新增的建筑物与建设用地使用权一并处分(拍卖、变卖)。处分建设用地使用权的价款属于抵押权支配的范围,抵押权人有权优先受偿;因新增建筑物不属于抵押财产,不受抵押权支配,故新增建筑物的价款属于抵押人的一般责任财产,抵押权人无权对之主张优先受偿。条文第一句包含两重意思。其一,确定“一并处分原则”的适用范围,限于建设用地使用权抵押之后新增建筑物的案型。建设用地使用权抵押时建筑物已经存在的案型,应当适用“视为一并抵押”原则(第 397 条第 2 款)。其二,明文规定建设用地使用权抵押后“该土地上新增的建筑物不属于抵押财产”。

第二句规定“一并处分原则”。依据“一并处分原则”,于建设用地使用权实现抵押权时,“应当将该土地上新增的建筑物与建设用地使用权一并处分”。按照民法原理及本法规定,执行抵押权,仅能够处分(拍卖、变卖)抵押财产(第 413 条)并收取抵押财产的孳息(第 412 条),而不得处分未抵押的债务人的一般责任财产。本条第一句既然明定“新增的建筑物不属于抵押财产”,则何以第二句规定“新增建筑物与建设用地使用权一并处分”? 本条规定不属于抵押财产的“新增建筑物”与属于抵押财产的建设用地使用权一并处分,并非将新增建筑物视为“一并抵押”纳入抵押权支配范围,而是为了贯彻“房随地、地随房”原则,避免发生房地分属不同权利人的情形。而贯彻“房随地、地随房”原则属于公共利益,本条规定一并处分“不属于抵押财产”的新增建筑物,系基于公共利益对私权的一种限制。

第三句,“但书”规定,“但是,新增建筑物所得的价款,抵押权人无权优先受偿”。如前所述,一并处分“不属于抵押财产”的新增建筑物,非基于抵押权的支配效力,而是基于贯彻“房随地、地随房”原则,维护社会公共利益。新增建筑物既然“不属于抵押财产”,抵押权人当然无权就处分“新增建筑物所得价款”优先受偿。

须特别注意,法院依“一并处分”原则拍卖、变价建设用地使用权及地上新增建筑物时,必须对建设用地使用权的价款与新增建筑物的价款,严加区分;无论处分建设用地使用权所得价款是否足以清偿受担保债权,“新增建筑物所得的价款”均归抵押人所有,抵押权人无权对之主张优先受偿。于建设用地使用权变价款不足清偿受担保债权情形,法院不得径以“新增建筑物所得价款”补足(清偿)建设用地使用权变价款不足清偿部分债权,不得以执行抵押权特别程序代替债务履行普通诉讼程序。执行抵押权的法院,应当将“新增建筑物所得价款”返还给抵押人,并告知抵押权人(执行抵押权申请人),另依第413条关于“不足部分由债务人清偿”的法律规定,向法院提起请求债务人履行债务的给付之诉。本条沿用原法第200条原文,个别文字有调整。

第四百一十八条　集体土地使用权抵押的特别规则

以集体所有土地的使用权依法抵押的,实现抵押权后,未经法定程序,不得改变土地所有权的性质和土地用途。

根据《土地管理法》的规定,国家实行土地用途管制制度。国家编制土地利用总体规划,规定土地用途,严格限制农用地转为建设用地,控制建设用地总量,对耕地实行特殊保护。(第4条)按照本法(《民法典》)规定,“集体所有土地的使用权”不得抵押。(第399条)法律特别规定“乡镇、村企业的厂房等建筑物抵押的,其占用范围内的建设用地使用权一并抵押”(第398条),属于此项原则

之“例外”。本条所谓“集体所有土地使用权抵押”,即指随乡镇企业厂房等建筑物一并抵押的农村集体土地使用权抵押。此农村集体土地使用权抵押一经执行(拍卖),由各类营利法人或者自然人取得,势必改变土地所有权的性质和土地用途。故特设本条明确规定,“实现抵押权后,未经法定程序,不得改变土地所有权的性质和土地用途”。其理自明,毋庸赘言。本条为新增。

第四百一十九条　抵押权因主债权时效届满而消灭

抵押权人应当在主债权诉讼时效期间行使抵押权;未行使的,人民法院不予保护。

按照传统民法理论,抵押权性质上属于支配权,理应不受诉讼时效的限制。因此,虽主债权因诉讼时效届满而消灭(或者成为“自然债”),但抵押权人仍然可以申请法院执行抵押权,即抵押权不受主债权诉讼时效的限制。于是产生一个问题:在受担保债权时效届满之后,若抵押权人长期不行使其抵押权,将使抵押财产长期处于抵押权效力支配之下,使抵押人对自己财产的处分权长期受不当限制。为了避免出现这样的不当结果,其他国家和地区采取了两种不同的方案。一种方案是使抵押权受所担保债权的诉讼时效的限制。例如,《日本民法典》第 396 条规定,受担保债权因时效消灭,其抵押权也同时消灭。其法律依据是抵押权的从属性。另一种方案是为抵押权设立除斥期间。例如,中国台湾地区“民法”第 880 条规定,主债权因时效经过而消灭之后,5 年的除斥期间届满，抵押权消灭。当时，中国民法学者起草的《物权法草案（建议稿）》，参考我国台湾地区“民法”为抵押权设立除斥期间的方案，将抵押权的除斥期间规定为 2 年。

1995 年的原《担保法》并未涉及抵押权的除斥期间问题，其第 52 条规定：“抵押权与其担保的债权同时存在，债权消灭的，抵押权也消灭。”受学者建议稿的影响，最高人民法院《关于适用〈中华人民共和国担保法〉若干问题的解释》（已失效）第 12 条第 2 款明示：“担保物权所担保的债权的诉讼时效结束后，担保权人在诉讼时效结束后的二年内行使担保物权的，人民法院应当予以支持。”

但原《物权法》（第 202 条）采取了与最高人民法院《关于适用〈中华人民共和国担保法〉若干问题的解释》（已失效）和学者建议稿不同的方案，明确规定：“抵押权人应当在主债权诉讼时效期间行使抵押权；未行使的，人民法院不予保护。”此项规定使抵押权与受担保债权同受诉讼时效的限制，类似于《日本民法典》第 396 条的规定。其立法目的显然在于促使抵押权人尽快行使抵押权，避免抵押财产长期处于不确定状态，从而有利于市场交易的快捷和安全。本条沿用原法第 202 条原文。

第二节 最高额抵押权

第四百二十条 最高额抵押权定义

为担保债务的履行,债务人或者第三人对一定期间内将要连续发生的债权提供担保财产的,债务人不履行到期债务或者发生当事人约定的实现抵押权的情形,抵押权人有权在最高债权额限度内就该担保财产优先受偿。

最高额抵押权设立前已经存在的债权,经当事人同意,可以转入最高额抵押担保的债权范围。

本条是关于最高额抵押权定义的规定。所谓最高额抵押权,是指对一定范围内的不特定债权预定一个限额,由债务人或者第三人提供的财产作为担保财产而设定的特别抵押权。最高额抵押权区别于普通抵押权的特征在于,最高额抵押权所担保的债权未特定,且限于约定的相同类型基础合同关系所发生的债权。最高额抵押权的设立应当具备以下的条件:(1)须在基础合同关系之外订立最高额抵押权设立协议(合同);(2)须预先确定被担保债权的最高限额;(3)须约定被担保债权所由发生的基础合同关系;(4)被担保债权的发生一般具有交易上的连续性(连续发生)。设立最高额抵押权,采用与普通抵押权相同的公示方法,即向登记机构办理抵押登记,抵押权自登记时设立。

最高额抵押权的优点在于,就同一担保财产、办理一次抵押登记、设立一个(最高额)抵押权,即可担保约定期间内、基于同类基础合同关系连续发生的复数债权,可以规避就单个债权设立普通抵押权的反复设立、反复登记的复杂程序手续。设立最高额抵押权,为当事人间持续发生的债权之担保提供了便利条件,有利于维系持续的信用关系,加速资金的融通。故最高额抵押已经成为现今广泛采用的担保方式。

本条第1款规定最高额抵押的定义,据此可以与普通抵押权相区别。唯须注意,条文“一定期间内将要连续发生的债权”一语,未能确切表达最高额抵押权所担保的债权不特定,及受担保债权限于约定基础合同关系所发生的债权的基本特征。因此,对条文前段“为担保债务的履行,债务人或者第三人对一定期间内将要连续发生的债权提供担保财产的”,应当解释为:债务人或者第三人提供担保财产,为在最高债权额限度内,担保一定范围内连续发生的不特定债权的实现所设定的抵押权。

由最高额抵押权定义可知,仅可对当事人之间连续发生的、基础合同关系相同的不特定债权设定最高额抵押权。非因连续交易而发生的债权,或者债权的发生虽有先后次序但基础合同关系不相同,均不能设定最高额抵押权。可以设定最高额抵押的债权,应当符合以下条件:(1)债权的发生具有连续性,即债权的发生有先后或者具有先后发生的可能。(2)连续发生的债权仅以合同债权为限。对合同债权之外的债权不得设立最高额抵押权。(3)债权所由发生的合同关系种类相同。但基于票据关系的债权(票据权利),不论票据关系所由发生的原因关系是否相同,均可设定最高额抵押权。

如前所述,设立最高额抵押权,须由债权人(抵押权人)与提供担保财产的抵押人(债务人或者第三人)订立最高额抵押协议(合同),并据以向登记机构申办抵押登记,最高额抵押权自登记时设立。最高额抵押权设立后,相同基础合同关系连续发生的债权,将自动纳入(加入)受担保债权范围。最高额抵押权设立之前已经存在的债权,本不属于后来设立的最高额抵押权的担保范围,基于最高额抵押制度的立法目的、发挥最高额抵押担保功能及有利于促进交易的考虑,起草人特设本条第 2 款规定,“最高额抵押权设立前已经存在的债权,经当事人同意,可以转入最高额抵押担保的债权范围”。此“当事人同意”(将已经存在的债权转入最高额抵押权担保的债权范围)的意思,应为明示并且载入最高额抵押权设立协议(合同)。此已经存在的债权,应当属于合同债权且产生于相同种类合同关系,自不待言。本条沿用原法第 203 条原文。

第四百二十一条　抵押权转让从属性的例外

最高额抵押担保的债权确定前,部分债权转让的,最高额抵押权不得转让,但是当事人另有约定的除外。

本条是关于抵押权转让从属性例外的规定。按照民法原理,担保物权的目的在确保被担保债权的实现,故被担保债权为主权利、担保物权为从权利。主权利消灭,从权利因而消灭;主权利转让,从权利随之转让。主权利消灭,从权利因而消灭,称为从权利

消灭的从属性；主权利转让，从权利随之转让，称为从权利转让的从属性。抵押权即属于被担保债权的从权利，依据从属性原理，被担保债权消灭，抵押权因而消灭；被担保债权转让，抵押权随之转让。

抵押权转让的从属性，规定在《民法典》物权编第 407 条："抵押权不得与债权分离而单独转让或者作为其他债权的担保。债权转让的，担保该债权的抵押权一并转让，但是法律另有规定或者当事人另有约定的除外。"而本条规定，"最高额抵押担保的债权确定前，部分债权转让的，最高额抵押权不得转让"，即是抵押权转让的从属性之例外。本条规定，属于第 407 条"但书"所谓"法律另有规定"。

按照民法原理，最高额抵押权并不从属于担保范围内的特定债权，而仅从属于基础合同关系。故因基础合同关系发生的特定债权的变动或者消灭，对最高额抵押权不发生影响。特定债权因清偿、抵销等原因消灭，最高额抵押权并不消灭，仍为将来可能发生的不特定债权而存在；特定债权转让的结果，是该债权脱离最高额抵押权的担保范围，最高额抵押权并不随该债权的转让而一并转让。质言之，最高额抵押权，于所担保债权确定前，非担保范围内各特定债权的从权利，不具有消灭的从属性和转让的从属性。须补充说明，所担保债权一旦确定，最高额抵押权即因所担保债权确定而与普通抵押权无异，从而成为已确定的被担保债权的从权利，具有消灭的从属性及转让的从属性。

须注意本条"但书"规定："当事人另有约定的除外"。由此可知，本条关于最高额抵押权不随特定债权转让的规定，非强行性规定、属于任意性规定，当事人于最高额抵押权设立协议（合同）中约定，受担保特定债权转让，最高额抵押权随之转让的，该约定有效。本条沿用原法第 204 条原文，个别文字有调整。

第四百二十二条　最高额抵押权的变更

最高额抵押担保的债权确定前，抵押权人与抵押人可以通过协议变更债权确定的期间、债权范围以及最高债权额。但是，变更的内容不得对其他抵押权人产生不利影响。

本条规定最高额抵押权的变更。所谓"最高额抵押权的变更"，指"最高额抵押担保的债权确定前，抵押权人与抵押人可以通过协议变更债权确定的期间、债权范围以及最高债权额"。最高额抵押权的变更，须符合以下要件：(1)须在最高额抵押权所担保的债权确定之前。所担保的债权一经确定，最高额抵押权已与普通抵押权无异，即不得再行变更。(2)可以变更的内容，限于债权确定的期间、所担保债权范围及最高债权额。(3)须抵押权人与抵押人订立"变更协议"，此变更协议，属于原最高额抵押协议（合同）的补充协议。(4)须向抵押登记机构办理变更登记，自登记时发生最高额抵押权变更的效力。

请特别注意本条"但书"规定，"但是，变更的内容不得对其他抵押权人产生不利影响"。条文所谓"其他抵押权人"，指同一抵押财产设立复数抵押权情形的抵押登记时间在后（后顺位）抵押权人。按照“但书”“变更内容不得对其他抵押权人产生不利影响”的规定,则变更后的“债权确定的期间”,只能比原约定期间短,不能比原约定期间长;变更后“所担保债权范围”,只能比原约定范围窄,不能比原约定范围宽;变更后的“最高债权额”,只能比原约定债权额小,不能比原约定债权额大。

质言之,本条规定当事人可以协议变更最高额抵押权,是基于合同自由(意思自治)原则(第5条),出于对当事人意思的尊重;本条“但书”规定,则是出于维护其他抵押权人合法利益及市场交易安全的政策目的,而对当事人合同自由(意思自治)的限制。如抵押财产未设定复数抵押权,当事人协议变更最高额抵押权,自不受本条“但书”规定的限制,自不待言。本条沿用原法第205条原文,个别文字有调整。

第四百二十三条　债权确定

有下列情形之一的,抵押权人的债权确定:

(一)约定的债权确定期间届满;

(二)没有约定债权确定期间或者约定不明确,抵押权人或者抵押人自最高额抵押权设立之日起满二年后请求确定债权;

(三)新的债权不可能发生;

(四)抵押权人知道或者应当知道抵押财产被查封、扣押;

(五)债务人、抵押人被宣告破产或者解散;

(六)法律规定债权确定的其他情形。

本条是关于被担保债权确定的规定。如前所述，最高额抵押权与普通抵押权的区别在于，最高额抵押权设定时所担保的债权不特定（不确定），而普通抵押权设定时所担保的债权特定（确定）。所担保债权的确定，是最高额抵押权行使的前提条件。条文所谓"抵押权人的债权确定"，是指因发生当事人约定或者法律规定的事由，而使最高额抵押权所担保的不特定债权，转变成特定债权。最高额抵押权所担保的债权一经确定，抵押权人即可以被担保债权确定时现实存在的、不超过最高限额的特定债权为限，依照普通抵押权行使方法，就抵押财产折价或者变价优先受清偿。须补充说明，所谓"抵押权人的债权确定"，亦即最高额抵押权所担保债权确定，仅指所担保债权本金（原本），于执行之时还须加上利息、违约金或者损害赔偿金（如果有的话）、抵押财产保管费用和抵押权执行费用（如拍卖费用）。

顺便指出，抵押权执行以受担保债权本金确定为条件，被执行人（抵押人）以被担保债权未确定为由主张执行异议，经审查异议成立的，应当转为普通诉讼程序。但在（主债权）合同明确约定利息率、违约金额（或者计算方法）及因违约产生的损失赔偿额计算方法情形，如受担保债权本金确定，而仅利息数额、违约金额或者损失赔偿额尚未确定的，不影响抵押权的执行。这种情形，执行法庭应依据（主债权）合同约定的利息率和计算方法，计算确定利息额、违约金额或者违约损失赔偿额。但如抵押权人就违约损失赔偿金执行抵押权，被执行人（抵押人）以债权未确定为由主张执行异议，经查明（主债权）合同并未约定"因违约产生的损失赔偿额的计算方法”，则执行法庭应认定执行异议成立。

按照本条规定，最高额抵押权担保的债权（本金、原本），因发生下列情形之一而确定：(1)约定的债权确定期间届满。但当事人约定的担保期限不得超过3年，超过3年的，应当缩短为3年。(2)没有约定债权确定期间或者约定不明确，抵押权人或者抵押人自最高额抵押权设立之日起满2年后请求确定债权的。即最高额抵押人在抵押成立后经过3年，请求确定债权（原本、本金），自请求之日起经过15日债权（原本、本金）确定。(3)新的债权不可能发生，即被担保的不特定债权不可能再发生。例如，因被担保债权的基础合同关系消灭而不可能再发生债权。(4)抵押权人知道或者应当知道抵押财产被查封、扣押。即抵押财产因为财产保全或者执行程序而被查封、扣押的事实，且抵押权人知道或者应当知道此被查封、扣押事实。(5)债务人、抵押人被宣告破产或者解散。因法院裁定对债务人或者抵押人开始破产程序或者被解散，此程序法行为理当导致被担保债权确定。(6)法律规定债权确定的其他情形。

最高额抵押权所担保的债权确定的效力：其一，被担保债权确定时存在的债权，不论该债权是否已届清偿期或者是否附有条件，均属于抵押担保的范围。被担保债权确定后所发生的任何债权，均不属于抵押担保的范围。其二，被担保债权确定时存在的被担保债权之利息、违约金、损失赔偿金，均属于被担保债权的范围。其三，保全抵押物的费用以及实行抵押权的费用，不论在被担保的债权确定时是否已经发生，均属于抵押担保的范围。其四，受抵押担保的债权(原本、本金)、利息、违约金、损失赔偿金,保全抵押物的费用以及抵押权的实行费用,就抵押财产变价金优先受偿,不得超过最高额抵押协议(合同)预先约定的最高限额。本条沿用原法第 206 条原文,有文字调整。

第四百二十四条　法律适用

最高额抵押权除适用本节规定外,适用本章第一节的有关规定。

本条规定最高额抵押权的法律适用原则。最高额抵押属于抵押权的一种类型,除本节对最高额抵押有专门的规定外,理当适用本章第一节有关抵押权的一般规定。本条沿用原法第 207 条原文,有文字调整。

注　释

1 《不动产登记暂行条例实施细则》第 66 条第 2 款规定:"抵押合同可以是单独订立的书面合同,也可以是主债权合同中的抵押条款。"

2 《民法典》第 389 条规定:"担保物权的担保范围包括主债权及其利息、违约金、损害赔偿金、保管担保财产和实现担保物权的费用。当事人另有约定的,按照其约定。"

3 王泽鉴:《民法物权》(第 2 版),北京大学出版社 2010 年版,第 42 - 43 页。

4 《不动产登记暂行条例实施细则》第 76 条规定:"申请在建建筑物抵押权首次登记的,当事人应当提交下列材料:(一)抵押合同与主债权合同;(二)享有建设用地使用权的不动产权属证书;(三)建设工程规划许可证;(四)其他必要材料。”

5 《海商法》第14条规定:设立船舶抵押权、在建船舶抵押权,登记机构为船籍港所在地的船舶登记机关。《民用航空法》第11条规定,设立民用航空器抵押权登记机构为国务院民用航空主管部门。《机动车登记办法》(已失效)第4条规定,公安机关交通管理部门的车辆管理所是机动车的登记机构。《机动车登记办法》(已失效)第33条规定,已注册登记的机动车设立机动车抵押权,登记机构为机动车管辖地车辆管理所。

第十八章　质　权

质押（质权），是指债务人或者第三人将其所有的动产移交债权人占有而作为债权担保的制度。

第一节　动产质权

第四百二十五条　质权定义

为担保债务的履行，债务人或者第三人将其动产出质给债权人占有的，债务人不履行到期债务或者发生当事人约定的实现质权的情形，债权人有权就该动产优先受偿。

前款规定的债务人或者第三人为出质人，债权人为质权人，交付的动产为质押财产。

所谓质押（质权），为中国民法抵押担保制度之外的另一项物的担保制度。债务人或者第三人将其所有的动产移交债权人占有而作为债权的担保,称为质押。原《担保法》第 63 条第 1 款规定:"本法所称动产质押,是指债务人或者第三人将其动产移交债权人占有,将该动产作为债权的担保。债务人不履行债务时,债权人有权依照本法规定以该动产折价或者以拍卖、变卖该动产的价款优先受偿。"依此规定,质权是指为担保债权受偿而直接支配债务人或者第三人动产的担保物权。

质权起源于古罗马法。古罗马法上的质权起初仅具有留置的效力,而不具有就质押财产变价优先受偿的效力,质权人只能以质押财产的占有,间接强制债务人履行债务。后来裁判官法承认了质权的变价受偿效力,在债务人不履行债务时,质权人可以将质押物变价受偿或者取得质押物的所有权。质权制度在中国有着悠久的历史。中国古代,不论动产、不动产或人身,如交付占有以供作债权担保,均称为质(质押)。民国时期民法参考德国和日本的立法,规定了动产质权和权利质权制度。

近现代各国民法关于质权的规定,不完全相同。德国民法规定的质权,包括动产质权和权利质权;再依其成立方式,分为约定质权、法定质权和扣押质权;除法定质权外,质权的取得须以移转质押财产的占有为要件。法国民法规定的质权,包括动产质权和不动产质权;而债权、著作权、营业财产、定期金、股份等财产权利,视为动产,可以设定权利质权。日本民法规定的质权,有动产质权、权利质权和不动产质权。瑞士民法、韩国民法规定的质权,仅有动产质权和权利质权,不承认不动产质权。

中国《民法典》物权编第十七章抵押权制度，其适用范围超出了不动产的范围，规定了不动产抵押权和动产抵押权，一定程度上缩小了质押担保的适用范围。但设定动产抵押权，限于有登记制度的动产。而对于没有登记制度，不能通过登记公示设定抵押权的动产，为方便融资、鼓励交易并确保交易安全，仍然有利用质押担保的余地。因此，物权编设第十八章对动产质权作较为完备的规定。考虑到与动产具有相同或者近似属性的财产权利，诸如票据权利、提单、仓单、债券、股权、知识产权等，也有用于设定质权的必要和可能。因此，还规定了权利质权。鉴于不动产担保有抵押权制度可资利用，故本法不认可不动产质权。

本条是关于动产质权定义的规定。第1款规定，"为担保债务的履行，债务人或者第三人将其动产出质给债权人占有的，债务人不履行到期债务或者发生当事人约定的实现质权的情形，债权人有权就该动产优先受偿"。其中，"为担保债务的履行"（为担保债权的实现），为设定动产质权的目的。基于此目的，债务人或者第三人将自己的动产交付"给债权人占有"，方才成立动产质权；不具有"为担保债务的履行"之目的，即使将动产交付"给债权人占有"，亦不能成立动产质权。条文"出质"一词，其文义与"为担保债务的履行"重复，以解释为"交付"或者"移转"为宜。条文"债务人不履行到期债务或者发生当事人约定的实现质权的情形，债权人有权就该动产优先受偿"，是对动产质权效力的规定。据此可知，动产质权，即债权人就所占有的债务人或者第三人的动产优先受清偿的担保物权。

第2款进一步规定,动产质押关系中,“为担保债务的履行”,而将自己的动产交付债权人占有的“债务人或者第三人为出质人”;对所占有的债务人或者第三人的动产享有优先受偿权利的“债权人为质权人”;交付给债权人占有、债权人有权对之优先受偿的动产为质押财产。本条沿用原法第208条原文。

第四百二十六条　禁止质押的动产范围

法律、行政法规禁止转让的动产不得出质。

前已谈及,担保物权为支配标的物交换价值、可就标的物变价金优先受偿的物权。质权属于担保物权,以支配标的物(动产、财产权利)的交换价值为其实质内容,故质押标的物(质押物)应当具有交换价值并能依法予以拍卖、变卖。动产质权的标的物,应当具有交换价值,且法律不禁止其转让。虽具有交换价值但法律禁止其转让的动产,不得成立动产质权。

本条明确规定,“法律、行政法规禁止转让的动产不得出质”。法律、行政法规“禁止转让的动产”,即民法理论所谓“禁止流通物”。“不得出质”,即不得质押、不得设立质权。按照本条规定,以法律、行政法规禁止转让(流通)之动产出质的质押合同,应当依据总则编第153条的规定确认无效。本条沿用原法第209条原文。

第四百二十七条　质押合同

设立质权，当事人应当采用书面形式订立质押合同。

质押合同一般包括下列条款：

（一）被担保债权的种类和数额；

（二）债务人履行债务的期限；

（三）质押财产的名称、数量等情况；

（四）担保的范围；

（五）质押财产交付的时间、方式。

本条是关于质押合同的规定。本编第 388 条规定，设立担保物权，应当依法订立担保合同。质押合同即属于担保合同。质押合同是出质人与质权人以意思表示设定质权的双方法律行为（合同）。质押合同属于要式法律行为，应当采用书面形式订立。出质人与质权人（债权人）可以在被担保债权合同（主合同）之外单独订立质押合同（协议），也可以在被担保债权合同（主合同）中约定质押条款。质押合同为被担保债权合同（主合同）的从合同（第 388 条第 1 款）。

值得注意的是，本条第 2 款规定“质押合同一般包括”的“条款”，而未使用“主要条款”“非主要条款”这样的概念。按照民法原理，“主要条款”，亦称必要条款，是决定合同成立的条款，缺少“主要条款”合同不成立，当然也就谈不到生效。“非主要条款”，亦称一般条款，不是决定合同成立的条款，缺少非主要条款，不影响合同的成立和生效，只是影响合同的履行。考虑到合同种类繁多而各种合同的主要条款多不相同,故立法者回避"主要条款""必要条款"这样的概念,而将主要条款之认定,留给学者、法官结合具体合同类型解释。

条文列举规定"质押合同一般包括下列条款":"(一)被担保债权的种类和数额;(二)债务人履行债务的期限;(三)质押财产的名称、数量等情况;(四)担保的范围;(五)质押财产交付的时间、方式。"请特别注意,其中第1项"被担保债权的种类和数额"、第2项"债务人履行债务的期限"、第3项"质押财产的名称、数量等情况",属于质押合同"主要条款"。缺少任何一项,均应当认定质押合同不成立。而第4项"担保的范围"及第5项"质押财产交付的时间、方式",属于质押合同"非主要条款"。缺少(未约定)第4项"担保的范围"和第5项"质押财产交付的时间、方式",不影响抵押合同的成立和生效。鉴于第4项"担保的范围"条款,属于规定"担保范围"的第389条的"但书"所谓"当事人另有约定的"除外情形,故在质押合同未约定第4项"担保的范围"条款情形,应当适用第389条关于"担保范围"的规定,确定该质押合同"担保的范围",包括:主债权及其利息、违约金、损害赔偿金、保管质押财产和实现债权的费用。[1]至于缺少或者未约定(或者约定不明确)第5项"质押财产交付的时间、方式",可依交易习惯确定,无交易习惯的,则以实际交付的时间、方式为准。本条沿用原法第210条原文,个别文字有调整。

第四百二十八条　流质禁止规则

质权人在债务履行期限届满前，与出质人约定债务人不履行到期债务时质押财产归债权人所有的，只能依法就质押财产优先受偿。

本条规定流质禁止规则。在受担保债务履行期限届满之前，债权人与出质人约定债务履行期限届满而债务人未履行债务则质押财产归债权人所有，这样的约款称为“流质约款”，罗马法以来均被法律禁止。例如，《德国民法典》第1229条规定：“按照出卖权发生前达成的协议，约定在质权人未受清偿或未即时清偿时，质押财产的所有权应即归于或移转于质权人者，此协议为无效。”《瑞士民法典》第894条规定：“质押财产的所有权因质权人未受清偿而归属于质权人的约定，无论何种情形，不生效力。”

按照本条规定，“流质约款”无效，债权人不得依据“流质约款”取得质押财产所有权，只能依据法律规定执行质权、就质押财产折价或者变价优先受偿。同样内容的约款，在抵押合同称为“流抵押约款”（第401条）。流质禁止、流抵押禁止，立法目的和法律效力相同。本条在原法第211条基础上有所修改。

第四百二十九条　质权的设立

质权自出质人交付质押财产时设立。

本条规定质权的设立（生效）。按照民法原理和相关规定，质权的设定以质押财产的占有移转为要件。如《德国民法典》第1205条规定："1. 为设定质权，所有人应将物移交于债权人，并由双方当事人约定，质权应属于债权人。2. 债权人已占有其物时，只需有关质权成立的协议即可。"《日本民法典》第344条规定："质权的设定，因向债权人交付标的物而发生效力。"质押财产的占有移转，应当是质押物的实际占有，即出质人将质押物交付给债权人或者其代理人实际占有。当事人不得约定由出质人代替债权人占有质押财产。当事人约定由出质人代为占有质押财产的，因未发生债权人对质押物的实际占有，应不发生质权设定的效力。质押合同约定由出质人代为占有质押财产的条款，当然不生效力。例如，《日本民法典》第345条规定："质权人，不得使出质人代自己占有质押财产。"

本条规定，"质权自出质人交付质押财产时设立"。条文所谓质权"设立"，亦即质权生效。所谓"交付"，亦即"移转占有"，指出质人实际将质押财产交付于债权人或者债权人的代理人占有。未实际将质押财产交付于债权人或者其代理人占有的，例如，债权人与出质人约定委托出质人代替债权人占有质押物，当不发生质权设立（生效）的效力。此项委托出质人代替占有的约定，亦当然无效。

如前所述，设立抵押权依登记为公示方法，设立质权以移转占有为公示方法。动产质权，以占有质押财产为设立要件。按照本法物权变动与原因行为的区分原则（第214条、第215条），质押合同自合同成立时生效，因质押财产未交付占有致质权未设立的，质押合同的效力不受影响。当事人对质押合同的生效另有约定的，从其约定。本条沿用原法第212条原文。

第四百三十条　孳息收取权

质权人有权收取质押财产的孳息，但是合同另有约定的除外。

前款规定的孳息应当先充抵收取孳息的费用。

本条是关于质权人的孳息收取权的规定。按照民法原理和相关规定，除当事人之间另有约定外，质权人有权收取质押财产所产生的孳息。质权人所收取的质押财产孳息，应当先充抵收取孳息的费用。质权人收取的质押财产孳息，若为金钱，质权人得径行充抵债权；若非金钱，可依当事人的合意估价抵充债权，或者变价孳息以抵偿债权。其变价方法应准用关于质权实行（第438条）的规定。本条沿用原法第213条。

第四百三十一条　擅自使用质押财产的责任

质权人在质权存续期间，未经出质人同意，擅自使用、处分质押财产，造成出质人损害的，应当承担赔偿责任。

各国家及地区在规定质权人保管质押财产的义务的同时，还明文规定禁止质权人使用和处分质押财产。因质权的功能在于担保质权人的债权的清偿，质权人占有质押财产，目的在于限制出质人使用或者处分质押财产。质权人使用或者处分质押财产，并非质权的内容或者目的。因此，除非经出质人同意，质权人不得使用和处分质押财产。

本条明文规定，“质权人在质权存续期间，未经出质人同意，擅自使用、处分质押财产,造成出质人损害的,应当承担赔偿责任”。鉴于“未经出质人同意”的使用、处分,即是“擅自使用、处分”,故“擅自”与“未经出质人同意”,构成语义重复。质权人“未经出质人同意”“使用、处分抵押财产,造成出质人损害”,而依据本条承担“(损害)赔偿责任”,属于侵权责任性质;此项损害赔偿责任,仅以“未经出质人同意”、(使用、处分质押财产)“造成出质人损害”为构成要件,而不考虑其“使用、处分”质押财产行为是否具有过错,应当注意。

须补充一点,在质权存续期间,质权人“经出质人同意”,使用、处分质押财产,如果质权人的使用、处分行为不具有过错,即使造成出质人损害,亦不应当承担损害赔偿责任。例如,质押财产使用通常造成的价值减损或者因市场价格变化导致的损失,质权人不应承担赔偿责任。这种情形,属于出质人应当负担的风险。本条沿用原法第 214 条原文,有文字调整。

第四百三十二条　质权人保管义务及提存

质权人负有妥善保管质押财产的义务;因保管不善致使质押财产毁损、灭失的,应当承担赔偿责任。

质权人的行为可能使质押财产毁损、灭失的,出质人可以请求质权人将质押财产提存,或者请求提前清偿债务并返还质押财产。

本条是质权人保管义务的规定。按照民法原理,质权人既然占有质押财产,当然有保管质押财产的义务。质权人应当以善良管理人的注意保管质押财产。例如,《德国民法典》第 1215 条规定:“质权人负有保管质押财产的义务。”中国台湾地区“民法”第 888 条规定:“质权人应以善良管理人之注意,保管质押财产。”民法所谓“善良管理人的注意”,亦即具有相当知识经验的诚信经营者所应有的注意。因质权人未尽善良管理人的注意,造成质押财产毁损、灭失的,质权人应当承担民事责任。质权人保管质押财产不能尽善良管理人的注意而有造成质押财产损失的危险的,出质人有权请求质权人提存质押财产,或者提前清偿债务以消灭质权。质押财产的提存不影响质权人的质权。出质人(债务人)提前清偿债务致使质权消灭,质权人应当将质押财产返还出质人。

本条第 1 款规定,“质权人负有妥善保管质押财产的义务;因保管不善致使质押财产毁损、灭失的,应当承担赔偿责任”。条文“妥善保管质押财产”的义务,亦即所谓“以善良管理人之注意”保管质押财产的义务。如前所述,所谓“善良管理人的注意”,应当理解为具有相当知识经验的诚信经营者所应有的注意。条文“保管不善”,亦即未尽“善良管理人的注意”。依据本款规定,质权人对出质人承担损害赔偿责任,须具备以下要件:其一,质权人“保管不善”(其对质押财产的保管不符合善良管理人的注意);其二,“质押财产毁损、灭失”;其三,质权人“保管不善”与“质押财产毁损、灭失”之间有因果关系。如果质权人已经尽到“妥善保管”义务,亦即其对质押财产的保管符合具有相当知识经验的诚信经营者的注意,质押财产仍然毁损、灭失的(如因不可抗力、意外事故),质权人将不承担赔偿责任。

第 2 款规定,“质权人的行为可能使质押财产毁损、灭失的,出质人可以请求质权人将质押财产提存,或者请求提前清偿债务并返还质押财产”。条文“质权人的行为”,包括质权人的“保管不善”(其保管行为不符合具有相当知识经验的诚信经营者的注意),以及“未经出质人同意”使用质押财产行为和虽“经出质人同意”但不当使用质押财产的行为。条文“请求质权人将质押财产提存”,其提存费用应当由质权人自己负担。提存规则规定在合同编第 570 ~ 574 条。

须注意,依据本款规定,在“质权人的行为可能使质押财产毁损、灭失的”情形,对于请求质权人将质押财产提存,或者债务人提前清偿债务并请求“返还质押财产”,出质人有选择权。出质人选择请求质权人将质押财产提存的,质权人不得要求其提前清偿债务;反之,出质人选择提前清偿债务,质权人不得坚持将质押财产提存。本条沿用原法第 215 条原文,个别文字有调整。

第四百三十三条　请求担保及提前行使质权

因不可归责于质权人的事由可能使质押财产毁损或者价值明显减少,足以危害质权人权利的,质权人有权请求出质人提供相应的担保;出质人不提供的,质权人可以拍卖、变卖质押财产,并与出质人协议将拍卖、变卖所得的价款提前清偿债务或者提存。

本条是关于替代担保的规定。按照民法原理和相关规定,因质权人之外的原因致质押财产损坏或者所具有的交换价值减少,

为确保债权的受偿,各国家及地区规定质权人享有担保提供请求权和紧急变价权。例如,《德国民法典》第 1218 条规定:“(1)因质物有败坏之虞或其价值显有减少之虞时,出质人得以提供其他担保请求返还质物,不得以保证人作为提供担保。(2)质权人应将有败坏之虞的情况,立即通知出质人,但不能通知者,不在此限。”《德国民法典》第 1219 条规定:“(1)因质物有败坏之虞或因其价值显有减少致足以危害质权人的担保者,质权人得公开拍卖质物。(2)1. 上述情况,以价金代替质物。2. 经出质人的请求,应将价金提存。”中国台湾地区“民法”第 892 条规定:“因质物有腐坏之虞,或其价值显有减少,足以害及质权人之权利者,质权人得拍卖质物,以其卖得价金,代充质物。前项情形,如经出质人之请求,质权人应将价金提存于法院。质权人届债权清偿期而未受清偿者,得就提存物实行其质权。”

按照本条第一句规定,“因不可归责于质权人的事由可能使质押财产毁损或者价值明显减少,足以危害质权人权利的,质权人有权请求出质人提供相应的担保”。此即质权人的担保提供请求权。质权人行使担保提供请求权,须具备三项要件:其一,“因不可归责于质权人的事由可能使质押财产毁损或者价值明显减少”。其二,该质押财产毁损或者价值明显减少,“足以危害质权人权利”。所谓“足以危害质权人权利”,指质押财产“毁损或者价值明显减少”,将使受担保债权不能获得足额清偿。其三,须“质押财产毁损或者价值明显减少”的原因(事由),“不可归责于质权人”。亦即“质押财产毁损或者价值明显减少”,非质权人对质押财产保管不善所致。

条文“相应的担保”之所谓“相应”,应指与“质押财产毁损或者明显价值减少”的价值“相应”,但不得超过受担保债权的数额。至于“担保”方式,条文未设限制,应解释为,可以是物的担保(质押担保、抵押担保)或者人的担保(保证合同担保)。

第二句规定,“出质人不提供的,质权人可以拍卖、变卖质押财产,并与出质人协议将拍卖、变卖所得的价款提前清偿债务或者提存”。此即质权人(质押财产)紧急变价权。质权人行使此紧急变价权,须具备三项要件:其一,须具备担保提供请求权三项要件;其二,须质权人行使担保提供请求权,即质权人已经“请求出质人提供相应的担保”;其三,须“出质人不提供”担保,即出质人以意思表示拒绝质权人的请求、不提供担保。此意思表示,包括明示(以口头或者书面拒绝提供担保)或者默示(不提供担保的事实)。

须特别注意,质权人行使紧急变价权,无须征得出质人同意。但在行使紧急变价权“拍卖、变卖质押财产”后,须“与出质人协议将拍卖、变卖所得的价款提前清偿债务或者提存”。按照设置紧急变价权的政策目的,用“拍卖、变卖所得价款”(变价金)“提前清偿债务”(提前行使质权),必须与出质人协商经出质人同意。因为所担保债务履行期限未满,债务人对此有期限利益。紧急变价权之设,是为了质权人的利益,以行使紧急变价权保存质权所支配(质押财产的)交换价值。以变价金“提前清偿债务”,不属于设置紧急变价权的立法目的范围,且将损害债务人的期限利益。故“提前清偿债务”,须征得出质人同意。如果出质人不同意,则质权人应当将变价金提存。

补充一下，条文“协议”一词，以解释为“协商经出质人同意”为宜。“提前清偿债务”一语，不符合法律用语习惯，应解释为“提前履行债务”或者“提前清偿债权”为宜。将“拍卖、变卖质押财产所得价款”（变价金）提存，并不损害出质人期限利益，故无须经出质人同意。应由质权人（提存人）负担提存费用，此提存费用亦属于质权所担保的债权范围，自不待言。本条沿用原法第 216 条原文，个别文字有调整。

第四百三十四条　转质及其责任

质权人在质权存续期间，未经出质人同意转质，造成质押财产毁损、灭失的，应当承担赔偿责任。

本条是关于转质及其责任的规定。按照民法原理，质权存续期间，质权人为担保自己或者他人的债务，有权以质物设定新的质权，称为转质。各国家及地区在规定中多认可质权人有转质的权利。因转质而取得质权的权利人，称为转质权人。转质，依是否经出质人同意为成立条件，分为承诺转质与责任转质。例如，《瑞士民法典》第 887 条规定：“质权人经出质人同意后，始得将质物转质。”《日本民法典》第 348 条规定：“质权人，于其权利存续期间，可以依自己的责任，转质质物。于此情形，对于因不可抗力造成的、不转质就不会产生的损失，亦负其责任。”中国台湾地区“民法”第 891 条规定：“质权人于质权存续中，得以自己之责任，将质物转质于第三人。其因转质所受不可抗力之损失，亦应负责。”其中，《瑞士民法典》规定的转质，为承诺转质；《日本民法典》及中国台湾地区“民法”规定的转质，为责任转质。

所谓承诺转质，是指以征得出质人的同意为成立条件的转质。在承诺转质，质权人仅对因转质权人的过错造成质押财产的损失承担责任；而对非因转质权人的过错造成质押财产的损失，质权人不承担责任。所谓责任转质，是指不以出质人的同意为成立条件的转质。即在质权存续期间，质权人无须征得出质人同意，而以自己的责任将质物转质于第三人。在责任转质，质权人对转质后质押财产所发生的任何损失，包括因不可抗力而发生的损失，均应承担责任。法律规定承诺转质情形，如质权人未征得出质人同意而将质押财产转质于第三人，则该转质行为应不发生效力；法律规定责任转质情形，债权人征得出质人同意而将质押财产转质于第三人，则该转质行为有效。

本条规定，“质权人在质权存续期间，未经出质人同意转质，造成质押财产毁损、灭失的，应当承担赔偿责任”。条文既未规定“经出质人同意”（如瑞士民法），亦未规定“可以依自己的责任，转质质物”（如日本民法）、“得以自己之责任，将质物转质于第三人”（如我国台湾地区“民法”），则本条规定究竟属于承诺转质，抑或属于责任转质，不无疑问。但按照民法原理，如法律规定承诺转质，则未经出质人同意之转质，应不发生效力，而条文并未规定“未经出质人同意转质”不发生效力或者无效，而是规定质权人对“未经出质人同意转质，造成质押财产毁损、灭失的，应当承担赔偿责任”。故应当肯定，本条规定属于责任转质。条文因转质“造成质押财产毁损、灭失，应当承担赔偿责任”，应当解释为，转质期间，无论何种原因（转债权人的过错或者不可抗力）造成质押财产毁损、灭失，质权人均应当对出质人承担损害赔偿责任。本条沿用原法第217条。

第四百三十五条　质权人放弃质权

质权人可以放弃质权。债务人以自己的财产出质，质权人放弃该质权的，其他担保人在质权人丧失优先受偿权益的范围内免除担保责任，但是其他担保人承诺仍然提供担保的除外。

本条是关于质权的抛弃的规定。按照民法原理。权利人可依自己的意思决定行使其权利或者抛弃其权利。此在实体法称为权利行使自由原则（第130条），在程序法称为处分原则。质权人当然可以抛弃其质权。质权有优先于普通债权人就质押财产受清偿的效力，质权人抛弃质权，即放弃就质押财产优先受偿的利益。质权人抛弃质权，应当明示为之。质权人不行使质权或者怠于行使质权（权利不行使状态），不得推定为质权人抛弃质权。质权人抛弃质权，为质权人的单方意思表示，无须取得出质人的同意。如《德国民法典》第1255条规定：“（1）以法律行为废除质权时，只需质权人向出质人或所有人表示其放弃质权的意思，即可……”

本条规定，“质权人可以放弃质权。债务人以自己的财产出质，质权人放弃该质权的，其他担保人在质权人丧失优先受偿权益的范围内免除担保责任,但是其他担保人承诺仍然提供担保的除外”。条文第一句规定“质权人可以放弃质权”。“放弃”与“抛弃”同义。“放弃”为中国法习惯用法。所谓“放弃(权利)”,属于有相对人的单方法律行为,基于单方意思表示成立(第 134 条),应当采取向相对人(出质人、质押财产所有人)发通知的方式。此放弃质权通知,到达相对人(出质人、质押财产所有人)时生效(第 137 条第 2 款),该质权消灭。此放弃质权通知不得撤销。第二句前段规定,“债务人以自己的财产出质,质权人放弃该质权的,其他担保人在质权人丧失优先受偿权益的范围内免除担保责任”。条文“其他担保人”,应当指保证人。质权人抛弃质权,不得有损于其他利害关系人的利益。当质权所担保的债权有保证人时,为确保保证人的利益不致因质权人抛弃质权而受损害,故明确规定,同一债权既有保证担保又有质押担保时,若质权人放弃质权,保证人“在质权人丧失优先受偿权益的范围内免除担保责任”。

请特别注意,质权人放弃质权,保证人“在质权人丧失优先受偿权益的范围内免除担保责任”,有两项“例外”:其一,第三人提供质押财产的情形,质权人放弃质权,保证人不得“在质权人丧失优先受偿权益的范围内免除担保责任”。此从条文明文规定“债务人以自己的财产出质”,作为保证人“在质权人丧失优先受偿权益的范围内免除担保责任”的前提条件可知。但为什么在第三人以自己的财产出质情形中,质权人放弃质权,保证人就不得“在质权人丧失优先受偿权益的范围内免除担保责任”? 其法律依据,在本法第 392 条。第 392 条第二句规定,“债务人自己提供物的担保的,债权人应当先就该物的担保实现债权”。依此规定,“债务人自己提供物的担保”情形,人的担保(保证人)仅就先执行物的担保不足清偿债权的部分,承担补充担保责任。这是本条规定保证人“在质权人丧失优先受偿权益的范围内免除担保责任”的法理依据。第392条第三句规定,“第三人提供物的担保的,债权人可以就物的担保实现债权,也可以请求保证人承担保证责任”。亦即第三人提供物的担保与保证担保并存情形,债权人依法享有选择权,他可以选择执行物的担保,也可以选择执行人的担保。质权人(债权人)放弃质权,等同于债权人选择“请求保证人承担保证责任”,故保证人不得“在质权人丧失优先受偿权益的范围内免除担保责任”。其二,即本条“但书”规定,“但是其他担保人承诺仍然提供担保的除外”。依意思自治原则,保证人既然“承诺(在质权人放弃质权之后)仍然提供(保证)担保”,当然不得“在质权人丧失优先受偿权益的范围内免除担保责任”。本条沿用原法第218条原文。

第四百三十六条　质押财产返还、质权行使

债务人履行债务或者出质人提前清偿所担保的债权的,质权人应当返还质押财产。

债务人不履行到期债务或者发生当事人约定的实现质权的情形,质权人可以与出质人协议以质押财产折价,也可以就拍卖、变卖质押财产所得的价款优先受偿。

质押财产折价或者变卖的,应当参照市场价格。

本条第 1 款是关于质物返还的规定。按照民法原理,质权为受担保债权的从权利,依权利消灭的从属性原则,受担保债权(主权利)消灭,则质权(从权利)因而消灭。质权既然消灭,质权人无权继续占有质押财产,而当然应将其占有的质押财产返还给出质人。各国家及地区称之为质权人的"质押物返还义务"。《德国民法典》第 1223 条规定,"(1)质权人在质权消灭后负有将质物返还于出质人的义务"。中国台湾地区"民法"第 896 条规定:"动产质权,所担保之债权消灭时,质权人应将质物返还于有受领权之人。"所谓"有受领权之人",包括质押财产的所有人及其代理人。

本条第 1 款规定,"债务人履行债务或者出质人提前清偿所担保的债权的,质权人应当返还质押财产"。所谓"债务人履行债务",指受担保债权债务之债务人履行债务,致使受担保债权消灭;"出质人提前清偿所担保的债权",指第三人提供质押财产情形中,出质人与受担保债务人非同一人,出质人于债务履行期到来之前"提前(代替债务人)履行债务(清偿债权)",致使受担保债权消灭。因质权消灭,"质权人应当返还质押财产"于质押财产的所有权人或者其代理人。鉴于"履行债务"与"清偿债权"意义相同,同一条文并用"履行债务""清偿债权",难谓妥帖。质权因其所担保债权消灭时,法律使质权人负有返还质押财产的义务。质权人拒不返还的,质押财产所有人可以依据本条规定或者依据关于原物返还请求权的规定(第 235 条),向法院提起质押财产返还之诉,自不待言。

本条第 2 款是关于质权实行的规定。动产质权的实行又称为动产质权的行使,是指质权人在受担保债权已届清偿期而债务人不履行债务时,处分质物以优先取偿的行为。在债务人不履行债务时,质权人有权变价质押财产,以其变价金优先受清偿。此是质押担保的目的、质权的主要效力。《德国民法典》第 1228 条规定:“(1)质权人就质物取得清偿者,以出卖质物实现之。(2)1. 在债权全部或部分届清偿期时,质权人有权出卖质物。2. 债务标的物不是金钱时,仅在债权已变更为金钱债权后,始准许出售质物。”《日本民法典》第 354 条规定:“动产质权人,于其债权不受清偿时,以有正当理由为限,可以请求法院准许其依鉴定人的估价,直接以质物抵充清偿。于此情形,质权人应预先将其请求通知债务人。”

本条第 2 款规定,“债务人不履行到期债务或者发生当事人约定的实现质权的情形,质权人可以与出质人协议以质押财产折价,也可以就拍卖、变卖质押财产所得的价款优先受偿”。条文前段“债务人不履行到期债务或者发生当事人约定的实现质权的情形”,是对动产质权行使条件的规定。行使动产质权,以债务履行期到来而债务人未履行债务或者当事人在质押合同中约定的实现质权的事由出现为条件。但本法关于质权紧急行使的规定(第 433 条),是为例外。条文后段规定,“质权人可以与出质人协议以质押财产折价,也可以就拍卖、变卖质押财产所得的价款优先受偿”,是关于动产质权的实行方法的规定。条文规定了三种方法:其一,“与出质人协议以质押财产折价”以取得质押财产所有权;其二,“拍卖”质押财产就“所得价款优先受偿”;其三,以其他形式“变卖质押财产”就“所得价款(变价金)优先受偿”。采用第一种(折价)

方法,须与出质协议,而其余两种方法(拍卖、变卖),均无须征得出质人同意,得由质权人自己为之。但质权人以拍卖或者变卖的方法处分质押财产前,须通知出质人。

本条第 3 款补充规定,“质押财产折价或者变卖的,应当参照市场价格”。采用折价、变卖方法处分质押财产,“应当参照市场价格”,此系出于公平原则(第 6 条)的考虑。依据此项规定,出质人认为折价或者变卖违背公平原则的,有权向法院起诉,请求法院审查其折价或者变卖是否符合公平原则。经法庭审查认定违背公平原则的,应当确认“折价”协议或者变卖合同无效,另行采用“拍卖”方法处分质押财产。本条沿用原法第 219 条原文。

第四百三十七条　出资人请求行使质权

出质人可以请求质权人在债务履行期限届满后及时行使质权;质权人不行使的,出质人可以请求人民法院拍卖、变卖质押财产。

出质人请求质权人及时行使质权,因质权人怠于行使权利造成出质人损害的,由质权人承担赔偿责任。

本条规定出质人请求行使质权。质权以担保债权实现为目的,以所担保债务履行期届满而债务人未履行债务为行使条件。质权行使条件一旦成就,质权人应及时行使质权。如质权人不及时行使质权,使当事人之间的债权债务关系不能及时了结,对于经济流转和市场秩序不利。按照民法原理和相关规定,出质人享有

两项权利：一是“及时行使质权催告权”，据以催告质权人及时行使质权；二是“质权行使请求权”，据以请求法院拍卖、变卖质押财产，以变价金清偿受担保债权。

本条第 1 款规定，“出质人可以请求质权人在债务履行期限届满后及时行使质权；质权人不行使的，出质人可以请求人民法院拍卖、变卖质押财产”。条文第一句明定，于质权行使条件成就时，出质人有权请求质权人及时行使质权。“请求”一语，以解释为“催告”为宜。出质人行使此“催告权”，应当以意思表示向质权人为之，即向质权人发“（书面）质权行使催告通知”。条文第二句明定，于出质人行使“催告权”、向质权人发出“质权行使催告通知”之后，“质权人（仍）不行使（质权）的”，出质人“可以请求人民法院拍卖、变卖质押财”。此“质权行使请求权”的相对方是人民法院，此项权利的实质是申请法院拍卖、变卖质押财产，以变价金清偿受担保债权。法院拍卖、变卖质押财产，属于执行担保物权特别程序，而非普通诉讼程序。故条文“请求”一语，以解释为“申请”为宜。人民法院受理出质人“申请”，依执行担保物权特别程序，拍卖、变卖质押财产，以其变价金清偿受担保债权。

本条第 2 款规定，“出质人请求质权人及时行使质权，因质权人怠于行使权利造成出质人损害的，由质权人承担赔偿责任”。此项“损害赔偿责任”的构成要件为：其一，出质人向质权人发出“行使质权催告通知”；其二，经出质人催告后质权人仍“怠于行使权利”；其三，出质人受到损害；其四，质权人怠于行使权利，与出质人所受损害之间存在因果关系。“怠于行使权利”如何认定？于催告通知到达质权人之时起经过一个“合理期间”，质权人仍不行使质权，即可认定质权人“怠于行使权利”。“合理期间”，则应当结合质押财产具体类型及社会生活经验判断。“造成出质人损害”，即指质押财产的毁损、灭失和价值减少，包括因质权人的行为、质权人行为之外的原因（不可抗力、质押财产的性质），造成质押财产毁损、灭失或者价值减少。此损害赔偿责任，属于特别侵权责任；因不考虑质权人是否具有过错，故属于严格（无过错）责任。本条沿用原法第220条。

第四百三十八条　变价金多余或者不足

质押财产折价或者拍卖、变卖后，其价款超过债权数额的部分归出质人所有，不足部分由债务人清偿。

本条规定变价金多余与不足。条文规定折价或者拍卖、变卖质押财产后，其变价金“超过债权数额的部分归出质人所有，不足部分由债务人清偿”。与第413条规定抵押财产变价金多余与不足，相同，毋庸赘述。本条沿用原法第221条原文。

第四百三十九条　最高额质权

出质人与质权人可以协议设立最高额质权。

最高额质权除适用本节有关规定外，参照适用本编第十七章第二节的有关规定。

本条规定最高额质权参照适用最高额抵押权的规定。最高额质权,是指对于债权人的一定范围内的不特定且连续发生的债权预定一个限额,并由债务人或者第三人提供质押财产予以担保而设定的质权。最高额质权与最高额抵押权类似。二者主要区别是,质押财产须移转于质权人占有,而最高额抵押权之抵押财产不移转占有(但须抵押登记)。在最高额质权的确定以及效力方面,与最高额抵押权并无不同。故本条规定,对于最高额质权,除本章关于质权的规定外,参照适用本法关于最高额抵押权的规定。本条沿用原法第222条。

第二节　权利质权

第四百四十条　可以出质的权利

债务人或者第三人有权处分的下列权利可以出质:

(一)汇票、本票、支票;

(二)债券、存款单;

(三)仓单、提单;

(四)可以转让的基金份额、股权;

(五)可以转让的注册商标专用权、专利权、著作权等知识产权中的财产权;

(六)现有的以及将有的应收账款;

(七)法律、行政法规规定可以出质的其他财产权利。

本条是关于权利质权标的范围的规定。权利质权，是指以出质人提供的财产权利为标的而设定的质权。依照本条的规定，权利质权的标的仅限于下列财产权利：(1)汇票、本票、支票；(2)债券、存款单；(3)仓单、提单；(4)可以转让的基金份额、股权；(5)可以转让的注册商标专用权、专利权、著作权等知识产权中的财产权；(6)现有的以及将有的应收账款；(7)法律、行政法规规定可以出质的其他财产权利。

依照权利质权标的的不同属性，权利质权可以分为债权质权、基金份额质权、股权质权和知识产权质权。以性质为债权的财产权利为标的设定的质权，为债权质权，诸如以汇票、支票、本票、债券、存款单、仓单、提单等证券权利为标的设定的质权，以及以应收账款权利为标的设定的质权；以基金份额为标的设定的质权为基金份额质权；以公司股权为标的设定的质权为股权质权；以专利权、注册商标专用权、著作权中的财产权等知识产权为标的设定的质权为知识产权质权。

按照民法原理，以财产权利为标的设定的质权，即为权利质权。但并非所有的财产权利均可作为权利质权标的，能够作为权利质权标的之财产权利，应当为可以转让的财产权利。质权的本质在于支配质押标的的交换价值，在债务人不履行债务时，质权人可以变价质押标的而就其变价金受清偿；质押标的若不能转让，则质权的效力无从发挥。故法律禁止转让的权利，即使具有财产价值，亦不得设立权利质权。条文中"处分"一语，其含义包括"转让""放弃"，应解释为"转让"为宜。如身份关系上的财产性权利，法律禁止其转让、并不禁止其放弃。此外,因本法不认可不动产质权,既然在不动产上不得设定质权,则以不动产为标的物之财产权利(土地承包经营权、宅基地使用权、地役权、建设用地使用权、海域使用权),亦不得以之设定权利质权。本条沿用原法第223条原文,个别文字有调整。

第四百四十一条　债权权利质权的设立

以汇票、本票、支票、债券、存款单、仓单、提单出质的,质权自权利凭证交付质权人时设立;没有权利凭证的,质权自办理出质登记时设立。法律另有规定的,依照其规定。

本条规定,汇票、支票、本票、债券、存款单、仓单、提单质权的设立。按照民法原理和相关规定,当事人创设质权的行为,应当公示。质权的设定公示,以移转质押标的之占有或者登记为基本形式。以有权利凭证的财产权利设立权利质权,以权利凭证移转占有(交付)为设立(生效)要件;以无权利凭证、有登记制度的财产权利设立权利质权,以质押登记为设立(生效)要件。既无权利凭证,亦无登记制度之财产权利,不得设立权利质权。

鉴于汇票、支票、本票、债券、存款单、仓单、提单均属于有权利凭证的财产权利,故本条第一句明确规定,“以汇票、本票、支票、债券、存款单、仓单、提单出质的,质权自权利凭证交付质权人时设立”。按照规定,出质人须向质权人移转权利凭证之占有,即将权利凭证“交付质权人”,质权“自权利凭证交付质权人(占有)时设立”。须特别注意,质押标的如属于《票据法》规定其转让(贴现)须“背书交付”的,其设立质权之“交付”,应指出质人将权利凭证(票据)按照《票据法》的规定,“背书并交付”质权人时,质权“设立”。此外,按照本法第 388 条的规定,须出质人与质权人订立质押合同,自不待言。

鉴于本条规定所针对的“以汇票、本票、支票、债券、存款单、仓单、提单”均属于以(法定)权利凭证表彰的债权性权利(其中仓单、提单兼具物权凭证性质),其权利质权之设立,必须以交付权利凭证于质权人为设立(生效)要件。按照民法原理及相关规定,以权利凭证表彰的权利(无论属于债权性权利或者物权性权利),必须凭权利凭证行使其权利;不存在权利凭证,即不存在权利。故条文第一句规定,“汇票、本票、支票、债券、存款单、仓单、提单”出质,以移转权利凭证之占有为“公示方法”。但鉴于科学技术的发展有所谓“电子化”“无纸化”趋势,本条第二句规定,“没有权利凭证的,质权自办理出质登记时设立”。

按照民法原理,权利质权之设立,凡有权利凭证的权利设立权利质权,应当以权利凭证之交付(移转占有)为公示方法;无权利凭证而有登记制度的权利设立权利质权,可以质押登记为公示方法。既无权利凭证亦无登记制度的权利,不得设立权利质权。故本条新增第三句规定“法律另有规定的,依照其规定”。所谓“法律另有规定”,应指既不以权利凭证交付(移转占有)为公示方法,也不以质押登记为公示方法的法律规定。针对以“汇票、本票、支票、债券、存款单、仓单、提单”设立的权利质权,真有既不交付权利凭证也不办理质押登记即可成立权利质权的"法律规定"？本条以原法第224条为基础，从第一句删除关于订立质押合同的规定，并新增第三句规定。

第四百四十二条　先于债权到期

汇票、本票、支票、债券、存款单、仓单、提单的兑现日期或者提货日期先于主债权到期的，质权人可以兑现或者提货，并与出质人协议将兑现的价款或者提取的货物提前清偿债务或者提存。

本条规定质押标的兑现或者提货日期先于主债权到期时质权人的给付请求权。按照民法原理和相关规定，以债权性权利（汇票、本票、支票、债券、存款单、仓单、提单）出质的，该债权性权利的债务人（承兑人、付款人、货物保管人），对出质人和质权人均承担给付（付款、交货）的义务。若质押的债权性权利的履行（兑现、付款、提货）日期，先于受担保主债权到期，虽该主债权清偿期尚未届至，质权人亦有权请求债务人（承兑人、付款人、保管人）履行（承兑、付款、交货）义务。出质人和质权人应当将权利质押事实通知质押权利的债务人。但因受担保主债权尚未到期，质权人从债务人获得的给付（金钱、货物）不能用来直接清偿受担保债权，只能予以提存。这种情形，若出质人同意提前清偿的，质权人当然可以用所受领的给付标的（金钱、货物）直接清偿受担保债权。

本条规定，"汇票、本票、支票、债券、存款单、仓单、提单的兑现日期或者提货日期先于主债权到期的，质权人可以兑现或者提货，并与出质人协议将兑现的价款或者提取的货物提前清偿债务或者提存”。所谓“质权人可以兑现或者提货”,即质权人对质押权利的债务人的履行请求权。此项请求权具有代位权的性质,质权人行使此项请求权,仅以“兑现日期或者提货日期先于主债权到期”为条件,而无须征求出质人同意或者通知出质人。须注意,质权人“将兑现的价款或者提取的货物提前清偿”受担保债权,必须与出质人协商并获得出资人同意;而“将兑现的价款或者提取的货物”提存,质权人可依己意为之,而无须征得出质人同意。但提存之后,须将提存的事实通知出质人,自不待言。本条沿用原法第225条。

第四百四十三条　基金份额、股权出质

以基金份额、股权出质的,质权自办理出质登记时设立。

基金份额、股权出质后,不得转让,但是出质人与质权人协商同意的除外。出质人转让基金份额、股权所得的价款,应当向质权人提前清偿债务或者提存。

本条规定基金份额、股权质权。按照民法原理和相关规定,权利质权的设立,应当采用与该权利转让相同的公示方法。如《德国民法典》第1274条规定:“(1)1. 权利质权的设定,依关于转让权利的规定为之……”如权利转让以移转权利凭证之占有为公示方法,则该权利质权之设立,亦须以移转权利凭证之占有为公示方法;如权利转让以登记为公示方法,则该权利质权之设立,亦应以登记为公示方法,质权自质押登记时设立(生效)。故以基金份额出质,基

金份额质权自登记于证券登记结算机构时设立（生效）。以证券登记结算机构登记的股权出质，股权质权自证券登记结算机构办理出质登记时设立（生效）；以未在证券登记结算机构登记的（非上市股份有限公司、有限责任公司）股权出质，股权质权自公司登记管理机关办理出质登记时设立（生效）。

本条第1款规定，“以基金份额、股权出质的，质权自办理出质登记时设立”。其中，以基金份额出质，应当向证券登记结算机构办理出质登记，基金份额质权自证券登记结算机构“办理出质登记时设立”。而“股权出质”分为两种情形，以上市公司的股权出质，应当向证券登记结算机构办理质押登记，股权质权自证券登记结算机构“办理出质登记时设立”；以非上市公司（非上市股份有限公司、有限责任公司）股权出质，应当向公司登记管理机关办理出质登记，股权质权“自办理出质登记时设立”。

本条第2款规定，“基金份额、股权出质后，不得转让，但是出质人与质权人协商同意的除外。出质人转让基金份额、股权所得的价款，应当向质权人提前清偿债务或者提存”。依照法律规定，基金份额持有人及股东有权依法转让其基金份额、股权，但在设立基金份额质权、股权质权之后，若出质人仍可自由转让已出资的基金份额或者股权，将损害质权人的合法利益。故有必要对已经质押基金份额和股权的转让予以限制。因此，条文第一句规定，以“基金份额、股权出质后，不得转让，但是出质人与质权人协商同意的除外”。依此规定，“基金份额、股权出质后，不得转让”为原则性规定；“但书”规定“出质人与质权人协商同意”转让的，属于此项原则的“例外”。第二句补充规定,出质人与质权人协商经质权人同意“转让基金份额、股权所得的价款,应当向质权人提前清偿债务或者提存”。鉴于受担保债权期限尚未届至,故“向质权人提前清偿债务”,应当经质权人同意;而“提存”则无须征得质权人同意,自不待言。本条以原法第226条为基础,第1款删除关于订立质押合同及登记机构的规定,第2款为原文,个别文字有调整。

第四百四十四条　知识产权出质

以注册商标专用权、专利权、著作权等知识产权中的财产权出质的,质权自办理出质登记时设立。

知识产权中的财产权出质后,出质人不得转让或者许可他人使用,但是出质人与质权人协商同意的除外。出质人转让或者许可他人使用出质的知识产权中的财产权所得的价款,应当向质权人提前清偿债务或者提存。

本条是关于知识产权质权设定的规定。知识产权,包括注册商标专用权、专利权、著作权,为法定的特许权利,具有财产价值,理论上称为无体财产权。但知识产权转让,以登记为公示方法。故设定知识产权质权,应当向登记机构办理出质登记,质权自办理出质登记时设立。第1款规定,“以注册商标专用权、专利权、著作权等知识产权中的财产权出质的,质权自办理出质登记时设立”。鉴于知识产权兼有财产权和人身权的性质,可依法转让和出质的,只是知识产权中的财产权,不包括知识产权中的人身权。故条文

明示“知识产权中的财产权出质”。且不同的知识产权,办理出质登记的登记机关亦不相同。

第 2 款规定对出质后的知识产权转让的限制。依照知识产权法的规定,权利人可以依照法律规定的方式转让其知识产权。但知识产权出质后,若允许出质人任意转让已经出质的知识产权,将不利于质权人的利益维护。故条文第一句规定,“知识产权中的财产权出质后,出质人不得转让或者许可他人使用,但是出质人与质权人协商同意的除外”。“不得转让或者许可他人使用”为原则性规定;“出质人与质权人协商同意”的转让或者许可他人使用,为其例外性规定。第二句补充规定,出质人经商得质权人同意而转让或者许可他人使用出质知识产权的,出质人约定将“转让或者许可他人使用出质的知识产权中的财产权所得的价款”,“向质权人提前清偿债务或者提存”。其中“向质权人提前清偿债务”应当征得质权人同意;“提存”则无须征得质权人同意,但在提存后应当将提存事实通知质权人,自不待言。本条沿用原法第 227 条的规定,第 1 款删除关于订立书面质押合同的规定。

第四百四十五条　应收账款出质

以应收账款出质的,质权自办理出质登记时设立。

应收账款出质后,不得转让,但是出质人与质权人协商同意的除外。出质人转让应收账款所得的价款,应当向质权人提前清偿债务或者提存。

本条规定应收账款质押。应收账款融资,在国际惯例上采取债权转让的方式,如《联合国国际贸易应收款转让公约》。以应收账款债权融资,可以直接将应收账款债权转让给贷款银行,其转让规则规定在合同编第 545 ~ 550 条,亦可采取与保理银行订立保理合同的方式。保理合同规定在合同编第十六章。原《物权法》立法过程中,关于可否规定应收账款债权质押存在分歧。立法机关坚持将应收账款债权列入质押范围,显然是采纳金融机构方面的建议。应收账款债权质押在科学性和可操作性上均有疑问。关键在于,应收账款债权属于没有权利凭证的普通债权,仅凭债权人(出质人)与金融机构(质权人)之间的质押协议及登记而成立的应收账款质权,不具有强制应收账款债务人履行的效力。

第 1 款规定,“以应收账款出质的,质权自办理出质登记时设立”。第 2 款规定,“应收账款出质后,不得转让,但是出质人与质权人协商同意的除外。出质人转让应收账款所得的价款,应当向质权人提前清偿债务或者提存”。条文与基金份额、股权质押及知识产权(中的财产权)质押相同。

请特别注意,基金份额、股权及知识产权(中的财产权),均属于依法实行登记管理的权利,其权利变动包括转让,以登记为公示方法,非经登记不发生权利转让的效力。是故基金份额、股权及知识产权质权设立之后,不经质权人同意,其权利不可能转让。但应收账款(债权)属于无权利凭证的普通债权,其权利转让仅取决于权利人与受让人意思,而无须登记即可生效。此在合同编有明确法律规定(第 545 条、第 546 条)。应收账款权利人与质权人(银行）订立的质押合同，只能拘束出质人与质权人双方，而不具有拘束应收账款（付款）义务人的强制力。如应收账款权利人将已经出质的应收账款债权转让给第三人，无论依据合同编关于债权转让的规定（第 545 条、第 546 条）或者依合同编关于保理合同的规定（合同编第 16 章），均不要求事先“出质人与质权人协商同意”，其转让协议（合同）“自成立时生效”（第 502 条），并且一经通知（付款）义务人，即对（付款义务人）发生效力（第 546 条）。收到转让通知（第 546 条）的付款义务人，将只能向受让人或者保理人履行付款义务。如果应收账款债权（付款）义务人，已经向受让人或者保理人履行付款义务，该应收账款债权因而消灭，应收账款质权亦因权利标的的消灭而归于消灭。这种情形，如何保护应收账款质权人的合法权益？本条以原法第 228 条为基础，第 1 款删除关于书面合同及登记机构的规定。

第四百四十六条　法律适用

权利质权除适用本节规定外，适用本章第一节的有关规定。

本条规定权利质权的法律适用。按照民法原理，所谓权利质权，是将某些财产权利视为动产而设立的质权，关于动产质权的规定为一般法，关于权利质权的规定为特别法。按照特别法优先适用原则，权利质权应当优先适用本节的规定，本节未规定的应当适用本章第一节关于动产质权的规定。本条沿用原法第 229 条原文，个别文字有调整。

注　释

1 《民法典》第389条规定:"担保物权的担保范围包括主债权及其利息、违约金、损害赔偿金、保管担保财产和实现担保物权的费用。当事人另有约定的,按照其约定。"

第十九章　留置权

留置权具有优先于同一动产上设立的抵押权和质权受偿的效力。

第四百四十七条　留置权定义

债务人不履行到期债务，债权人可以留置已经合法占有的债务人的动产，并有权就该动产优先受偿。

前款规定的债权人为留置权人，占有的动产为留置财产。

按照民法原理，债权人占有债务人的财产，如债权人的给付请求权与该财产有牵连关系，债权人的债权未受清偿前，债权人可以留置债务人的财产以迫使债务人履行债务；如债务人仍不履行其债务，则债权人可以就留置物受偿。留置权起源于古罗马法的恶意抗辩权。但古罗马法恶意抗辩权，为权利人拒绝为对待给付的债权性权利,不具有物权的效力。近现代民法留置权制度,因受中世纪商习惯法中具有物权效力的商事留置权观念影响,致各国留置权立法体例不同,形成债权性留置权与物权性留置权两种不同的留置权制度。

第一,债权性留置权。德国、法国、意大利等国民商事立法规定的留置权,属于债权性留置权。债权人在相对人履行债务前,对其已经占有之相对人财产,有拒绝返还的权利,但没有就该财产受清偿的权利。《法国民法典》直接继承古罗马法的传统,不承认物权性留置权,而将留置权视为双务合同同时履行抗辩权之特例。《德国民法典》将留置权规定于债编总则,以基于同一债权关系所发生的两个对立债权的拒绝给付为内容,等同于同时履行抗辩权。

第二,物权性留置权。英美法及瑞士、日本等国家的留置权,属于物权性留置权。留置权,是债权人为担保债权受偿,而对所占有债务人的财产享有的法定担保物权。《瑞士民法典》将留置权和质权并列,在性质上将留置权视同动产质权,并赋予其优先受偿的效力。《日本民法典》将留置权作为担保物权的一种加以规定,但留置权仅有留置的效力而无优先受偿的效力。英美法中的留置权种类繁多,诸如普通法上的留置权、衡平法上的留置权、法定留置权、海事留置权等,其在性质上属于物权担保,其中以英美货物买卖法规定的留置权最为典型。

中国在20世纪30年代制定民法时,参考瑞士和日本立法例,在物权编规定留置权,并赋予留置权优先受偿的效力,属于物权性留置权。中国改革开放初制定的《民法通则》将留置权作为债的担保方法。此后的《担保法》《物权法》均将留置权作为法定担保物权。

原《担保法》第 82 条规定:“本法所称留置,是指依照本法第八十四条的规定,债权人按照合同约定占有债务人的动产,债务人不按照合同约定的期限履行债务的,债权人有权依照本法规定留置该财产,以该财产折价或者以拍卖、变卖该财产的价款优先受偿。”原《担保法》第 84 条第 1 ~ 2 款规定:“因保管合同、运输合同、加工承揽合同发生的债权,债务人不履行债务的,债权人有留置权。法律规定可以留置的其他合同,适用前款规定。”按照这两个条文的规定,可知中国民法留置权,仅限于法律明文规定“债权人有留置权”的“保管合同、运输合同、加工承揽合同”及“法律规定可以留置的其他合同”。

原《担保法》如此限定留置权的范围,其理由何在?鉴于一般合同债权,大抵可以采用同时履行抗辩权、不安抗辩权、债权人代位权、债权人撤销权等法律制度予以救济,还可以通过意定担保物权(抵押权、质权)予以保护;而保管合同、运输合同、加工承揽合同发生的债权,按照合同关系的性质和交易习惯,难以采用同时履行抗辩权、不安抗辩权、债权人代位权、债权人撤销权制度予以救济,也不可能采用设立担保物权(抵押权、质权)予以保护。是故立法者作出以下立法政策判断:唯保管合同、运输合同、加工承揽合同发生的债权,可以采用留置权(法定担保物权)保护;凡是可以采用抗辩权制度、债权保全制度及意定担保物权予以救济、保护的合同债权,均无适用留置权制度的必要。当时的立法者考虑到后续制定合同法时可能认为尚有别的合同债权也有适用留置权制度的必要，故原《担保法》第 84 条第 1 款规定：“因保管合同、运输合同、加工承揽合同发生的债权，债务人不履行债务的，债权人有留置权。”并特设第 2 款补充规定：“法律规定可以留置的其他合同，适用前款规定。”此项规定，为当时合同法立法者扩大留置权适用范围，预留下空间。

原《担保法》起草人上述政策判断及严格限定留置权适用范围的立法者意思，得到原《合同法》起草人的充分肯定。原《合同法》规定了 15 种典型合同，其中，仅承揽合同（现《民法典》合同编第 783 条）、货物运输合同（现《民法典》合同编第 836 条）、保管合同（现《民法典》合同编第 903 条）规定债权人“享有留置权”。因仓储保管合同可适用保管合同的规定（现《民法典》合同编第 918 条），故仓储保管合同债权人亦可“享有留置权”。原《合同法》编纂为《民法典》合同编，新增的保证合同、保理合同、物业服务合同、合伙合同，均无关于债权人“享有留置权”的规定。可知，中国民法留置权制度，其适用范围不仅非常狭窄而且是由法律明确限定的。此构成中国民法留置权制度的特色，应当特别留意。

本条规定留置权的定义。“债务人不履行到期债务，债权人可以留置已经合法占有的债务人的动产，并有权就该动产优先受偿。前款规定的债权人为留置权人，占有的动产为留置财产。”按照第 1 款规定，所谓“留置权”，是指当债权人占有债务人的动产时，若债务人尚未履行债务，债权人可以拒绝债务人的返还请求并继续占有该动产，如债务人仍未履行债务，则债权人可以就该动产优先受偿的权利。

须注意，条文“债务人的动产”，是否限于债务人享有所有权的动产？结合合同编关于货物运输合同“承运人对相应的运输货物享有留置权”（第 836 条）、关于保管合同“保管人对保管物享有留置权”（第 903 条）的规定，可见对本条“债务人的动产”，应当解释为，在货物运输合同中，指债务人（托运人）托运的“运输货物”，而不论债务人是否享有所有权；在保管合同、仓储保管合同中，指债务人（委托人）交付保管（仓储）的“保管物”，而不论债务人是否享有所有权；在承揽合同中，是指“承揽人所完成的工作成果”，此工作成果依据承揽合同性质，其所有权归属于债务人（定作人），自不待言。质言之，本条“债务人的动产”，应当结合所发生留置权的法律规定解释，在货物运输、保管仓储合同中，指债务人委托运输、交付保管的动产（运输货物、保管物），应不以债务人享有所有权的动产为限。

按照条文规定，债权人因占有债务人动产而取得留置权，既无须与债务人协商订立合同，亦无须征得债务人的同意，故留置权属于法定动产担保物权。留置权具有直接支配留置物和直接支配留置物的交换价值的效力。故留置权的效力，分为两个层次：一是继续占有债务人动产而拒绝债务人的返还请求（类似于抗辩权），以迫使债务人履行债务。二是如债务人仍不履行债务，则有权就留置的动产变价优先受偿，实现债权（类似于动产质权）。本条沿用原法第 230 条原文。

第四百四十八条　留置条件

债权人留置的动产,应当与债权属于同一法律关系,但是企业之间留置的除外。

本条是关于留置权发生条件的规定。按照民法原理和相关规定,留置权之发生须具备两项要件:其一,"债权已届清偿期"或称"债务履行期届至"。债权人占有债务人的动产,若容许债权人于其债权未届清偿期而行使留置权,等于强制债务人提前履行债务,不仅不能实现留置权担保债权受偿的目的,且易于诱发债权人滥用权利、损害债务人合法权益。此项要件在实务中易于判断。其二,债权的发生与债权人占有(债务人的)动产之间存在牵连关系。何谓"牵连关系"?《瑞士民法典》第895条规定:"(1)债权已到期,按其性质该债权与留置的标的物有关联时,债权人在受清偿前,得留置经债务人同意由债权人占有的财产或者有价证券。(2)前款关联发生在商人之间的,仅以占有系由商业交易中产生的为限。"中国台湾地区"民法"第928条规定:"称留置权者,谓债权人占有他人之动产,而其债权之发生与该动产有牵连关系,于债权已届清偿期未受清偿时,得留置该动产之权";"债权人因侵权行为或其他不法之原因而占有动产者,不适用前项之规定。其占有之始明知或因重大过失而不知该动产非为债务人所有者,亦同"。可知所谓"牵连关系",指债权与债权人所占有(债务人的)动产之间,"有关联"、债权之发生与占有债务人之动产均基于同一法律关系。鉴于第一项要件已经包含在前条规定的留置权定义中,故本条仅规定第二项要件。请特别注意,本条不使用“牵连关系”概念,而代之以“属于同一法律关系”。

本条前段规定,“债权人留置的动产,应当与债权属于同一法律关系”。须特别注意,条文“属于同一法律关系”,不得按照各国家及地区所谓“牵连关系”进行解释。理由是,“牵连关系”为抽象概念,凡债权与所占有动产之间,存在合法关系,包括各种合同关系、非合同关系(无因管理、不当得利),均可认为有“牵连关系”而发生留置权。而鉴于本法严格限制留置权适用范围的指导思想,对发生留置权的法律关系均设有明文规定;凡未明文规定留置权的法律关系,即使债权人合法占有债务人的动产,亦不发生留置权。故不得按照所谓“牵连关系”,以解释本条“同一法律关系”。《民法典》关于留置权的规定,仅有承揽合同(第 783 条)、货物运输合同(第 836 条)、保管合同(第 903 条)、仓储保管合同(可适用保管合同的规定,第 918 条)。可见本条“法律关系”一语文义过宽,超出了立法目的范围。应当作限缩解释,解释为:本条所谓“同一法律关系”,仅限于同一承揽合同关系、同一货物运输合同关系、同一保管合同关系及同一仓储保管合同关系。仅基于货物运输合同、保管合同(包括仓储保管合同)或者承揽合同发生的(运费、保管费、加工费)债权,与债权人(承运人、保管人、加工人)基于货物运输合同、保管合同(包括仓储保管合同)、承揽合同所占有的属于债务人的动产(运输货物、保管物、仓储物、工作物)之间,“属于同一法律关系”。补充一点,立法者将留置权适用范围规定在合同编,而将留置权制度其他内容规定在物权编(第 19 章),此构成中国民法留置权立法体例的另一重要特色。请予留意。

此外，为加强商业信用，促进交易发展，排除因商业交易频繁而造成判断“属于同一法律关系”的举证困难，对企业之间因营业而发生的债权和因营业而占有的动产，不论债权的发生与债权人占有动产之间是否属于同一法律关系，应有成立留置权的可能。有鉴于此，本条后段特设“但书”规定，“企业之间留置的除外”。理论上称为“商事留置权”。

本条“但书”规定“企业之间留置的除外”，即“商事留置权”，属于本条“属于同一法律关系”的原则之“例外”。所谓“例外”，即不要求“债权”与所“占有动产”，“属于同一法律关系”。虽非属于“同一法律关系”，而属于“相同（同类）法律关系”，亦可发生留置权。例如，仓储企业基于此前仓储保管合同产生的、未获清偿的（仓储保管费）债权，可就欠费企业此后委托仓储保管的货物行使留置权。其债权与所占有动产，属于“相同”仓储保管合同关系，而非“同一”保管合同关系。

这里有一个问题，如果债权与所占有动产，属于不同（种类）的法律关系，如基于借款合同发生的债权，可否就基于仓储保管合同占有的（债务人的）动产，行使（商事）留置权？鉴于前述中国民法留置权限于法律明文规定的合同关系类型的立法目的，因此答案是否定的。本条沿用原法第231条原文。

第四百四十九条　留置禁止

法律规定或者当事人约定不得留置的动产，不得留置。

本条规定禁止留置的动产。担保物权为支配标的物交换价值、可就标的物变价金优先受偿的物权。留置权属于法定担保物权，以支配留置动产的交换价值为其实质内容，故留置权的标的物，应当具有交换价值并能依法予以拍卖、变卖。虽具有交换价值但法律禁止其转让的动产，不得成立留置权、不得予以留置。各国家及地区多有明文规定。如《瑞士民法典》第896条规定："（1）对性质上不能变卖的物，不得行使留置权；（2）同样，如留置与债权人承担的义务，或与债务人于移交物之前或移交物之时的意思，或与公共秩序有抵触时，亦不得行使留置权。"中国台湾地区"民法"第930条规定："动产之留置，违反公共秩序或善良风俗者，不得为之。其与债权人应负担之义务或与债权人债务人间之约定相抵触者，亦同。"回到本条规定，"法律规定或者当事人约定不得留置的动产，不得留置"。条文"法律规定""不得留置的动产"，除法律规定不得转让（买卖）的动产，即所谓"禁止流通物"外，还应当包括其留置违反公序良俗的动产，如残疾者用具、用于慈善、救灾之动产。"当事人约定不得留置的动产"，不得予以留置，其理自明。本条沿用原法第232条原文。

第四百五十条　与债务金额相当

留置财产为可分物的，留置财产的价值应当相当于债务的金额。

本条规定与债务金额相当原则。按照民法原理，留置权人行使留置权具有不可分性。按照留置权行使的不可分性，留置权行使与留置物是否可分以及债权的价值高低无关；不论债权的价值高低，不论留置物是否可分，债权人均可以对全部留置物行使权利。但考虑到创设留置权的立法目的是维持债权人与债务人之间的利益均衡，故留置权的行使应当符合公平原则。当留置物为可分物时，债权人留置债务人动产的价值，与其债权价值相当，始能符合公平原则的要求。故本条规定："留置财产为可分物的，留置财产的价值应当相当于债务的金额。"须注意，本条规定的适用条件，是"留置财产为可分物"。如留置财产为不可分物，则无本条之适用，留置权人可就留置财产全部行使其权利，自不待言。本条沿用原法第233条原文。

第四百五十一条　保管义务及责任

留置权人负有妥善保管留置财产的义务；因保管不善致使留置财产毁损、灭失的，应当承担赔偿责任。

本条是关于留置物保管的规定。留置权为担保物权而非用益物权，留置权人对留置物并无使用权。留置权人占有留置物，当然负有保管留置物的义务。考虑到留置权人占有留置物，是为自己的担保利益而非为债务人或者留置物所有人的利益，当然应负担较重的注意义务。各国家及地区对于留置权人保管留置物的义务，一般以善良管理人的注意义务为标准。如《日本民法典》第298条规定：“(1)留置权人应以善良管理人的注意，占有留置物……”

本条前段规定，“留置权人负有妥善保管留置财产的义务”。条文“妥善保管留置财产的义务”，即所谓以“善良管理人的注意保管留置财产的义务”。前已谈及，“善良管理人的注意”，在中国法语境，即以具有相当知识经验的诚信经营者所应有的注意。后段规定，“因保管不善致使留置财产毁损、灭失的，应当承担赔偿责任”。条文“保管不善”，即未尽“具有相当知识经验的诚信经营者所应有的注意”。此项赔偿责任的构成要件有三：一是债权人保管不善，即未尽“具有相当知识经验的诚信经营者所应有的注意”；二是“留置财产毁损、灭失”的损害事实；三是债权人的“保管不善”与“留置财产毁损、灭失”的损害事实之间，具有因果关系。故此赔偿责任属于特别侵权责任，自不待言。本条沿用原法第234条原文。

第四百五十二条　孳息收取

留置权人有权收取留置财产的孳息。

前款规定的孳息应当先充抵收取孳息的费用。

本条是关于留置权人孳息收取权的规定。按照民法原理和相关规定，留置权人基于其对留置物的占有，有权收取留置物产生的自然孳息和法定孳息。留置权人所收取的留置物的孳息,与留置物本身共同担保债权人的债权。在债务人不履行其债务时,留置权人得以其收取的留置物的孳息,抵充其债权。此称为“留置权人的孳息收取权”。例如,《日本民法典》第297条规定:“(1)留置权人可以收取由留置物产生的孳息,先于其他债权人,以孳息抵充其债权的清偿。(2)前款孳息,应先抵充债权的利息,尚有剩余时,再抵充原本。”法律赋予留置权人孳息收取权,有助于保护留置权人的利益,迫使债务人履行债务,对留置权担保债权受偿具有补充意义。

本条第1款规定,“留置权人有权收取留置财产的孳息”,赋予留置权人孳息收取权。第2款规定,留置权人收取的孳息“应当先充抵收取孳息的费用”。条文表述明确,易于理解。本条沿用原法第235条原文。

第四百五十三条　留置权的实行

留置权人与债务人应当约定留置财产后的债务履行期限;没有约定或者约定不明确的,留置权人应当给债务人六十日以上履行债务的期限,但是鲜活易腐等不易保管的动产除外。债务人逾期未履行的,留置权人可以与债务人协议以留置财产折价,也可以就拍卖、变卖留置财产所得的价款优先受偿。

留置财产折价或者变卖的,应当参照市场价格。

本条是关于留置权实行的规定。按照民法原理及相关规定,

留置权的行使发生“留置”和“变价取偿”两个层次的效果。留置权行使的规则是“先留置后变价”。留置权行使的第一个层次的效果，是“留置”，即继续占有留置物、拒绝债务人（权利人）的返还请求，以迫使债务人履行债务。留置权人“留置”债务人的财产后，经过法定或者约定的期间而债务人仍未履行债务的，可以变价留置物以优先清偿其债权，此为留置权行使的第二个层次的“变价取偿”效果。如我国台湾地区“民法”第936条规定：“债权人于其债权已届清偿期而未受清偿者，得定一个月以上之相当期限，通知债务人，声明如不于其期限内为清偿时，即就其留置物取偿；留置物为第三人所有或存有其他物权而为债权人所知者，应并通知之”。“债务人或留置物所有人不于前项期限内为清偿者，债权人得准用关于实行质权之规定，就留置物卖得之价金优先受偿，或取得其所有权”。“不能为第一项之通知者，于债权清偿期届至后，经过六个月仍未受清偿时，债权人亦得行使前项所定之权利”。为确保留置权人行使权利能够充分兼顾债务人的利益，各国家及地区规定留置权人变价留置物前应当履行“通知义务”，并给予债务人履行债务不低于两个月的“恩惠期”，在此“恩惠期”届满前，留置权人不得变价留置物。

本条第1款规定：“留置权人与债务人应当约定留置财产后的债务履行期限；没有约定或者约定不明确的，留置权人应当给债务人六十日以上履行债务的期限，但是鲜活易腐等不易保管的动产除外。债务人逾期未履行的，留置权人可以与债务人协议以留置财产折价，也可以就拍卖、变卖留置财产所得的价款优先受偿。”第

2 款规定:“留置财产折价或者变卖的,应当参照市场价格。”

第 1 款条文第一句规定,“留置权人与债务人应当约定留置财产后的债务履行期限”。此项“约定”,参考原《担保法》第 87 条第一句规定,是指“债权人与债务人应当在合同中约定”,亦即在订立(货物运输等)合同时双方在合同中作出此项“约定”。但按照社会生活经验和裁判实务,这种在合同中“约定留置财产后的债务履行期限”的情形,并不多见。因此,本法(《民法典》)第 453 条第 1 款第二句规定,“没有约定或者约定不明确的,留置权人应当给债务人六十日以上履行债务的期限,但是鲜活易腐等不易保管的动产除外”。此“六十日以上履行债务的期限”,当然应由留置权人“通知”债务人;“通知”中载明的“履行债务期限”,属于合同约定履行期限届满后额外给予的期限,理论上称为“恩惠期”,条文明定此“恩惠期”不得少于 60 日。又考虑到留置财产的性质可能不宜长期并存,故特设“但书”规定,“鲜活易腐等不易保管的动产除外”,即如留置财产属于“鲜活易腐等不易保管”的动产,许可留置权人于通知中指定少于 60 日的“合理期限”。条文第三句规定,“债务人逾期未履行的,留置权人可以与债务人协议以留置财产折价,也可以就拍卖、变卖留置财产所得的价款优先受偿”。即在合同约定的或者留置权人在通知中确定的债务履行期限届满而债务人仍未履行债务情形,留置权人即可实行留置权效力的第二层次(第二步),就留置财产折价或者拍卖、变卖优先清偿债权。考虑到“折价”“变卖”方法,非公开竞价方法,有偏离市场价格、损害债务人利益之虞,故设第 2 款规定,“留置财产折价或者变卖的,应当参照市场价格”。此与动产质权实行方法（第436条）相同，毋庸赘述。

补充一点，如前所述，于货物运输合同和保管合同情形，留置财产所有权可能属于第三人。如果留置权人知道所留置财产属于第三人并且可能通知该第三人，各国家及地区有要求留置权人通知该第三人的规定，并规定第三人收到通知后，可以代替债务人履行债务、消灭留置权，取回属于自己的动产。对此，本条未有明文规定，属于漏洞。应依据留置权制度立法目的予以补充，解释为：留置权人知道留置财产属于第三人所有的，应当通知该第三人；但无法通知的除外。本条沿用原法第236条原文，个别文字有调整。

第四百五十四条　债务人请求行使

债务人可以请求留置权人在债务履行期限届满后行使留置权；留置权人不行使的，债务人可以请求人民法院拍卖、变卖留置财产。

本条规定债务人请求行使留置权。留置权以担保债权实现为目的，以所担保债务履行期届满而债务人未履行债务为留置权行使条件。留置权行使条件一旦成就，留置权人应及时行使留置权。如留置权人不及时行使留置权，使当事人之间的债权债务关系不能及时了结，对于经济流转和市场秩序大为不利；且因留置财产长期处于留置权人占有之下，亦势必损害该动产所有人利益。这种情形，按照民法原理及相关规定，债务人享有两项权利：一是“及时

行使留置权催告权”，据以催告留置权人及时行使留置权；二是“留置权行使申请权”，据以请求法院拍卖、变卖质押财产，以变价金清偿受担保债权。

本条规定，“债务人可以请求留置权人在债务履行期限届满后行使留置权；留置权人不行使的，债务人可以请求人民法院拍卖、变卖留置财产”。条文第一句明定于留置权行使条件成就，亦即“债务履行期届满后”，债务人可以请求留置权人及时行使留置权。此即留置权行使催告权。条文“请求”一语，解释为“催告”为宜。债务人行使此“催告权”，应当以意思表示向留置权人为之，即向留置权人发“（书面）留置权行使催告通知”。第二句明定，于债务人行使“催告权”、向留置权人发出“留置权行使催告通知”之后，“留置权人（仍）不行使（留置权）的”，债务人“可以请求人民法院拍卖、变卖留置财产”。此即“留置权行使申请权”。此项权利的相对方是人民法院，实质是申请法院拍卖、变卖留置财产，以变价金清偿受担保债权。条文“请求”一语，解释为“申请”为宜。人民法院受理出质人“申请”，依执行担保物权特别程序，拍卖、变卖留置财产，以其变价金清偿受担保债权。本条沿用原法第 237 条原文。

第四百五十五条　变价款多余及不足

留置财产折价或者拍卖、变卖后，其价款超过债权数额的部分归债务人所有，不足部分由债务人清偿。

本条规定变价金多余与不足。条文规定折价或者拍卖、变卖留置财产后，其变价金“超过债权数额的部分归债务人所有，不足部分由债务人清偿”。与第 413 条规定抵押财产变价金多余与不足，相同。此不赘述。本条沿用原法第 238 条原文。

第四百五十六条　留置权优先

同一动产上已经设立抵押权或者质权，该动产又被留置的，留置权人优先受偿。

本条是关于留置权对抗其他物权的效力的规定。按照民法原理及相关规定，在同一标的物上存在留置权和其他担保物权时，留置权具有对抗留置物上存在的其他担保物权（抵押权和质权）的效力。留置权优先于抵押权或者质权，源于各国家及地区的海商实践和相关规定。因海上贸易而发展的海事留置权，具有对抗船舶抵押权的优先效力，而有关的国际公约正致力于扩大优先于船舶抵押权的海事留置权的范围。且留置权为法定担保物权，抵押权、质权为意定担保物权。留置权人行使权利理应可以有效对抗标的物所有人对该物的处分行为。假如留置权人的权利不能对抗债务人以标的物向他人设定之抵押权或者质权，势必使留置权的法定担保物权的功能丧失殆尽。如《美国统一商法典》（1972 年文本）第 9－310 条规定：“若任何人在通常的业务过程中就设定担保权益的货物提供服务或者提供原材料，且成文法或者法律原则规定其可以就因该种服务或者原材料的提供所占有的货物享有留置权，则该留置权优先于已经发生的担保权益，除非留置权为法律所规定、且规定该留置权的法律另有规定。”中国台湾地区“动产担保交易法”第25条规定：“抵押权人依本条规定实行占有抵押物时，不得对抗依法留置标的物的善意第三人。”

本条规定：“同一动产上已经设立抵押权或者质权，该动产又被留置的，留置权人优先受偿。”留置权优先于抵押权和质权，其形式上的理由，是法定权利优先于约定权利；实质上的理由，是因标的物已在留置权人占有之下，且留置权担保的债权属于运输、维修、保管等费用，通常金额较小。法律规定留置权人优先受偿，属于“顺水推舟”、可以避免强制执行的困难。条文表述准确，易于理解、适用，毋庸赘述。

补充一点，本法规定的担保物权类型，仅有抵押权、质权和留置权，未规定优先权。但《民法典》之外的、民法特别法性质的《海商法》既规定了船舶留置权，也规定了船舶优先权。《海商法》第21条规定：“船舶优先权，是指海事请求人依照本法第二十二条的规定，向船舶所有人、光船承租人、船舶经营人提出海事请求，对产生该海事请求的船舶具有优先受偿的权利。”《海商法》第22条规定：“下列各项海事请求具有船舶优先权：（一）船长、船员和在船上工作的其他在编人员根据劳动法律、行政法规或者劳动合同所产生的工资、其他劳动报酬、船员遣返费用和社会保险费用的给付请求；（二）在船舶营运中发生的人身伤亡的赔偿请求；（三）船舶吨税、引航费、港务费和其他港口规费的缴付请求；（四）海难救助的救助款项的给付请求；（五）船舶在营运中因侵权行为产生的财产赔偿请求。载运2000吨以上的散装货油的船舶，持有有效的证书,证明已经进行油污损害民事责任保险或者具有相应的财务保证的,对其造成的油污损害的赔偿请求,不属于前款第(五)项规定的范围。”船舶留置权规定在《海商法》第25条第2款:“前款所称船舶留置权,是指造船人、修船人在合同另一方未履行合同时,可以留置所占有的船舶,以保证造船费用或者修船费用得以偿还的权利。船舶留置权在造船人、修船人不再占有所造或者所修的船舶时消灭。”船舶留置权与船舶优先权并存于同一船舶(留置财产)情形,其优先受偿顺序规定在《海商法》第25条第1款:“船舶优先权先于船舶留置权受偿,船舶抵押权后于船舶留置权受偿。”请予留意。本条沿用原法第239条。

第四百五十七条 留置权消灭

留置权人对留置财产丧失占有或者留置权人接受债务人另行提供担保的,留置权消灭。

本条规定留置权的消灭原因。所谓“留置权的消灭”,是指留置权人对留置物具有的支配力终止。按照民法原理及相关规定,导致留置权消灭的原因有三:

第一,留置权所担保的债权消灭,留置权随之消灭。留置权为担保物权,目的在于担保债权的受偿。受担保债权为主权利,留置权为从权利。按照权利从属性原理(原则),受留置权担保的债权之存在,为留置权存续的要件。如受担保债权因清偿、提存、抵销、免除、混同等原因消灭时,留置权随之消灭。

第二,留置权因丧失占有而消灭。按照民法原理,留置权以债权人占有债务人的动产为设立(生效)条件,并以占有的保持为效力存续要件。此所谓债权人对留置物的占有,应当是持续不间断的占有。否则,留置权将因占有的丧失而消灭。如《日本民法典》第302条规定:"留置权因占有丧失而消灭。"考虑到留置权的物权性,于第三人的侵权行为致使留置权人丧失对留置物的占有情形,如留置权人可以通过行使本法规定的原物返还请求权(第235条)或者占有恢复请求权(第462条),而恢复对留置动产的占有的,则其留置权并不消灭;但如留置权人未依法行使原物返还或者占有恢复请求权,或者虽行使请求权而未能恢复其对留置动产的占有的,则留置权将归于消灭。

第三,留置权因债务人提供相当担保而消灭。留置权作为担保物权,作用在于确保其所担保的债权能够得以实现,当然应允许当事人约定以其他的担保方式替代留置权担保。当留置物的所有人或者债务人另行提供相当的担保时,债权人的债权实现已经有所保障,留置权担保债权实现的功能已经失去,留置权应当归于消灭。这里所称"相当的担保"不以物的担保为限,人的担保亦在其列。担保是否相当,属于事实问题,应当根据具体的情况作出判断。债务人或者留置物的所有人另行提供了担保,只要担保相当,不论债权人是否有接受担保的意思表示,留置权均归于消灭。如我国台湾地区"民法"第937条规定:"债务人或留置物所有人为债务之清偿,已提出相当之担保者,债权人之留置权消灭。"

上述导致留置权消灭的三项原因,第一项原因,即留置权因所担保债权消灭而随之消灭，属于担保物权共同的消灭原因，规定在本编担保物权一般规定（第 16 章）第 393 条。第二项原因，即留置权因丧失占有而消灭。第三项原因，即因债务人提供相当担保而消灭，属于留置权特有的消灭原因。有鉴于此，本条仅规定第二项和第三项原因。

本条规定，“留置权人对留置财产丧失占有或者留置权人接受债务人另行提供担保的，留置权消灭”。其中，“留置权人对留置财产丧失占有”导致留置权消灭，民法理论所谓“占有”，指对物加以实际控制的事实状态。所谓“丧失占有”，指标的物脱离此前实际控制的事实状态。从占有人角度为“丧失占有”；从标的物角度为“脱离占有”。如前所述，按照民法原理及相关规定，于因侵权行为导致留置权人“丧失占有”情形，不得仅因“丧失占有”即认定留置权消灭，须法律规定的原物返还请求权（第 235 条）、占有恢复请求权（第 462 条）的时效期间或者除斥期间经过而留置权人未行使其请求权，或者虽然行使其请求权而未能恢复对留置财产的占有时，留置权才归于消灭。

问题是，“债务人另行提供担保”导致留置权消灭，是否以“债权人接受”为条件？各国家及地区仅规定债务人另行提供“相当担保”的，留置权消灭，并未规定“债权人接受”。按照法律语境及社会生活经验，债务人可以提供物的担保如抵押担保、质押担保，或者提供人的担保即保证担保。如提供物的担保，按照第 388 条第 1 款的规定，“设立担保物权，应当按照本法和其他法律的规定订立担保合同”。则无论债务人另行提供抵押担保或者质押担保，或者第三人提供保证担保,均须债权人与债务人或者第三人协商达成意思表示的一致,担保合同方才能够成立。仅债务人或者第三人提供相当担保而未经“债权人接受”,即可订立担保合同(据以办理抵押登记、移转占有或者保证人负担保证责任),为不可想象之事。可见,即使将“债权人接受”解释为“债务人另行提供担保”的条件,也并非没有理由。至于所“另行提供”的担保须与原留置权担保范围“相当”,属于“订立担保合同”应有之义。所提供的担保(物的担保或者人的担保)如果与留置权担保范围不相当,债权人自当拒绝接受、拒绝订立担保合同。本条沿用原法第 240 条原文。

| 附录 |

承包人优先受偿权的权利性质及其适用

梁慧星:《合同法第二百八十六条的权利性质及其适用》,原载《人民法院报》2000 年 1 月 8 日,收入本书时略有改动。

1999 年《合同法》(已失效)第 286 条规定:"发包人未按照约定支付价款的,承包人可以催告发包人在合理期限内支付价款。发包人逾期不支付的,除按照建设工程的性质不宜折价、拍卖的以外,承包人可以与发包人协议将该工程折价,也可以申请人民法院将该工程依法拍卖。建设工程的价款就该工程折价或者拍卖的价款优先受偿。"(现已编纂为《民法典》合同编第 807 条,个别用词有调整。)要正确适用本条,关键在于正确解释本条权利的性质。

迄今发表的文章,有的将其解释为留置权,有的解释为优先权,有的解释为法定抵押权。按照民法原理,留置权的对象仅限于动产。原《担保法》第 82 条对此有明文规定。本条规定的权利客体是建设工程,属于不动产。因此,将本条解释为留置权是错误的。而要判断本条究竟属于优先权还是法定抵押权,必须考察本条的立法背景和过程。

《合同法》起草始于 1993 年。1993 年 10 月,立法机关委托包括笔者在内的 8 位民法学者拟定的《合同法立法方案》,针对社会上严重存在的拖欠承包费问题,规定:"为保护承包人利益,可规定承包人对建设工程有法定抵押权"。据此,由 12 个单位的学者起草的《合同法草案(建议稿)》第 306 条规定:"建设工程完工后,发包人未按合同约定支付建设费用和报酬的,承包人对建设工程有法定抵押权"。由全国人大常委会法制工作委员会在建议草案基础上提出的《合同法草案(1995 年 10 月试拟稿)》也在第 177 条规定:承建人对其所完成的建设工程享有抵押权。1996 年 5 月 27 日至 6 月 7 日在北京西郊召开的合同法修改工作会议上,与会专家一致同意保留承包人法定抵押权。在后来的修改中,考虑到法律条文仅规定承包人享有法定抵押权,而该法定抵押权的内容、效力如何实现仍有待于解释,不如直接规定其内容、效力和实现方式,更有利于法律适用。

因此,1997 年 5 月 14 日的《合同法(征求意见稿)》采取了直接规定其内容、效力及实现方式的条文表述,其第 161 条规定:"建设工程完成后,建设人未按照约定支付价款的,承建人应当催告建设人支付价款,催告的期限不得少于两个月。建设人逾期不支付的,承建人可以与建设人协议将该工程折价,也可以将该工程依法拍卖。承建人就该工程折价或者拍卖的价款优先受偿。"这是按照法定抵押权的内容所作的规定。1997 年 6 月 9 日至 18 日在北京市昌平区召开的专家讨论会上，与会专家对本条未有任何异议。1998 年 7 月 10 日至 14 日在北京市通州区（原通县）召开的民法起草工作小组会议上，笔者发言指出这一条即是“法定抵押权”时，亦未有任何人表示异议。可见，在这两次重要的专家会议上，对本条法定抵押权性质的认识未有分歧。

1998 年 8 月提交全国人大常委会第四次会议审议的《合同法草案（第一次审议稿）》第 285 条，只是将“完成”改为“竣工”，将“承建人”改为“承包人”，并用“合理期限”代替“不得少于两个月”的“催告期”。同年 12 月提交全国人大常委会第六次会议审议的《合同法草案（第三次审议稿）》第 280 条，所作唯一修改是规定承包人必须“申请人民法院依法拍卖”。这一修改具有重大意义。1999 年 1 月 7 日至 11 日在北京召开的合同法专家讨论会上，有专家注意到有的建设工程不适于折价和拍卖，建议增设除外规定。因此，1999 年 1 月 29 日提交全国人大常委会第七次会议审议的《合同法草案（第四次审议稿）》第 287 条规定：“发包人未按照约定支付价款的，承包人可以催告发包人在合理期限内支付价款。发包人逾期不支付的，除按照建设工程的性质不宜折价、拍卖的以外，承包人可以与发包人协议将该工程折价，也可以申请人民法院将该工程依法拍卖。建设工程的价款就该工程折价或者拍卖的价款优先受偿。”此即 1999 年《合同法》第 286 条。

从以上立法过程可知，1999 年《合同法》第 286 条，从设计、起草、讨论、修改、审议直至正式通过，始终是指法定抵押权。在历次专家讨论会上,未有任何人对此表示异议,未有任何人提出过规定承包人优先权的建议。所谓在立法过程中曾发生激烈争论,形成三种不同观点,最后采纳了优先权主张的说法,是完全不符合事实的臆测。1999 年《合同法》第 286 条所规定的既然是法定抵押权,其成立当然直接根据法律规定,无须当事人间订立抵押合同,也无须办理抵押权登记。其成立条件是:(1)建设工程已竣工。建设工程若未竣工,则不发生法定抵押权。建设工程未竣工而中途解除建设工程合同的情形,亦不发生法定抵押权。(2)须是建设工程承包合同所生债权。这里所谓"建设工程合同",应当作狭义解释,仅指 1999 年《合同法》第 269 条第 2 款中的施工合同,勘察合同和设计合同不包括在内。订立总承包合同后,再由总承包人订立分承包合同、转承包合同,仅总承包人享有法定抵押权,分承包人、转承包人无此权利。(3)其债权为依建设工程合同所应支付的价款。此所谓"价款"非指市场交易中的商品价款,而是发包人依建设工程合同约定应支付给承包人的承包费。包括承包人施工所付出劳动的报酬、所投入的材料和因施工所垫付的其他费用,以及依合同发生的损害赔偿,亦即报酬请求权、垫付款项请求权及损害赔偿请求权。(4)法定抵押权的标的物为承包人施工所完成的,属于发包人所有的建设工程(不动产)及其基地使用权,包括组装或固定在不动产上的动产,不包括建设工程中配套使用并未组装或固定在不动产上的动产。(5)须不属于"不宜折价、拍卖的"建设工程。此所谓"不宜折价、拍卖"的建设工程,应当解释为法律禁止流通物,包括:公有物,如国家机关办公的房屋建筑物及军事设施;公用物,如公共道路、桥梁、机场、港口及公共图书馆、公共博物馆等。但国家机关的员工宿舍不属于公有物。法定抵押权的行使条件是:承包人向发包人发出催告通知后经过一个合理期限,而发包人仍未支付。此合理期限,应当从发包人收到催告通知之日起算。此催告通知应当采用书面形式。至于合理期限究竟是多少天,应由法院按照建筑行业习惯及建筑工程合同具体情形判断。

在发生法定抵押权与约定抵押权并存的情形时,无论约定抵押权发生在前或在后,法定抵押权均应优先于约定抵押权行使。主要理由是:(1)法定权利应当优先于约定权利;(2)从法律政策上考虑,法定抵押权所担保的债权中相当部分是建筑工人的劳动工资,应予优先确保;(3)建设工程是靠承包人付出劳动和垫付资金建造的,如果允许约定抵押权优先行使,则无异于以承包人的资金清偿发包人的债务,等于发包人将自己的欠债转嫁给属于第三人之承包人,违背公平及诚实信用原则;(4)承包人法定抵押权,是法律为保护承包人的利益而特别赋予的权利,具有保护劳动者利益和鼓励建筑、创造社会财富的政策目的。

如果建设工程为商品房,且在竣工之前发包人(开发商)已经分别与消费者订立房屋买卖合同,在发包人拖欠承包费用时,即可能发生承包人法定抵押权与消费者权利的冲突。在已经办理产权过户登记的情形,消费者已经取得房屋所有权,就该房屋而言,法定抵押权已归于消灭,自不待言。在开发商尚未交房或虽交房但尚未办理产权过户的情形,该房屋仍属于开发商所有,仍在法定抵押权的标的物范围内。但考虑到,如果允许承包人行使法定抵押权,无异于用消费者的资金清偿开发商的债务,等于开发商将自己的债务转嫁给广大消费者,严重违背特殊保护消费者的法律政策,因此应不允许承包人行使法定抵押权。实质是承包人利益与消费者利益比较,消费者属于生存利益应当优先,承包人属于经营利益应退居其次。

法定抵押权的行使方式有两种:一是由发包人与承包人协议折价;二是承包人申请人民法院拍卖。此与原《担保法》第53条规定的抵押权行使方式不同。原《担保法》第53条第1款规定,债务履行期届满抵押权人未受清偿的,可以与抵押人协议以抵押物折价或者以拍卖、变卖该抵押物所得的价款受偿;协议不成的,抵押权人可以向人民法院提起诉讼。此诉讼的性质,属于对人诉讼,应以抵押人为被告,是抵押权人与抵押人之间关于抵押权行使的争议,当然适用普通诉讼程序。而按照原《合同法》第286条的规定,承包人既可以与发包人协议将该工程折价,也可以直接申请人民法院将该工程依法拍卖。这里规定的不是“提起诉讼”,而是“申请法院拍卖”。立法意图是要改变原《担保法》规定的抵押权行使方式,由“对人诉讼”改为“对物诉讼”,即向法院申请执行抵押权。2012年修改《民事诉讼法》,专门规定实现担保物权程序(第15章第7节)之后,应当适用该实现担保物权程序。法定抵押权人向法院申请,须提出证明法定抵押权存在及法定抵押权具备执行条件的证据。法院受理申请后,应当通知发包人。发包人就法定抵押权是否成立及是否符合执行条件提出异议的,应当终止执行程序,驳回承包人之申请。此种情形,应由承包人另外提起确认之诉,以确认法定抵押权之成立,待获得生效胜诉判决后,始能申请法院依法拍卖。

补注｜最高人民法院《关于审理建设工程施工合同纠纷案件适用法律问题的解释(二)》(2018 年 12 月 29 日发布,已失效)中关于承包人优先受偿权的解释:

第十七条　与发包人订立建设工程施工合同的承包人,根据合同法第二百八十六条规定请求其承建工程的价款就工程折价或者拍卖的价款优先受偿的,人民法院应予支持。

第十八条　装饰装修工程的承包人,请求装饰装修工程价款就该装饰装修工程折价或者拍卖的价款优先受偿的,人民法院应予支持,但装饰装修工程的发包人不是该建筑物的所有权人的除外。

第十九条　建设工程质量合格,承包人请求其承建工程的价款就工程折价或者拍卖的价款优先受偿的,人民法院应予支持。

第二十条　未竣工的建设工程质量合格,承包人请求其承建工程的价款就其承建工程部分折价或者拍卖的价款优先受偿的,人民法院应予支持。

第二十一条　承包人建设工程价款优先受偿的范围依照国务院有关行政主管部门关于建设工程价款范围的规定确定。

承包人就逾期支付建设工程价款的利息、违约金、损害赔偿金等主张优先受偿的,人民法院不予支持。

第二十二条　承包人行使建设工程价款优先受偿权的期限为六个月,自发包人应当给付建设工程价款之日起算。

第二十三条　发包人与承包人约定放弃或者限制建设工程价款优先受偿权,损害建筑工人利益,发包人根据该约定主张承包人不享有建设工程价款优先受偿权的,人民法院不予支持。